# Themis
## Revista de Direito

Director
*Maria Lúcia Amaral*

Redacção
Ana Prata, António Manuel Hespanha, Armando Marques Guedes,
Carlos Ferreira de Almeida, Miguel Poiares Maduro, Rui Pinto Duarte,
Teresa Pizarro Beleza

Secretária da Redacção
*Isabel Falcão*

VI.10 (2005)

| | |
|---|---|
| *TÍTULO:* | THEMIS<br>REVISTA DE DIREITO |
| *EDITOR:* | EDIÇÕES ALMEDINA, SA<br>Rua da Estrela, n.º 6<br>3000-161 Coimbra<br>Telef.: 239 851 904<br>Fax: 239 851 901<br>www.almedina.net<br>editora@almedina.net |
| *EXECUÇÃO GRÁFICA:* | G.C. – GRÁFICA DE COIMBRA, LDA.<br>Palheira – Assafarge<br>3001-453 Coimbra<br>producao@graficadecoimbra.pt<br><br>FEVEREIRO, 2005 |
| *DEPÓSITO LEGAL:* | 149844/00 |

Esta obra foi elaborada segundo os mais rigorosos procedimentos de qualidade, de modo a evitar imprecisões ou erros na reprodução dos textos oficiais. Aconselhamos, no entanto, que na sua utilização os diplomas legais sejam sempre comparados com os das publicações oficiais.

# Artigos

# Homenagem a Luís Nunes de Almeida

A secção de "Artigos" deste 10.º Volume da *Themis* é, toda ela, dedicada ao tema do controlo da constitucionalidade das normas. Quando o Conselho Redactorial da Revista decidiu que se editaria um número em que os "artigos" versassem sobre este tema estávamos longe de pensar que, no momento da sua publicação, já se não encontraria entre nós Luís Nunes de Almeida. Todos o conhecíamos; e alguns, que agora escrevem, já tinham com ele conversado – tantas vezes – sobre os assuntos que este Volume 10.º pretende discutir. Dedicamo-lo por isso à sua memória, e às funções de Presidente do Tribunal Constitucional que tão nobremente exerceu.

Em nome do Conselho de Redacção,

*Maria Lúcia Amaral*

# Direitos, Constituição e Lei no constitucionalismo monárquico português

António Manuel Hespanha [*]

RESUMO: *A questão do controlo da constitucionalidade, no período do constitucionalismo monárquico português, está intimamente relacionada com as ideias correntes acerca da estrutura da ordem jurídica e dos seus núcleos fundacionais ou constituintes. Com a excepção de um curto período em que, sobretudo em França, predomina uma concepção puramente voluntarista da ordem política e jurídica, desde a segunda metade do séc. XVIII que, partindo de diferentes premissas filosófico-antropológicas, juristas e politógos tendem a pensar a sociedade como dotada de uma organização fundamental natural e não disponível. O carácter fundador deste núcleo de normas de convivência fazia com que ele se impusesse aos juristas, independentemente de qualquer institucionalização de competências específicas para tal, por virtude da razão natural e das próprias regras da arte. Apesar de não haver estudos sistemáticos da frequência com que a inconstitucionalidade das leis era arguida ou caucionada em tribunal, os fundamentos da teoria da inconstitucionalidade das leis podem ser facilmente encontrados na doutrina.*

ABSTRACT: *In 19th century Portuguese constitutional law, the issue of judicial review is tightly related to established ideas about the structure of legal order and its foundations. Excepting a short period of time – corresponding to French legal Jacobinism of the early Revolution, the mainstream of political and legal thought was framed by an image of society as an organization grounded on natural principles. By either rational evidence or by the rules of their art, jurists and judges were bounded by this set of constitutional rules; therefore, disperse constitutional review was simply of their mission of enforcing the law, without the need of a formal constitutional entitlement for it. Although there is yet a shortage of systematic historical evidence of a widespread trend of courts to argue the incompatibility between a particular parliamentary law and constitution, the rational of judicial review can be easily found in jurisprudence and parliamentary debates.*

A "Lei da Boa Razão" (19.8.1769)[1] abre, em Portugal, uma nova política do direito. Lembremos que a Lei tinha por fim modificar radicalmente o quadro das fontes de direito, tal como resultava das *Ordenações* do reino, nomeadamente em face da interpretação doutrinal que lhes era dada. Numa palavra

---

[*] Prof. Doutor da Faculdade de Direito da Universidade Nova de Lisboa
[1] Recentemente, sobre esta lei, Rui Manuel Marcos, *A legislação [...]*, p. 156-163; consequências, *ibid.*, 180-198..

– tem-se dito – a intenção era a de afirmar com um novo vigor a supremacia da lei face a todas as outras fontes de direito – o costume, a jurisprudência e a doutrina.

No entanto, aquilo que costuma ser apontado como o passo inicial da ascensão da lei parece preparar antes a primazia da razão, de uma razão agora ligada à modernidade e não à tradição. De facto, se a Lei fechava uma porta à doutrina, abria-lhe, em contrapartida, outra.

Na verdade, a Lei estabelecia que costumes e direito romano (entendendo por isto o conjunto da tradição romanística) só vigorariam se não contrariassem os princípios da Boa Razão (§ 9). Começa aqui, justamente, o filão que vai determinar o futuro das fontes de direito durante os próximos cem anos, pelo menos.

"Boa razão" era, desde logo, o padrão geral a que qualquer norma jurídica se devia conformar. E, por isso, a razão, tanto constituía, doravante, o critério de validade dos costumes e do direito romano[2], como se presumia inspirar a própria legislação régia (§ 14), ou não fosse o rei, para a filosofia política do despotismo iluminado, o pólo de disciplina racional da sociedade. Assim, para além da reflexão racional, o estudo da legislação das nações cultas e civilizadas constituía também um guia para uma política racional do direito. Era por isso que se estabelecia que, nas matérias "modernas" – relacionadas com a política ("polícia"), a economia, o comércio e a navegação –, vigorassem no Reino, as leis das nações cristãs, civilizadas e políticas, que traduziam as aquisições da "Aritmética Política, e da Economia do Estado" (§ 9), constituindo aquilo a que se passará a chamar o "Direito público universal"[3].

Na sequência destas conclusões, o ensino do direito tinha que ser mudado correspondentemente. Assim, os Estatutos da Universidade de Coimbra, reformados em 1772, criaram uma cadeira de "Direito natural, público e universal, e de Direito das gentes" (*Estatutos da Universidade*, III, II, V, § 3),

---

[2] "Os quais deviam estar de acordo com aqueles "primitivos princípios, que contém verdades essenciais, intrínsecas e inalteráveis, que a ética dos mesmos Romanos havia estabelecido, e que os direitos divino e natural formalizaram para servirem de regras Morais, e Civis entre o Cristianismo; ou aquela boa razão que se funda as outras regras, que de unânime consentimento estabeleceu o direito das Gentes para a direcção, e Governo de todas as Nações civilizadas; ou aquela boa razão, que se estabelece nas Leis Políticas, Económicas, Mercantis, e Marítimas, que as mesmas Nações Cristãs têm promulgado com manifestas utilidades, do sossego público, do estabelecimento da reputação, e do aumento dos cabedais dos Povos […]", § 9).

[3] "Que – como escreverá António Ribeiro dos Santos – provêm da mesma natureza da sociedade civil, que é comum a todos os impérios, e que contém em geral os direitos e obrigações recíprocas dos súbditos e dos imperantes" (*Notas ao Plano do ovo Código de Direito Público de Portugal […]*, Coimbra, 1844 (I: "Exame do plano", 5).

comum às duas Faculdades jurídicas ("Leis" e "Cânones")[4]. Foi na doutrina produzida no âmbito desta última disciplina que se formaram as categorias com que o direito público iria lidar até bem depois da revolução liberal. De facto, o compêndio do austríaco Carlos António Martini[5], que veiculava as posições do jusnaturalismo holando-alemão (Grócio, Puffendorf, Wolff, Thomasius, etc.), manteve-se em uso nas cadeiras de direito público durante mais de três quartos de século[6].

Em suma, o iluminismo jurídico tem a pretensão de fundar o direito, não na pura e arbitrária vontade do soberano, mas num cálculo científico, baseado na natureza da sociedade e do homem. Direito que, por isso, escapava, se não às contingências dos lugares (para as quais Montesquieu alertara), pelo menos às contingências do tempo, podendo ser formalizado em documentos legislativos tendencialmente duradouros – os Códigos, nos quais estivessem consagrados os princípios reguladores da sociedade civil, do mesmo modo que nas Constituições estavam prescritos os que ordenavam a sociedade política. Daí a complementaridade constitucional entre Código e Constituição, então claramente percebida e ultimamente tão sublinhada[7]. Uma complementaridade em que, no entanto, as hierarquias funcionavam – como veremos – de modo inverso àquele a que hoje estamos habituados. Os Códigos tinham a primazia, por regularem os direitos civis, referidos às relações mútuas entre os cidadãos e cuja garantia se transformara no objectivo último da ordem política. As Constituições estabeleciam o modelo do sistema político, ou seja os direitos e obrigações dos cidadãos em relação ao Estado, os direitos políticos; constituindo estes, não um fim em si, mas um meio de assegurar e garantir os direitos civis. Ou seja, a ordem política, consagrada na Constituição, dirigia-se à garantia e consecução da ordem civil, estabelecida nos Códigos; e estes, por sua vez, representavam a transcrição

---

[4] Cf., por último, Rui Manuel Marcos, *A legislação [...]*, p. 164-175. Eram ainda criadas duas cadeiras de "direito pátrio" no curso de "Leis". Para a literatura jurídica posterior a lei da "Boa Razão", cfr., Mário Reis Marques, "Elementos para uma aproximação do estudo do «usus modernus pandectarum» [...], cit., 819 ss..

[5] Carlo Antonio de Martini (1726-1800), *Positiones de lege naturali*, Viena, 1772 (Olisipone, Franciscum Borges de Sousa, 1772, Conimbricae, 1802; e outras edições). Sobre ele, Mário Reis Marques, *Codificação e paradigmas da modernidade*,cit., 2003, 471 ss.

[6] José Frederico Laranjo, *Princípios direito político e direito constitucional portuguez [Livro 1.º]* – Fasciculo 1.º. Introdução, cit., 1907, p. 85.

[7] Cf. Bartolomé Clavero, "Origen constitucional de la codificación civil en España (entre Francia y Norteamérica", em Petit, Carlos (org.), *Derecho privado y revolución* burguesa, Madrid, Marcial Pons, 53-86; Idem, "La Paix et la Loi»: ¿absolutismo constitucional?, en *Anuario de Historia del Derecho Español*, 69(1999), pp. 603-645; Idem, *Manual de história constitucional [...]*, cit., 21.

possível, na ordem civil, dos direitos que os homens tinham no estado de natureza. Ou, unindo as coisas dedutivamente, o estado natural positivava-se na ordem civil, ao serviço da qual estava o sistema político.

Vistas as coisas desta perspectiva, não eram radicais as diferenças com o sistema de relações entre direito e lei típico das monarquias de Antigo Regime[8]. De novo, uma ordem natural, que as leis deviam reflectir para serem justas (legítimas) e, ao serviço de uma e de outras, um poder cuja função era, substancialmente, garantir o primado do direito. Claro que, por detrás desta aparente continuidade há uma série crescente de mal-entendidos. Porque a "natureza" não era a mesma coisa, porque "lei" denotava e conotava coisas distintas e porque "poder" era entendido de outra forma. Em todo o caso, algo de sistemicamente semelhante se conservava, e ocupando, justamente, uma posição nodal para a questão que me vai ocupar – o direito, que constitui a fonte de legitimidade das leis, não é definido arbitrariamente pelo Estado. Por detrás das leis civis, existe uma última instância legitimadora, cuja observação é geralmente possível, e contra a qual é possível contrastar, quer – num plano mais fundamental – as leis civis, quer – num plano mais derivado – as leis políticas, entre as quais a própria constituição.

Este modelo é importante, porque ele define a função da doutrina e da jurisprudência em termos que não são muito diferentes, antes e depois da Revolução. Apesar de tudo o que se assistirá, no sentido de amarrar os juristas e os juízes à lei, a própria natureza da lei, como simples – ainda que indispensável – positivação da natureza, transforma as amarras em asas, lançando os juristas numa busca sempre continuada da racionalidade que a legalidade teve em vista possibilitar.

Isto pode ler-se também, na história constitucional portuguesa[9].

*
*  *

Comecemos justamente por esta questão do lugar constitucional dos juízes.

Se abrirmos a Constituição de 1822, constataremos – decerto com uma surpresa tanto maior quanto mais tivéssemos dela uma visão "jacobina" – que não há lá nenhum artigo que declare formalmente o dever de os juízes obedecerem à lei[10]; sendo todavia certo que, dos corpos sociais que os revolucio-

---

[8] Sobre o qual v. A. M. Hespanha, "Qu'est-ce que la constitution [...]", cit..
[9] Cujas linhas de rumo aqui se dão por sabidas.
[10] Com excepção de à lei processual (art. 198) ou às disposições constitucionais sobre a prisão dos delinquentes (art. 210).

nários tinham atacado, a magistratura fora, seguramente, um dos mais duramente fustigados[11]. Os juízes são puníveis pelos "erros", mas nunca se diz que esses erros equivalham ao desrespeito da Constituição ou das leis. Pelo contrário, o que é recorrentemente sublinhado é a sua independência em relação aos poderes públicos[12], concretizada numa série de prerrogativas, relativas ao provimento, carreira e inamovibilidade[13].

Uma explicação parece óbvia: não havia ainda leis que permitissem uma jurisprudência meramente aplicativa da lei. A própria Constituição se referia a essa "falta de códigos"[14], sendo conhecido o empenhamento das Cortes em fomentar o aparecimento de projectos dos principais[15]. Entretanto, continuava em vigor a Lei da Boa Razão que, como se sabe, embora reafirmasse o primado da lei pátria, abria um largo campo à aplicação de direito não legislativo, desde o direito romano com uso moderno até à legislação dos países mais cultos e civilizados. Daí que a constituição não pudesse forçar os juízes a obedecer a uma lei que não existia, tendo que lhes deixar um vastíssimo campo de livre apreciação. Como único limite, teriam o dever genérico que decorria para todo o funcionário do juramento de "observar a Constituição e as leis; ser fiéis ao Governo; e bem cumprir suas obrigações" (art. 13)[16]. Encruzilhada de deveres que deixaria um juiz na situação de ter que ser, ao mesmo tempo, garante da Constituição e das leis, fiel ao Governo e cumpridor das suas obrigações deontológicas, que, no caso dos juízes, seria cumprir as regras da arte e fazer justiça. Mas que, na sua complexidade, revela como o sistema constitucional português se afastava de um legalismo singelo, incluindo o reconhecimento implícito de um controlo judicial da jurisdicidade dos actos poder – mesmo constitucionais ou legislativos – que, afinal, correspondia ao que vigorava no direito de Antigo Regime[17]. A constituição de Antigo Regime supunha, de facto, a existência de uma ordem jurídica "aberta para cima", dependente de esferas *de direito* situadas nos planos do

---

[11] Muito elucidativo, apesar de breve, Nuno Espinosa Gomes da Silva, *Lições* ..., 545 ss..

[12] "O poder judicial pertence exclusivamente aos Juízes. Nem as Cortes nem o Rei o poderão exercitar em caso algum. Não podem portanto evocar causas pendentes; mandar abrir as findas; nem dispensar nas formas do processo prescritas pela lei" (art. 176).

[13] Art. 183 (perpetuidade dos juízes letrados"; art. 184 (inamovibilidade); arts 185 e 186 (regras de transferência e de promoção).

[14] Cf. art. 183.

[15] Cf. Nuno Espinosa Gomes da Silva, *Lições* ..., 416 ss..

[16] Pode ainda referir-se, nesta inventariação dos vínculos dos juízes à lei, o recurso de revista, mantido no art. 191 da Constituição, como uma espécie de cassação de sentenças "nulas [por ilegalidade] ou injustas".

[17] V., acertada e longamente, Maria da Glória F. P. D. Garcia, *Da justiça administrativa* [...], *maxime* 339 ss.

direito divino e do direito natural, para além de ser também limitada pelos direitos adquiridos, incorporados na esfera jurídica de cada um.

No período liberal, esta prerrogativa judicial de declarar autonomamente o direito – mesmo para além da ordem constitucional ou mesmo contra ela – não desaparece.

Em primeiro lugar, a Constituição não definia as fontes de direito, deixando esta atribuição livre nas mãos dos juízes.

De facto, em Portugal, o conglomerado de ordens normativas que constituíam o direito estava definido na Lei da Boa Razão, de 18.8.1769. Porém, como esta era imprecisa na identificação concreta das fontes de direito[18], a definição destas era feita quase livremente pelos juízes. É certo que isso só acontecia no caso de não haver lei do reino; mas, justamente, a situação do reino era a de que, ou não havia mesmo lei pátria alguma e tudo sempre se tinha resolvido pelo direito subsidiário, ou a que existia tinha sido revogada pela letra ou pelo espírito da Constituição de 1822. Tudo tendia, então, a ficar – no domínio da constituição jurídica – muito pronunciadamente doutrinário, tornando-se inaplicável em Portugal, como já o reconheciam os juristas do séc. XIX[19], a ideia de uma cultura jurídica exegética[20], pelo menos até 1867, data do último e fundamental grande código, o Código civil[21].

Esta situação – que se mantém durante todo o século XIX[22] – não é, de modo algum, irrelevante no plano da história constitucional. Pelo contrário. Ele significa que um – quase diria, *o* – núcleo fundamental da Constituição,

---

[18] Veja-se como descrevia um jurista famoso o sistema de fontes de direito, na sequência da Lei da Boa razão (que devia ser interpretada em consonância com os Estatutos da universidade de 1772): "Na falta das Leis Pátrias, e costumes legítimos, servem de norma subsidiária: 1 os primeiros princípios e conclusões próximas do Direito Natural; 2, o costume das Nações civilizadas nas matérias politicas, ou económicas mercantis, Estat[utos da Universidade]. liv. 2 tit. 5 cap. 16; 3 o Direito Canónico adoptado pelo uso moderno das Nações civilizadas, quando corrige, ou interpreta legitimamente as Leis Romanas, o mesmo Estat. cap. 3 §. 12, e 14; 4 e em ultimo lugar o Direito Romano, que for compatível com a razão civil e política do Estado, Extrav. de. de 18 de Agosto de 1769, declarada pelos novos Estatutos da Universidade de Coimbra Curs. Jur. tit. 5, Cap.2.", Francisco Coelho de s. São Paio, *Prelecções ...*, p. 19/20.

[19] Cf. A. M. Hespanha, *Cultura jurídica europeia ...*, cit., 274 ss..

[20] Sobre esta, no seu chão de origem, Mário Reis Marques, *Codificação e paradigmas da modernidade*, cit., 483 ss.

[21] Num sentido semelhante, Mário Reis Marques, *Codificação e paradigmas da modernidade*, cit., 459-461; sobre a reacção num sentido codificador, 50 ss.., 506 ss.

[22] Idêntico diagnóstico, para o Império Alemão, em M. Stolleis, *Geschichte des öffentlichen Rechts [...]*, II, 336 ("O judiciário ocupa um lugar especial. Ele fala, na verdade, em nome do direito do rei, legitimando-se como a vontade do soberano; no entanto as regras de determinação do direito – "uma operação de arte jurídica" – provêm apenas da ciência do direito"). (versão ingl., 319).

formado pelas normas que definem as fontes de direito, não apenas estava fora da constituição formal como estava também fora do âmbito de regulação estadual[23]. Na verdade, pelo menos até ao Código civil de 1966, o elenco de fontes de direito incluía um reenvio para o direito doutrinal. Primeiro, nos termos da Lei da Boa Razão e dos Estatutos Universitários de 1772, para o direito natural e das gentes, que o liberalismo vai reinterpretando como os princípios de "direito público universal" ou como os princípios constantes dos modernos códigos europeus. Depois, nos termos do art. 16 do Código civil de 1867, para os princípios de direito natural[24-25]. Para se perceber bem a diferença entre Portugal e a França, basta lembrar o conteúdo de um dos artigos da lei de 30 do Ventôse do ano XII [7.2.1804]), que põe em vigor o *Code civil* de 1804: "A compter du jour où ces lois sont exécutoires, les lois romaines, les ordonnances, les coutumes générales ou locales, les statuts, les règlements, cessent d'avoir force de loi générale ou particulière dans les matières qui sont l'objet desdites lois composant le présent code".

Isto queria dizer que uma parte substancialíssima da ordem constitucional estava, mesmo para o direito do Estado, *fora do Estado*[26]. O embaraço que isto causava era sentido, mesmo pelos beneficiários da situação, os juristas[27]. Mas mais ainda pelo legislador. Que – um pouco como em Espanha com a "doctrina legal" – tenta criar formas de "certificar" esta "constituição implícita"[28].

A preocupação com a fixação da interpretação é detectável na Constituição de 1822, quando incumbe ao Supremo Tribunal de Justiça "propor ao Rei com o seu parecer as dúvidas, que tiver ou lhe forem representadas por quaisquer autorida-

---

[23] Cf., sobre esta ideia na doutrina jurídica romântica, cf., *infra*, p. ss..

[24] "Se as questões sobre direitos e obrigações não puderem ser resolvidas nem pelo texto da lei, nem pelo seu espírito, nem pelos casos análogos, previstos em outras leis, regular-se-ão pelos princípios de direito natural, segundo as circunstâncias do caso" (*Cód. Civ.*, art. 16).

[25] Já antes, em 1858, o projecto de Código civil (art. 13) prescrevia que "Se as questões sobre direitos e obrigações não puderem ser resolvidas nem pelo texto da lei, nem pelo seu espírito, nem pelos casos análogos, previstos em outras leis, regular-se-ão pelos princípios gerais da equidade, segundo as circunstâncias do caso". Foi a Comissão revisora ((*Actas...*, p. 8) quem substituiu equidade por direito natural. Mas, do ponto de vista que nos interessa, a questão não mudou substancialmente de aspecto.

[26] Cf., adiante, com maior particularização e detalhe, cap..

[27] Que, no âmbito das suas leituras estrangeiras, nomeadamente francesas, eram predominantemente legalistas e positivistas (cf. A. M. Hespanha, *Cultura jurídica europeia [...] ....*, 270 ss. e 284 ss.).

[28] Por um lado, promovendo a interpretação autêntica da lei; por outro lado, dando força vinculativa a certas decisões dos tribunais superiores (os "assentos"); cf. António Castanheira Neves, *O instituto dos assentos [...]*, cit. (v. síntese da situação em Fernando Andrade Pires de Lima, *Noções fundamentais de direito civil*, cit., I, 93).

des, sobre a inteligência de alguma lei, para seguir a conveniente declaração das Cortes" (art. 191, III); ou seja, institucionalizando uma forma mitigada de *référé législatif*. Já a fixação de uma jurisprudência dotada de força cogente é o objectivo da instituição dos "assentos", decisões dos tribunais superiores fixando uma orientação genérica quanto a uma questão de direito, tomadas a partir da apreciação de um caso concreto. Os assentos foram correntes na jurisprudência de Antigo Regime; a Lei da Boa Razão, no entanto, restringe a titularidade de proferir assentos à Casa da Suplicação, acabando por estes ser abolidos pelo liberalismo, quer porque a Casa da Suplicação foi extinta, quer por se enquadrarem mal na lógica da separação de poderes. Mas a sua falta disciplinadora era sentida[29]. Com o Estado Novo – que não jurava por essa lógica e que procurava garantir um direito seguro e politicamente controlável –, os assentos são readmitidos pela Reforma Judiciária de 1926 e, depois, pelos códigos de processo civil de 1939 (arts. 768 ss.) e de processo penal de 1929 (DL 16489, de 15/2/1929, arts. 669 ss.).

A ruptura com esta natureza doutrinal e jurisprudencial da ordem jurídica apenas se dá com o Estatuto Judiciário de 1927 (DL 13 809, de 22.6.1927)[30], ao prescrever um regime estrito de vinculação dos juízes à lei: "A magistratura judicial tem por missão julgar em harmonia com as fontes a que, segundo a lei, deva recorrer e fazer executar as suas decisões. Os juízes não podem deixar de aplicar a lei sob pretexto de que ela lhes pareça imoral ou injusta e as suas decisões deverão ter em consideração todos os casos que merecerem o mesmo tratamento, a fim de, tanto quanto possível se obter uma jurisprudência uniforme. O dever de obediência à lei compreende o de respeitar os juízos de valor legais, mesmo quando se trate de resolver hipóteses não previstas nela" (art. 240). Permanecia ainda a incómoda referência do Código civil de 1867 ao "direito natural"[31], a que só *Código civil* de 1966 vem pôr termo[32].

Para além de estar fora da constituição este momento fundamental da ordem jurídica que é a definição da sua própria norma de reconhecimento

---

[29] V., por exemplo, sobre a posição de Luís António de Seabra, Nuno Espinosa G. da Silva, *História [...]*, 558-559.

[30] S. C.11445 V.

[31] V., sobre uma posição clássica de inutilização desta referência nos quadros de uma concepção legalista, em Lima, *Noções ...*, I, 1961, 173 s.; em geral, A. M. Hespanha, *Cultura ...*, cit., 274 ss..

[32] Embora não seja aqui o lugar azado para discutir a questão, num sistema judicial "aberto" a apreciação dos actos do poder pelos tribunais não pode limitar-se a avaliação da sua conformidade com os "valores corporizados na lei", como já se pretendeu (cf. Maria da Glória Garcia, *Da justiça administrativa ...*, cit., 365). Ainda que se deva admitir que o juiz apenas se encarregue da "defesa de valores para a modelação dos quais a sociedade já contribuiu" (*ibid.*), esta modelação nem sempre terá que ser legislativa.

– o quadro das fontes de direito –, estava ainda fora e acima da constituição *a definição dos direitos civis*.

Na verdade, o liberalismo reage desde cedo contra a ideia de colocar a definição dos direitos na disponibilidade de algo tão arbitrário e repentista como o voto das assembleias, constituintes ou legislativas. Os direitos, embora declarados nas leis, radicariam em realidades positivas e duradouras, decantadas pela história, derivando destas os seus preceitos. Assim, e como escrevia o célebre Portalis, as leis não eram "puros actos de poder; mas antes actos de sabedoria, de justiça e de razão"; o legislador exercia "menos uma autoridade do que um sacerdócio" (*ibid.*), não devendo nunca "perder de vista que as leis [...] se devem adaptar ao carácter, aos hábitos, à situação dos povos para que são feitas"[33]. Daí que, por cima dos puros comandos dos legisladores, mesmo dos constituintes, pairasse, majestoso e lento, o direito prescrito, amadurecido pelo tempo, e finalmente recolhido, pela mão prudente de juristas e magistrados, nesses depósitos de razão jurídica que eram as codificações civis[34]. Em que a razão jurídica nacional, colhida das constantes da história jurídica de um povo, tinha sido fixada, positivada e garantida pelo Estado, sob a forma de lei; servindo, agora também, de baluarte contra as investidas voluntaristas do próprio poder. Ou seja, os direitos naturais tinham-se positivado – através da lei do Estado –, constituindo agora os limites concretos da acção do mesmo Estado.

Como escreve M. Fioravanti, "o estadualismo liberal encontra assim no código civil uma expressão normativa de primeira grandeza; graças ao código, o liberalismo europeu pode finalmente pensar no *direito positivo do Estado* como um direito certo e estável – a célebre certeza do direito – que os juízes aplicam de modo seguro, garantindo aos indivíduos as posições jurídicas subjectivas fixadas na lei. Mas há mais. O valor fundamental da certeza do direito incorporado no código impõe-se, justamente na lógica de fundo do estadualismo liberal, *antes de tudo no confronto com as constituições e as declarações de direitos*, demasiado flutuantes e, portanto, de pouco confiança, demasiado dependentes das *escolhas políticas* que prevaleciam no corpo constituinte"[35]. Em França, tinha sido esta a função do Código civil, no qual a ponderação do direito histórico substituíra a arrogância normativa das assembleias populares do período jacobino. Em Portugal, perante a inexis-

---

[33] V. também Jean-Marie Étienne Portalis, "Discours préliminaire du Code Civil", em *Discours et rapports sur le Code civil*, ed. F. Portalis, Paris, 1844, 4; cf. ainda, "Discours de présentation du Code civil", *ibid.*, p. 91 ss..

[34] Sobre este tema, v. M. Fioravanti, *Appunti di storia delle costituzioni moderne. 1. Le libertá [...]*, 117 ss..

[35] M. Fioravanti, *Appunti di storia delle costituzioni moderne. 1. Le libertá [...]*, 118.

tência de um documento idêntico, tal era o papel da doutrina civilística, em boa parte subsidiária dos modernos códigos europeus, designadamente do próprio *Code civil*, recebido entre nós por força da Lei da Boa Razão.

Ao lado do direito civil, também o direito administrativo constituía um elemento constitucional fora da constituição. De facto, era nele que se positivava e fixava – frente aos privados e aos próprios poderes constituintes – o estatuto jurídico do Estado. Nele se "exprimia a autonomia dos aparelhos administrativos públicos, sem os quais, na lógica liberal estadualista, não existiria *nenhum Estado de direito*, pois a máquina do Estado sujeitar-se-ia então às exigências dos privados ou às escolhas de ordem político-constitucional sucessivamente dominantes"[36]. Neste caso, e na falta de uma codificação administrativa tão precoce, este direito administrativo estava contido, antes de tudo, na ciência europeia do direito público, tal como resulta das obras de Raymond Carré de Malberg (1861-1935), de Georg Jellinek (1851-1911) ou de Vittorio Emanuele Orlando (1850-1952). Também aqui, portanto, uma ordem jurídica material, liberta da variabilidade das opiniões e dos interesses, pairando sobre o momento constituinte.

As últimas considerações – basicamente inspiradas no citado texto de Maurizio Fioravanti – têm o interesse de explicarem os fundamentos mais profundos do legalismo oitocentista. Porém, servem também para revelar os limites deste legalismo. A lei não é legítima por traduzir a vontade do poder, seja o do rei ou da maioria de uma assembleia legislativa; ela é relevante e legítima apenas se presumir ser a forma mais autorizada de revelação de uma ordem jurídica subjacente, ligada à natureza da sociedade. O que autorizava os juristas e os juízes a, mantida uma prudente atenção a esta nova *ratio scripta*, sondarem autonomamente a *razão* que estava por detrás da *escrita*.

\*
\* \*

A *Carta constitucional de 1826* parece limitar um pouco mais a esfera de autonomia dos juízes, ao estabelecer, art. 119, que "Os jurados prenunciam-se sobre o facto, e os juízes aplicam a lei". O artigo, porém, parece ter em vista, não tanto a questão das fontes de direito, mas antes a distinção entre as funções dos jurados e dos juízes. Tanto mais que a responsabilização dos juízes continua a limitar-se a casos de "abusos do poder e prevaricações", ou a "delitos e erros de ofício" (arts. 123 e 131). No entanto, há outros indícios que

---

[36] *Ibid*, 120.

apontam neste sentido de um entendimento da função de julgar como dependendo de critérios mais alargados do que a simples observância da lei.

Assim. As atribuições do poder judicial não vinham expressamente previstas na *Carta*. Esta remetia, portanto, para uma definição doutrinal do seu âmbito de competências. Aqui, a *vexata quaestio* era a da distinção entre os actos de natureza "executiva" e os de natureza "judicial".

Para o legalismo pós revolucionário[37], tanto os juízes como os membros do poder executivo tinham sido postos no mesmo plano em relação à lei. Uns e outros estavam sujeitos a ela e tinham como missão aplicá-la. Aparentemente, tanto para uns como para outros, esta nova doutrina teria implicado uma clara ruptura com o passado. Aos juízes, tê-los-ia transformado de "sacerdotes do direito" – autorizados a pronunciar o direito que estava fora da lei, ou mesmo acima da lei – em simples *longa manus* da lei, totalmente sujeitos aos seus preceitos. Para os administradores, a sua esfera de acção deixara de ser uma esfera liberta de direito e sujeita apenas a critérios de oportunidade – como tinha tendido a ser a esfera da *polícia* ou da *economia* do Estado de polícia – para se tornar, também, numa esfera de legalidade, ou seja, numa esfera de acção ao mesmo tempo propulsionada e limitada pelos ditames da lei.

É justamente nas tentativas para distinguir a administração da jurisdição que se manifesta a diferença específica da função judicial. Esta teria a ver sobretudo com a *resistência* das situações tratadas. Se se tratava de acomodar entre si direitos firmes e invioláveis, por pertencerem àquele núcleo que ficara na mão dos particulares, uma vez constituída a sociedade civil – nomeadamente, os direitos civis da propriedade, a liberdade e da segurança –, a questão tinha natureza judicial. Se, em contrapartida, se tratava de, numa zona *livre de direitos inderrogáveis*, criar novas situações, a matéria era administrativa. "Trata-se de decidir – escrevia o constitucionalista Basílio Alberto de Sousa Pinto – a quem pertencem certas propriedades, cujo domínio é contestado? claro é que isto pertence ao Poder Judicial; porque são estas relações dos indivíduos entre si, cuja decisão depende da aplicação do Direito Civil. Trata-se pelo contrário de saber-se tal cidadão foi ou não legalmente eleito para um cargo público, outro deve ou não ser recrutado? claro é, que neste caso as relações dos interessados são para com a sociedade; pertence pois ao Poder Administrativo tomar conhecimentos do negócio»[38]. Lopes Praça adopta um crité-

---

[37] Que vigorava também nas monarquias constitucionais, pois a prerrogativa régia apenas se podia exercer livremente no âmbito da lei.

[38] Basílio Alberto de Sousa Pinto, *Análise da Constituição Política da Monarchia Portuguesa [de 1838]*, Coimbra, litografado, 1838, p. 218/219 (em A. M. Hespanha & Cristina Nogueira da Silva (org.) *Fontes para a história [...]*).

rio semelhante: "Para saber-se quando o direito de um cidadão é contestado, se é a autoridade judiciária ou à administração que é competente é antes de tudo necessário [...] examinar qual é a natureza do direito questionado. É preciso averiguar se é um direito puramente civil, que pertence ao cidadão individualmente e de que usa como bem lhe parece; ou se é um direito público, isto é, um direito que só lhe foi concedido na sua qualidade de membro da sociedade toda e em proveito desta, e do qual não pode dispor portanto por mero arbítrio seu. No primeiro caso trata-se de um negócio judicial; no segundo, de um negócio administrativo"[39]. Ou seja, ao passo que ao administrador basta aplicar a lei, o juiz carece de ponderar valorações que se prendem com direitos naturalmente *inderrogáveis* (por lei), de que o cidadão uso livremente. Novamente, critérios de decisão mais complexos do que a simples aplicação da lei.

A *Carta* – tal como outras constituições – deixa indefinida a questão da delimitação das competências do poder judicial, como que remetendo para critérios de competência a determinar doutrinalmente.

A importância política do silêncio sobre a distinção entre justiça e administração traduzia-se em que, ao deixar a definição do âmbito do judicial dependente da doutrina, a constituição cometia aos juristas um aspecto fundamental da garantia de direitos, permitindo-lhe resolver doutrinal e judicialmente – isto é, por meio de entidades e processos independentes do poder executivo – as questões que pertenciam ao âmbito vinculado da administração ou ao âmbito autónomo da justiça[40-41].

Como se punha, perante um poder judicial assim concebido, a questão do controle da constitucionalidade das leis?

---

[39] J. J. Lopes Praça, *estudos sobre a Carta [...]*, cit. II.1., 309. Sobre o tema, *ibid.*, 307 ss..

[40] Já Manuel Borges Carneiro, nas cortes constituintes de '20 (sessão de 21.12.1821), reconhecera que, em matéria de delimitação do judicial e do executivo, "se quisermos dar nisto uma definição exacta teremos de descrever todas as atribuições, que a lei deu ou dará aos juízes. Não se pode pois conhecer verdadeiramente o que constitui a jurisdição característica de um juiz" (cit. por Lopes Praça, *Estudos sobre a Carta [...]*, cit., II.1, 308).

[41] Com este tema relaciona-se o da criação de uma justiça administrativa, o que, em Portugal, acontece com a lei de 3 de Maio de 1845 (Costa Cabral), que instituiu Conselho de Estado administrativo, com atribuições de alto contencioso administrativo. O dec. De 9.6.1870 (Duque de Saldanha) autonomizou o Conselho de Estado administrativo no novo Supremo Tribunal Administrativo, que ficou tendo a seu cargo o contencioso da administração em última instância; reorganizado pelo. dec. 29.7.1886 (José Luciano de Castro); cf. Trindade Coelho, *Manual politico [...]*, cit., 539 ss..

\* \*

Ao não falar do controlo jurisdicional da constitucionalidade, a Constituição de 1822 não pressupunha que ele não existisse[42]. Pelo contrário, assumia que se mantinha o regime de controlo da jurisdicidade dos actos de poder de Antigo Regime[43].

A questão da contenção do poder «central», nos quadros político do Antigo Regime, estava resolvida naturalmente, pela própria natureza particularista (ou corporativa) do sistema de poder(es). Na verdade, existência de múltiplos poderes políticos periféricos e o entendimento da função real como a salvaguarda do equilíbrio entre eles constituíam uma garantia natural ou constitucional do respeito das esferas jurídico-políticas particulares («estatutos», «privilégios») em que os indivíduos estavam inseridos.

Condição para que este sistema de garantias funcionasse era, no entanto, que os indivíduos estivessem inseridos num estatuto privilegiado, pois os direitos oponíveis ao poder não eram, em princípio, direitos individuais, mas direitos corporativos.

Uma vez concedidos, os privilégios corporativos adquiriam, em geral, a natureza de direitos adquiridos (*iura quaesita*), da mesma natureza, com a mesma resistência e gozando dos mesmos meios de protecção dos direitos adquiridos dos particulares (*maxime*, dos direitos sobre as coisas *in patrimonio*).

Assim, e no fim de contas, os direitos oponíveis ao poder, tanto os que estavam na titularidade dos «corpos» como os que eram detidos pelos indiví-

---

[42] Sobre o tema do controlo judicial de constitucionalidade das leis – que a Constituição de 1911 torna expressa pela primeira vez (no direito português e no direito europeu) (art. 63) – v., salientando a continuidade do princípio consagrado em 1911 com o direito anterior desde o Antigo Regime, Maria da Glória Garcia, *Da justiça administrativa* ..., cit., 193 ss. (Antigo Regime) e 351 ss. (constitucionalismo, inspirando-se muito em João Maria Tello de Magalhães Collaço, *Ensaio sobre a inconstitucionalidade das leis [...]*, cit.; revisão da questão em Vasco Rodrigo Duarte de Almeida, *Traços da fiscalização da constitucionalidade no direito constitucional português*, 1822-1982, Lisboa, 1990. Relatório de mestrado em direito constitucional. Faculdade de Direito, Univ. Lisboa. Já antes de 1911, se tentara incluir o controlo constitucional no texto da Carta, pela projectada reforma constitucional de 14.3.1900 (art. 10, considerado como inovador apenas na letra, mas não no espírito do sistema; cf. João Tello de Magalhães Collaço, *Ensaio [...]*, cit., 60 ss.). Sobre o controlo judicial como limite do poder nas constituições de Antigo Regime, v. A. M. Hespanha, "Qu'est-ce que la constitution [...]", cit.; texto que sintetiza opiniões expressas desde 1982 (cf. *História das instituições. Épocas medieval e moderna*, cit., p. 316 ss.; *Las vísperas del Leviathan. Instituciones y poder politico (Portugal, siglo XVII)*, Madrid, Taurus, 1989, p. 392 ss.; «O indivíduo face ao poder. Portugal [...], 131-151).

[43] A. M. Hespanha, "O indivíduo face ao poder [...].", cit.; ou *História de Portugal Moderno. Político e institucional*, cit, 280 ss..; *As vésperas* ..., 485 ss..

duos, estavam protegidos – contra os particulares ou contra o poder «central» – com o mesmo tipo de mecanismos jurídicos. Neste plano, como em alguns outros, não existia a noção de uma especial natureza do Estado que impedisse que contra ele fossem utilizados os meios de defesa normalmente usados contra privados. Preventivamente, estavam protegidos, desde logo, pelo controlo de jurisdicidade dos actos do poder, a cargo do Chanceler-mor, que podia, no caso de encontrar ofensa do direito (nomeadamente, por violação de privilégios ou direitos particulares), "pôr glosas" (ou seja, observações) ao texto da providência, remetendo-a de novo ao rei, para reconsideração, algo parecido ao direito dos parlamentos franceses de recusar o registo das ordens régias. Depois, já por iniciativa dos interessados, havia a possibilidade de embargar os actos do poder (e mesmo de deduzir contra eles interditos possessórios), semelhantes aos que acautelavam provisoriamente qualquer intromissão grosseiramente ilegítima ou ilegal de terceiros (*Ordenações Filipinas*, II, p. 44). Restitutivamente, estavam protegidos por agravos, movidos perante as justiças ordinárias, por vezes com efeitos suspensivos[44].

Quanto às pretensões dos particulares não incluídas na esfera dos direitos adquiridos, o sistema de garantias do Antigo Regime não lhes conferia outra protecção que não fosse a súplica dirigida ao monarca.

A estrutura de garantias do sistema político do Antigo Regime pode, assim, ser caracterizada por dois traços: pelo facto de se fundar no privilégio e pela indistinção entre direitos privados e direitos políticos, ou, de uma forma mais expressiva, pela absorção dos direitos políticos pelos direitos privados. Este contexto teórico-dogmático (mais do que as «ideias políticas» do autor) explica por que é que Pascoal de Melo, ao tratar dos direitos dos súbditos em relação ao soberano[45], os define como «os privilégios e isenções que são concedidos a indivíduos particulares» e neles inclui apenas, ao lado da pretensão a cargos e ofícios, o direito de recorrer à sua justiça e protecção. Ou seja: o único direito político dos vassalos era o de exigir a protecção judicial dos seus direitos privados.

O advento do Estado absolutista, na segunda metade do séc. XVIII, fez surgir a ideia de uma diferente natureza e especial dignidade do Estado, contra o qual seria «indecente» (expressão de um alvará pombalino» sobre a matéria) lançar mão dos mesmos meios de defesa jurisdicional dos direitos utilizáveis contra particulares. Também o jusracionalismo em que se fundava o absolutismo iluminista era contraditório em relação ao conceito estatutário

---

[44] V. Marcello Caetano, *Direito administrativo*, 1980, II, pp. 1277 e ss.; A. M. Hespanha, *As vésperas do Levithan*, cit. I, 684 e ss.

[45] Pascoal José de Melo Freire, *Institutiones iuris civilis lusitani*, 1780, I, p. 12.

dos direitos particulares, ao mesmo tempo que a ideia de direitos inatos do indivíduo se opõe à de privilégio concedido concreta e individualmente. Daí que, na fase final do Antigo Regime, se tenha começado a desagregar todo o anterior sistema de garantia dos direitos particulares (estatutários ou patrimoniais). Já em 1627 (*Carta* Régia de 2 de Novembro) se determinara que não se embargassem actos «de governo»; em 1642 (16 de Fevereiro) proíbe-se o embargo de leis gerais. Mas a medida mais drástica vem com o pombalismo. Seja como for, o Alv. 30.10.1751 continua permitir embargos a *Carta*s régias, provisões e alvarás[46].

Esta actividade de controlo era realizada, em primeiro lugar, na hora de promulgação da lei, pelo Chanceler Mor do Reino, a quem incumbia, segundo as *Ordenações* (*Ord. fil.*, I, 2), "ver com boa diligência todas as coisas que por qualquer maneira por Nós [o rei, etc.] [...] forem passadas e assinadas", recusando-se a selar as decisões do poder que fossem "expressamente contra as Ordenações, ou direito" (n. 2) ou que fossem "contra nossos [do rei] direitos, ou contra o povo, ou clerezia, ou outra alguma pessoa, que lhe tolha ou faça perder seu direito (n. 4), "rompendo-as e pondo nas costas delas como foram rotas por se determinar que não haviam de passar" (*ibid.*, n. 3). Depois, uma fez selada e promulgada a providência, o controlo cabia aos tribunais que, no julgamento de uma questão que lhes fosse submetida, podiam desaplicar actos normativos do rei que violassem direitos adquiridos[47]; como podiam conhecer dos agravos que as partes perante eles interpusessem contra actos do poder[48].

A nova imagem do poder e as suas consequências dogmáticas vão, assim, provocar a desarticulação do sistema de garantias do Antigo Regime pré-iluminista, sistema que, no âmbito dos seus limites, era extremamente eficaz. O período iluminista é já, por isso, uma época em que o exercício do poder se encontra liberto de muitas das peias anteriores, o que se torna ainda mais grave, porque ele dispõe, agora, de meios muito mais eficazes de acção.

Na verdade, as limitações do poder do Antigo Regime residiam, também, na sua ineficácia. Esta decorria, por um lado, do facto de a administração estar concebida como votada à salvaguarda da ordem social, política e jurídica estabelecida (administração jurisdicionalista ou «passiva»); por outro, da carência de meios materiais de controlo e de comando. Tudo isto vai começar a mudar, sobretudo a partir dos meados do século XVIII, com o desenvolvi-

---

[46] Cf. a CL 18.8.1769, § 2, proibindo embargos aos Assentos da Casa da Suplicação.
[47] Cf. A. M. Hespanha, «O indivíduo face ao poder [...]", cit., 131-151.
[48] A supremacia da lei, proclamada pela Lei da Boa Razão, não isentava o direito régio da obediência aos direitos natural e divino.

mento de uma administração «de governo» (ou «activa») e com o reforço material das extensões periféricas da administração central.

O advento da Constituição tinha trazido duas novidades ao sistema.

Por um lado, parece que eximira a Constituição (formal) ao controlo de jurisdicidade, pois os juízes, como todos os funcionários, tinham jurado "observar a Constituição" (art. 13).

Porém, este juramento – que, na intenção do legislador, corresponderia ao juramento da Constituição formal – podia ser entendido como dizendo respeito, para além dela, também àquela constituição implícita já antes referida, consubstanciada ou (i) no direito fundamental histórico do reino (nomeadamente, no princípio do respeito dos direitos adquiridos)[49], ou (ii) nos princípios do Direito Público Universal (o mais recente do qual era a teoria dos governos liberais), em vigor em Portugal por força da Lei da Boa Razão e dos Estatutos da Universidade[50], ou, finalmente, (iii) nas ciências do direito civil ou do direito público[51], que eram tão constituição como a Constituição votada em cortes: "Não pertence à constituição indicar os princípios que a ciência deve ter ensinado, mas sim regular a sua aplicação, e determinar o modo como hão-de ser protegidos", escreve Silvestre Pinheiro Ferreira[52].

---

[49] Cf. Maria da Glória Garcia, *Da justiça administrativa [...]*, cit, 340, 357.

[50] As invocações doutrinais deste direito são abundantíssimas durante todo o constitucionalismo monárquico (v. muitas citações em João Tello de Magalhães Collaço [...], *Ensaio sobre a inconstitucionalidade* [...]., cit., e Maria da Glória Garcia, *Da justiça administrativa* [...], 351 ss., *maxime*, 357-8). Mas, por se tratar de doutrina referente à Constituição de 1822, recordam-se algumas afirmações de Silvestre Pinheiro Ferreira: "Com esta pedra de toque [independência e eleição nacional, para todos os poderes; responsabilidade e publicidade de todos os actos] é fácil a cada um reconhecer se qualquer artigo da constituição é ou não, conforme aos princípios essenciais do governo representativo", Silvestre Pinheiro Ferreira, *Breves Observações sobre a Constituição [... de 1822]*, cit., viii; "Comparem os nossos leitores cada artigo da constituição de 1822, da Carta de 1826, ou da projectada reforma com a simples e concisa fórmula que acabamos de oferecer, e se ele não satisfizer a todas, e a cada uma das mencionadas condições do governo representativo, não hesitem em declarar que é inconstitucional", *ibid.*, x; "É inconstitucional, porque o juramento pressupõe uma religião, e por direito constitucional [não formal, na Constituição de 1822] é proibido às autoridades intrometer—se na consciência do cidadão, e averiguar o que cada um crê, ou deixa de crer em matéria de religião. Veja Observação ao art. 78, 4", *ibid.*, 4; "art. 25 [sobre a religião da Nação]. Esta disposição é, não só incompatível com o princípio da tolerância, principio essencial em um sistema verdadeiramente constitucional [...]", *ibid.*, 8/9.

[51] Sobre este ideal cientista do direito, no período do jusnaturalismo tardio e do utilitarismo, v. António Manuel Hespanha, *Cultura jurídica europeia [...]*, cit., 227 ss.; António Pedro Barbas Homem, *Judex perfectus [...]*, cit., 393 ss. (com referências muito interessantes à ligação entre ciência do direito e ciência económica, no pensamento do primeiro liberalismo); Mário Reis Marques, *Codificação e paradigmas da modernidade [...]*, cit., 467 ss..

[52] O que cabia à constituição formal era especificar a tal constituição material. Daí que o mesmo autor continue: "Um dos princípios que a ciência ensina é que ao cidadão compete

E, de facto, esta ideia de que a própria Constituição formal não é pura e simplesmente voluntária, que obedece a leis supra-positivas e que, portanto, pode ser sindicada quanto à sua legitimidade, é continuamente reafirmada. Como dirá, anos mais tarde, Almeida Garrett: "[...] embora uma Constituição se escreva num papel, e embora as maiores somas de liberdade se ponham nesse papel, se a Constituição escrita não for acomodada na prática aos usos e costumes dos povos, a Constituição há-de ficar no papel"[53].

Mas, em contrapartida, o advento da Constituição escrita em certo sentido reforçara a precariedade das leis que – sendo já grande no direito de Antigo Regime, por causa do sistema pluralista de fontes de direito, em que a lei era apenas uma delas e, seguramente, não a mais forte –, ainda se agravara com a distinção entre "constituição" e "lei" – formulada designadamente por Sieyès – e com a atribuição à primeira de um carácter *fundacional* (ou *fundamental*) em relação às segundas. Ou seja, se o direito fôra a "constituição" do Antigo Regime, doravante a constituição pode tender a ser "o direito" que as leis e restantes actos do poder terão que respeitar sob pena de nulidade e que os juízes se comprometem a guardar.

Ramón Salas sublinha este papel primordial da Constituição. Embora não esclareça claramente a que constituição se está a referir, se à material, se à formal: "Às Leis Constitucionais chamam-se também fundamentais, porque são o apoio, o cimento, e os alicerces do edifício social, que sem elas não pode ficar sólido por muito tempo. Chamam-se também frequentemente Leis primarias (ou primitivas) para dar a entender que com elas se devem conformar as Leis, que versam sobre interesses individuais, e subordinados; e as quais se chamam Leis secundárias. E com efeito, se as Leis secundárias se não acham em perfeita harmonia com as Leis primárias, fundamentais, ou Constitucionais, um Governo não pode ser liberal senão no nome. Que me importa, que a Lei primária sancione a liberdade individual, se as Leis secundárias põem a minha liberdade à disposição de alguns mandatários, ou agentes de poder, que podem privar-me dela pretextando medidas de segurança, ou em virtude do *Caveant Consules* do Senado Romano, de que em todos os tempos se fez um uso tão imoderado contra a liberdade dos Cidadãos? Em poucas palavras, as Leis secundárias não devem ser senão as consequências naturais das Leis primárias fundamentais, ou Constitucionais"[54].

---

o direito de petição; mas o que a constituição devia fazer, e não fez, era determinar o modo como este direito devia ser exercido utilmente" Silvestre Pinheiro Ferreira, *Breves Observações sobre a Constituição [... de 1822]*, cit., 5.

[53] Almeida Garrett, *DCGC. 1837-1838*, II, 13. Sobre a impossibilidade de seguir rígidos modelos matemáticos na reflexão política, v., do mesmo autor, *DCGC. 1837-1838*, I, 66.

[54] Ramón Salas, *Lições de direito publico [...]*, 4/5.

Desaparece, porém, o papel fiscalizador da Chancelaria Mor do Reino. Pode-se dizer – e foi-o dito – que, agora, o rei, ao exercer o poder de veto em relação às propostas de lei do legislativo, desempenhava o papel de chanceler. Foi esta, na verdade, uma das leituras do veto real – a de um controle da constitucionalidade das leis parlamentares. Na verdade, a "prerrogativa régia"[55] atribuía ao rei a natureza de guardião da Constituição, o que autorizava a ver no veto real – tal como é proposto por Benjamin Constant, no quadro das atribuições do seu "poder moderador" e como existe, com eficácia variável, nas três constituições da monarquia liberal portuguesa – uma forma de controle (político) da constitucionalidade. E, de facto, é com fundamento em inconstitucionalidade que D. Maria II suspende um decreto das cortes, de 24.8.1834: "este projecto de lei destruiria, se fosse sancionado, os princípios estabelecidos na Constituição e nas leis orgânicas em perfeito vigor e que em todos os tempos devem ser respeitados [...] sendo eu primeira guarda das garantias individuais, consagradas na Constituição e nas leis orgânicas do Estado, as quais garantias são para todos os tempos, repugnava ao meu coração aceder a uma lei que me parece opor-se a elas e estabelecer um precedente de terrível influência"[56]. Porém, não falta quem considere como precipitada a extinção do antigo cargo de Chanceler-mor, justamente como uma instância de controlo da constitucionalidade. É o caso de Almeida Garrett, deputado às cortes constituintes de 1837:

"[...] o veto que exerce, quando se lhe dá (e é impossível deixar de dar-lhe) a autoridade de dizer: *eu não posso aplicar tais leis, porque são opostas aos princípios da Constituição, e da utilidade e consciência pública*. Mas isso não basta, repito; e é mister que o poder judicial possa fazer mais para nos dar, e ser ele uma garantia da liberdade e independência tanto para o povo, como para os outros poderes seus confuncionários. Falta-lhe aqui sobretudo uma instituição central, organizadora e de método. Avia-a em nossa antiga Constituição; era defeituosa, tinha-se tornado abusiva; mas convinha reformá-la, e não destruí-la. Sei que é impopular o que vou dizer; mas também sei que justo. Receio não achar eco nesta Câmara; mas nem por isso deixarei de pronunciar a verdade. A Chancelaria Mor do Rei no era uma roda indispensável na matéria de Estado. Os ignorantes que a quebraram,

---

[55] A "prerrogativa real" (*royal prerogative*) era um instituto do direito público inglês – em torno da origem do qual disputaram Hobbes e Locke (cf., do primeiro, *The Elements of Law, Natural and Political* [1640]; do segundo o *Second Treatise of Civil Government* [1690, ch. 14] – e que este último definiu como a vasta e indefinida autoridade do monarca para agir em prol do bem comum do reino «without the prescription of law» e «sometimes even against it».

[56] Cf. João Tello de Magalhães Collaço, *Ensaio sobre a inconstitucionalidade [...]*, cit., 51-52.

porque a não sabiam concertar, nem fazê-la jogar com o novo sistema, cometeram um fatal erro pecado político. Os juízos de equidade são impossíveis sem esta instituição, o nexo das funções judiciais com as governativas que só ela pode dar, tudo fica anómalo e absurdamente transtornado"[57].

Em contrapartida, porém, mantivera-se a função fiscalizadora dos tribunais. Não que se previsse uma acção para pedir directamente a anulação da lei por inconstitucionalidade, semelhante aos antigos embargos. Mas nada impedia um juiz de, no âmbito do conhecimento de uma causa, desaplicar uma lei por inconstitucional. Esta verificação judicial da constitucionalidade das leis era considerada como natural. Já no domínio da *Carta*, Francisco António da Silva Ferrão escreve[58], abonando-se em literatura constitucional francesa do período cartista [1830] que considerava a *Carta* como "Lei Rainha e Mãe de todas as leis":

"os juízes prestaram juramento de observar, e fazer observar, a *Carta Constitucional* da Monarquia, e as Leis do Reino, e não podem abstrair estas daquela, no cumprimento dos seus deveres, estando obrigados a isso, a considerar, não só, se as partes, se os processos, se as acções, têm a qualidade de legitimas, mas, outrossim, se os diplomas, ou determinações, cujas teses devem aplicar à hipótese dos autos, têm ou não o cunho de Lei. Os juízes, quando assim obram, não têm por objecto apreciar as leis, feitas pelo poder legislativo, ou pelas ditaduras, nem se arrogam supremacia sobre os outros poderes do Estado, muito pelo contrário, mantêm-se, única e precisamente dentro da órbita da sua própria independência e juramento, não reconhecendo em cada um dos processos, que têm a julgar, outros poderes, que incompetentemente lhes ditam as normas. O contrário disso importaria o mesmo que subordinar a acção da justiça ao arbítrio desses Poderes; reduzir os Juízes a instrumentos cegos e dóceis, para homologar somente determinações exorbitantes e inconstitucionais; tornar enfim o Poder Judiciário uma coisa muito diversa do que deve ser na realidade, pela firme, constitucional e justa manutenção dos direitos dos cidadãos".

Esta não era, apenas, a sua opinião, pois, segundo Ferrão, era corrente os juízes considerarem que podiam declarar inaplicável uma lei por a considerarem contraditória com princípios da constituição formal (ou mesmo, apenas, de uma constituição material do liberalismo quando esta, por exemplo, consagrava a defesa da propriedade)[59]. O próprio Silva Ferrão considerou como

---

[57] Almeida Garrett, *DCGC*, 1837, II, 20. Em algum dos projectos de reforma da Constituição de 1822, elaborados ou enviados à Junta criada em 1823, esta função do Chanceler-mor era mantida.
[58] Cf. *Tractado sobre direitos e encargos [...]*, cit., 252-253.
[59] Mais notícias de impugnações de preceitos legais por inconstitucionalidade: ob. cit., 200

"insubsistente" um decreto ditatorial de D. Pedro IV, de 18.5.1834, por ter sido feito em ditadura, sem a intervenção das cortes (ou seja, por aquilo a que hoje chamaríamos inconstitucionalidade orgânica)[60]. Em abono da sua teoria, Ferrão argumenta com os termos da procuração dos eleitores aos deputados, em 1826 e nas legislaturas seguintes – cumprirem as suas funções "na conformidade, e dentro dos limites, que prescreve a *Carta Constitucional* [...], sem que possam derrogar ou alterar alguns dos seus artigos".

Apesar desta orientação doutrinal e desta prática jurisprudencial, nota-se ainda uma certa timidez na construção dogmática do controlo jurisdicional da constitucionalidade. Na verdade, ainda que seja invocada a doutrina francesa que fundamenta o instituto na hierarquia eminente da Constituição, os argumentos mais usados – provavelmente porque mais convincentes – são o juramento de fidelidade à Constituição feito pelos juízes e o teor das procurações que conferiram poderes aos deputados[61].

É certo que havia quem opinasse que "ao Poder Judicial não competiria, por maneira alguma, entrar na apreciação das Leis, feitas pelo Poder Legislativo, ou pelo Executivo, *quando em ditadura*, e só aplicá-las aos casos ocorrente", pois "o contrário seria o Poder Judicial arrogar-se uma supremacia sobre os outros poderes do Estado, que, nem a Lei Fundamental lhe permite, nem a boa razão a que repugna semelhante doutrina, como atentatória da boa ordem pública"[62]. Também numa alegação de recurso de revista crítica da revisão judicial das leis se pode ler: "[...] A sentença foi um acinte, foi um «quero, porque quero», uma teima dos três juízes vencedores, para os quais não existe a Lei dos Forais. Meteu-se-lhes na cabeça que esta lei era um ataque à propriedade, e cuidam que sustentam a propriedade, atacando a Lei"[63]. Nas Cortes constituintes de 1837, o deputado radical José Estêvão (Coelho de Magalhães) critica também este controlo judicial das leis, como ofensivo da separação de poderes e típico da constituição de Antigo Regime (da "desembargocracia", como lhe chamara Garrett):

---

(contra um decreto ditatorial de 9.8.1833); segundo Silva Ferrão, "julgava-se então uma necessidade fazer-se remover, como fugitiva e antinómica, toda a legislação, ou disposições, tomadas por decretos originados por circunstâncias, que, em contradição com o Direito Pátrio, durante o período que decorreu desde a abdicação do Sr. D. Pedro IV [...] até ao nascimento do seu amado Neto [...], haviam tornado duvidoso e flutuante o direito de sucessão da Sereníssima Casa", p. 205).

[60] Ob. cit., p. 131 n. 1.

[61] Este último argumento era facilmente reversível pela teoria do mandato puramente representativo (*i.e.,* não imperativo).

[62] Trecho de uma sentença criticada por Ferrão (p. 252).

[63] *Tractado sobre direitos e encargos.*, p. 29 n. 1.

"Um nobre deputado[64] que primeiro aqui ampliou a acepção da palavra «veto», discorrendo sobre a dotação desigual de vetos que tem o poder judicial, manifestou desejos que na Lei fundamental lhe consignássemos o de obstar à execução das leis. Ainda que eu espere que nem os talentos do nobre deputado que apresentou esta doutrina poderão arrancar deste Congresso a menor simpatia por ela, não posso deixar de a combater com todas as minhas forças. Este veto, que se quer dar ao poder judiciário, tiveram-no antes da Revolução certos tribunais de França. Então as leis não se executavam sem serem registadas por esses tribunais; e eles, negando-lhe o registo, vedavam a execução. Senhor Presidente, já aqui serviu de argumento contra o sistema unitário o ter-se ensaiado, e sem fruto, depois da Revolução francesa, e parece-me que me poderei servir do mesmo argumento. Contra o direito de registar dado aos tribunais. A Revolução de 1791 acabou com este privilégio, e ainda até agora ninguém se lembrou de o ressuscitar [...]. Estranho que o ilustre deputado, que tantos receios mostrou da desembargocracia, lhe queira meter na mão a terrível arma de anular as leis. Com efeito, são muitos vetos contra a vontade popular"[65].

Em suma. Não prevendo expressamente nenhuma modalidade de recurso por inconstitucionalidade, a nova ordem constitucional não precludiu a apreciação pelos tribunais da conformidade das leis com a Constituição, entendendo por "constituição" tanto o texto constitucional formal, como a constituição implícita, abrangendo os princípios de direito público universal. Pelo contrário, manteve-o como dantes, em toda a sua plenitude e disseminação. Ou seja, as leis eram actos do poder, impugnáveis como quaisquer outros. Tanto mais que a sua "exteriorização" – o acto que lhes outorgava vigência (neste caso, a sanção real) – era, na Constituição de 1822, um acto *do executivo* (cf. art. 123)[66], referendado por um ministro, o qual não passava – na economia da mesma Constituição – de um funcionário, embora de grau elevado. Ou seja, a lei nem era um acto do "sacrossanto" poder legislativo, nem um acto que tivesse sido ratificado pelo rei, habilitado com a "prerrogativa régia", como o será, mais tarde, no regime da *Carta*.

\*
\*   \*

De acordo com o modelo político liberal, a *Carta constitucional* reconhecia que o conjunto de garantias de direitos a que se referia o art. 145[67] cons-

---

[64] Refere-se à intervenção de Garrett, antes citada. Note-se que também Garrett se insurgia contra a "desmbargo-cracia" de Antigo Regime. Não obstante, considerava vantajosa a função fiscalizadora do Chanceler Mor.
[65] José Estêvão, *DCGC*, II, 51.
[66] É certo que um tanto vinculado, dado o carácter apenas suspensivo do veto real.
[67] "A inviolabilidade dos direitos civis e políticos dos cidadãos portugueses, que têm

tituía um dos seus núcleos "constitucionais": "É só constitucional o que diz respeito aos limites e atribuições respectivas dos poderes políticos, e aos direitos políticos e individuais dos cidadãos [...]" (art. 144)[68]. O outro núcleo – relativo à divisão dos poderes – também se relacionava com a defesa dos direitos, pois – como se diz no art. 10 – "a divisão e harmonia dos Poderes Políticos é o princípio conservador dos Direitos dos Cidadãos, e o mais seguro meio de fazer efectivas as garantias, que a Constituição oferece". Mas apenas indirectamente.

O que queria, porém, dizer "núcleo constitucional"?

Queria dizer, desde logo, que, nestas matérias, a *Carta* não podia ser alterada senão pelo processo formal de *revisão*, previsto nos arts. 140 a 144[69]. Mas, por detrás disto, estava a assunção da distinção entre poder constituinte e poder legislativo, entre constituição material, constituição formal e legislação[70]. A primeira, constituída, pelo menos, pelos artigos "constitucionais" da *Carta*; a segunda correspondia a toda a *Carta* (cf. art. 140); a terceira, à legislação ordinária[71].

Quereria, porém, dizer ainda que toda actividade do Estado – desde a legiferação até ao governo e à administração da Justiça teria que se processar nos termos da Constituição? Ou seja, que a *Carta* instaurava um "Estado constitucional" (*hoc sensu*, de um Estado dominado pela primazia da Constituição)?

---

por base a liberdade, a segurança individual e a propriedade, é garantida pela constituição do reino [...]".

[68] A formulação do artigo é demasiado ampla. Na verdade, não podia ser "constitucional" o que "dissesse respeito [...] aos direitos políticos e individuais dos cidadãos", já que isso constitucionalizaria a maior parte da legislação ordinária; tanto mais que se entendia ser matéria de lei "ampliar, restringir ou modificar direitos ou obrigações". O que pode querer dizer é que é matéria constitucional a definição, em abstracto, dos direitos garantidos (v.g., da propriedade, independentemente do que a lei civil lhe atribuir como conteúdo). Mas este ponto de vista não era pacífico, como já se dirá no texto.

[69] "Art. 140 – Se, passados quatro anos depois de jurada a Constituição do Reino, se conhecer que algum dos seus Artigos merece reforma, se fará a Proposição por escrito, a qual deve ter origem na Câmara dos Deputados, e ser apoiada pela terça parte deles". Sobre o processo de revisão constitucional na Carta, Marnoco e Sousa, *Direito político [...]*, cit., p. 602 ss..

[70] A distinção entre matérias constitucionais (= matérias *unanimente* acordada, no momento da associação política, como a garantia da liberdade dos associados, nomeadamente por meio da instituição da divisão de poderes) e matéria legislativas (= matérias sucessivamente aprovadas *pela maioria*) fora feita por Emmanuel Sieyès, "Limites da soberania" (1794), em Enmanuel Sieyès, *Escritos [...]*, cit., 248 ss..

[71] Para alguns efeitos – nomeadamente, o de revogação de disposições não constitucionais da *Carta* – equivalente à constituição meramente formal (art. 144: "[...] Tudo o que não é constitucional pode ser alterado, sem as formalidades referidas, pelas legislaturas ordinárias").

Embora fosse frequentemente abordada e razoavelmente consensual a questão da dependência da Constituição formal e das leis em relação a uma ordem de valores pré-existente – fosse ela constituída pelos direitos individuais ou pelas realidades histórico-culturais de uma nação; pelo contrário, já raramente se punha a questão de saber se a actividade do Estado, nomeadamente a actividade legislativa, estava limitada pelas normas da Constituição formal. Ou seja, aquilo que nós hoje entendemos como o núcleo da questão da constitucionalidade em termos de direito não constituiu um objecto usual de reflexão jurídica.

As razões para isto podem ter sido diversas. Por um lado, nos termos de um conceito contratualista de constituição, que a entendia como o produto de um pacto fundacional da sociedade política, não era fácil distinguir a intenção constituinte da intenção meramente legislativa, pois uma e outra eram produto do encontro das vontades dos mesmos representantes da Nação, não se entendendo que a vontade (constituinte) expressa num momento pudesse vincular duradouramente a vontade (legislativa) do mesmíssimo conjunto de pessoas. Por outro lado, uma vez que, nos Estados constitucionais, o legislativo nunca deixava de estar nas mãos dos representantes da nação, era mais importante assegurar a legalidade da administração (em geral, nas mãos de agentes régios) do que a constitucionalidade das leis. Os próprios direitos, a que o espírito liberal tanto queria, estavam a ser instituídos e protegidos pela lei (contra a velha ordem feudal) e não sob o ataque dela[72].

Daí que a questão da constitucionalidade não fizesse então sentido, nos termos em que hoje se põe, podendo até ter tido um alcance oposto ao actual.

Mas, afinal, vinculava a Constituição a actividade do Estado, nomeadamente a actividade legislativa?

Aparentemente, sim, pois: (i) o art. 140, ao estabelecer um processo legislativo especial para alterar as matérias constitucionais da *Carta*, implicitamente separava o poder constituinte[73] do poder legislativo ordinário, retirando a este último a faculdade de emitir leis anti-constitucionais[74]; (iii) o art. 139 dispunha que "as cortes gerais no princípio das suas sessões examinarão se a Constituição do Reino tem sido exactamente observada, para prover como for justo"; (iii) as autoridades e titulares de cargos públicos tinham que jurar "cumprir e fazer cumprir a Constituição"[75]; (iv) todo o Cidadão podia

---

[72] Cf., neste mesmo sentido, M. Stolleis, *Geschichte des öffentlichen Rechts [...]*, II, 371.

[73] Poder constituinte "subsequente", pois o poder constituinte *originário* residira no rei.

[74] Tomando aqui o adjectivo "constitucionais" em sentido material. Pois as matérias "não constitucionais" da Constituição podiam ser alteradas pelas legislaturas ordinárias (art. 144).

[75] Art. 1, § 2; art. 2, § 3; art. 76; art. 79; art. 97; art. 109; fórmula final ("todas as Autoridades, a quem o conhecimento, e execução desta Carta Constitucional pertencer, que a jurem, e farão jurar, a cumpram e façam cumprir, e guardar tão inteiramente, como nela se contém").

"apresentar por escrito ao Poder Legislativo, e ao Executivo reclamações, queixas ou petições, e até expor qualquer infracção da Constituição, requerendo perante a autoridade a efectiva responsabilidade dos infractores" (art. 145, § 28).

Esta foi a opinião que o lente de direito constitucional, Mexia Salema, exprimiu com veemência nas Câmaras, a propósito da possibilidade de uma câmara sem poderes constituintes interpretar autenticamente um preceito constitucional, o que era bem menos grave do que a aprovação de uma lei inconstitucional:

> "Sr. Presidente, o ultrapassar as raias constitucionais é um crime contra a sociedade, o qual, sendo cometido por aqueles, que estão encarregados de velar pela guarda da *Carta Constitucional*, é sobre maneira agravado por um pérfido abuso do poder, que lhe é confiado. Da *Carta* os legisladores recebem o seu poder, e como podem eles arriscar-se a mudá-la [...] sem destruir o fundamento da sua autoridade? [...] Sr. Presidente, longe vá de mim o querer que uma Constituição Politica, ainda por aperfeiçoar, revista de um carácter de imutabilidade; bem pelo contrário, eu quero com todos os publicistas, entre eles o moderno Ahrens, que seja progressiva, contendo em si mesma a principio da sua reforma, e fixando as condições, sob as quais devia ter lugar. Esta previsão se acha na *Carta*, para que nada lhe faltasse no sua perfectibilidade"[76].

Todavia, a questão complicava-se, se vista com mais detalhe.

Em primeiro lugar, porque a aplicação prática da distinção entre matérias "constitucionais" e matérias "não constitucionais" era incerta, abrindo a porta ao legislador ordinário (às cortes, sem poderes constituintes ou de revisão) para dispor sobre matérias constitucionais.

Na verdade, era abertamente a isto que o texto constitucional convidava. E era isto que frequentemente acontecia: por lei ordinária, as cortes – ou até o governo, por decreto ditatorial com força de lei – regulavam matérias relativas a direitos civis e políticos. Toda a imensa legislação eleitoral oitocentista pertencia a esta categoria. Os próprios códigos (nomeadamente o civil e os penais), que estabelecem direitos e obrigações, definem crimes e estabeleciam as suas penas, continham matéria "constitucional" e, não obstante, foram promulgados sob a forma de lei ou mesmo, apenas, de decreto governamental com força de lei. Os impostos, que tocavam no direito de propriedade, eram criados por lei[77]. Porém, a legitimidade de tudo isto raramente foi posta

---

[76] *Diário da Câmara dos Deputados*, 1848, sessão de 27.3.1848, p. 9.

[77] Já nos finais do período cartista, Marnoco e Sousa reconhece a série de "dificuldades práticas" a que o critério de delimitação das matérias constitucionais dava lugar: «a lei de 8 de Maio de 1878, estendendo o sufrágio a todos os cidadãos portugueses de maioridade que

em causa. Como se existissem dois domínios de poder constituinte. Um deles, relativo aos princípios sobre matérias constitucionais estabelecidas na *Carta*, pertenceria em exclusivo às cortes expressamente convocadas para efeito de revisão constitucional. Outro deles, relativo à "concretização normativa" dos *princípios* gerais reconhecidos pela *Carta* sobre direitos individuais, competia à lei, da responsabilidade das cortes ordinárias.

No entanto, a questão da constitucionalidade do governo punha-se também, tanto a propósito da *Carta* como das leis, em relação a uma constituição material que a doutrina unanimemente reconhecia existir por detrás dos preceitos legislativos (e, também, dos preceitos da *Carta*) e que constituía o critério de avaliação da sua legitimidade (classificando-os como "liberais", na terminologia corrente da época ou, pelo contrário, como "não liberais"). Assim, mesmo opinando que as atribuições das cortes "bem manifestam a sua omnipotência, e a sua acção suprema", Lopes Praça não deixa de aceitar que "essa autoridade superior e primordial só pode ser limitada e contida pelos princípios sacrossantos da razão, da justiça *e do direito*" (itálico nosso)[78].

De alguma forma, esta constituição material estava positivada: (i) nos "princípios de direito público universal", expressamente recebidos no direito interno pela Lei da Boa Razão, (ii) nos "princípios liberais", continuamente invocados pela doutrina, e constantes, nomeadamente, da teorização da sociedade feita por Adam Smith e outros economistas liberais[79]; (iii) nos princípios da razão, em que tanto insistiam os doutrinários; (iv) nos "princípios das modernas ciências sociais", tópico corrente no período positivista sociológico; (v) nos "princípios de direito natural", expressamente invocados pelo Código civil de 1867(art. 16). Era perante estes princípios, assim diversamente positivados, que as leis se deviam legitimar.

A segunda dificuldade que se levantava em relação ao controlo constitucional do governo relaciona-se com a anterior. Mas pode ser enunciada de uma forma para nós mais familiar: a da hierarquia entre as normas constitucionais formais (as normas da *Carta*) e as leis ordinárias. Nomeadamente: Como se podia obrigar o legislativo a cumprir a Constituição formal? Quem garantia esse cumprimento? Que recurso existia para o caso de incumprimento?

---

soubessem ler e escrever ou fossem chefes de família, legislou evidentemente sobre matéria constitucional [...] O próprio poder executivo se tem arrogado a competência para legislar em matéria constitucional. Haja vista ao decreto de 25 de Setembro de 1895 e ao decreto de 23 de Dezembro de 1907» (p. 607) (Marnoco e Sousa, *Direito político [...]*, cit.).

[78] José Joaquim Lopes Praça, *Estudos sobre a Carta [...]*, II parte, vol. I, 1879, p. 273.
[79] Cf. Fernando Araújo, *O Conceito Mecanicista de Liberdade*, cit., 2001.

Do ponto de vista dos princípios, esta questão era menos difícil de resolver sob a *Carta* do que sob a Constituição de 1822. Nesta, na verdade, quem fizera a constituição tinha sido o mesmo poder que fazia a legislação – as cortes; embora estas, ao fazer a constituição, estivessem revestidas de poder constituinte (e, correspondentemente, se tivessem chamado "Cortes Gerais Extraordinárias e Constituintes da Nação Portuguesa"). No entanto, o fundamento dos seus poderes era o mesmo – o voto da Nação. Na vigência da *Carta*, as coisas passavam-se diferentemente. A *Carta* tinha sido outorgada pelo rei, como representante da Nação (cf. art. 12), nele residindo o poder constituinte originário e o dever primeiro de "observar e fazer observar a Constituição" (art. 76).

Daí que: (i) as cortes não pudessem alterar a constituição sem o acordo do rei, que devia sempre sancionar as reformas constitucionais; e que (ii) a necessidade de sanção real das leis constituísse a primeira defesa em relação à omnipotência do legislativo. Por isso, o veto real podia representar um primeiro acto de controle da constitucionalidade das leis, a cargo de um poder que era tão representante da Nação como as cortes gerais (cf. art. 12)[80] (e que, para além disso, era o titular do poder constituinte originário). Nestes termos, decisão das cortes que obtivesse maioria parlamentar e sanção real tinha passado por dois crivos de apreciação da sua conformidade com a ordem constitucional, ambos eles revestidos da dignidade de representantes da Nação. Se considerarmos que no rei residia também o poder moderador, "chave de toda a organização política", a quem competia velar "incessantemente sobre a manutenção da independência, equilíbrio e harmonia dos mais poderes políticos", e que a sanção das leis era uma atribuição deste poder (e não do executivo, cf. art. 74, § 3), a firmeza das leis aprovadas pelo rei ainda ficava mais reforçada.

Percebe-se, portanto, que se manifestasse uma resistência séria em admitir que outro órgão de soberania – nomeadamente, os tribunais – pudessem invalidar um acto legislativo, tanto mais que, embora independentes, os juízes eram nomeados pelo rei, como chefe do poder moderador[81].

O único controlo do legislativo seria, portanto, político. Controlo que se podia exercer – como refere Lopes Praça – de múltiplas formas: «A publici-

---

[80] Cf. José Joaquim Lopes Praça, *Estudos sobre a Carta [...]*, II parte, vol. I, p. 288; já antes (para a Constituição de Cadiz), v. Ramon Salas, *Lições de direito público constitucional* [...] cit., p. 288.

[81] No sentido da omnipotência da lei parlamentar, Silvestre Pinheiro Ferreira, *Projecto de Codigo Politico [...]*, p. 21; (natureza ilimitada do poder legislativo, 220 ss.), José Frederico Laranjo, *Princípios direito político[...]*, cit., [Livro 3], 224.

dade dos relatórios acerca da maneira porque são geridos os negócios públicos; a perfeição das leis secundárias segundo as quais só devem dar a realização às prescrições constitucionais, as comissões de inquérito, a discussão miúda e conscienciosa do orçamento do Estado, o uso recto e imparcial do direito de interpelação, a faculdade de pedir esclarecimentos e documentos ao governo concedido aos membros das câmaras, as moções de censura ou confiança ao ministério e sua discussão, a discussão da resposta ao discurso da coroa, tais são os principais meios, consagrados pela lei e pela pratica, para inspeccionar em todo e qualquer tempo se a Constituição tem sido escrupulosamente acatada, reverenciada, e rigorosamente seguida"[82]. Para além de que, como *ultima ratio*, os cidadãos poderiam castigar com a não eleição um parlamento que tivesse violado a constituição. Sendo, porém, certo que a reposição do anterior estado (de constitucionalidade) não ficava com isto assegurado. Pois, ainda que o novo parlamento revogasse a anterior medida inconstitucional, nada garantia que o rei sancionasse esta revogação[83].

No entanto, a solução norte-americana de um controlo da constitucionalidade das leis centralizado num tribunal supremo era conhecida desde o início do constitucionalismo. Em 1849, um politólogo liberal e jurista conhecido em Portugal, Edouard-René Lefebvre de Laboulaye (1811-1883), chamava a atenção para o sistema constitucional dos Estados Unidos[84], destacando como pontos chave não só o seu liberalismo, mas ainda o presidencialismo[85], a instituição do senado ("pedra angular"[86] da Constituição", como lhe chama), e, sobretudo, o seu sistema de controlo da constitucionalidade:

---

[82] Em todo o caso, o A. acha que isto não chega, propondo a instituição de mecanismos mais sistemáticos e periódicos de controlo: "[...] seria conveniente, modificando-o, aproveitar o pensamento consignado no n.º iv do art. 118 da Const. de 1822, neste sentido deveriam as comissões da Constituição, ou outras expressamente nomeadas para esse fim, por cada uma das câmaras, redigir um relatório anual para ser apresentado a discussão, em que se mencionassem as infracções observadas», José Joaquim Lopes Praça, *Estudos sobre a Carta [...]*, 1878, I, p. XXIX.

[83] Note-se que um ministério saído da nova maioria não podia impor ao rei a sanção da medida revogatória da anterior. Ou seja, para manter a anterior medida (inconstitucional), o rei não tinha que fazer nada e, logo, não necessitava da referenda do novo ministério (cf. art. 102).

[84] Cf. «De la constitution américaine et de l'utilité de son étude: discours prononcé le 4 déc. 1849 à l'ouverture du cours de législation comparée», *Revue de législation et jurisprudence*, décembre 1849.

[85] Independência do ministério de quaisquer votações nas câmaras (ressalvada a responsabilidade penal – *impeachment*).

[86] Note-se como a expressão "pedra angular" corresonde à designação de "chave" com que a Carta se refere ao poder moderador. Amas relevam de uma metáfora mecanicista (arquitectónica) do poder.

"A América pode ainda servir-nos de lição numa questão que, desde há um ano, está, entre nós, na ordem do dia. A doutrina de que o parlamento é todo poderoso – doutrina que importámos de Inglaterra, onde não há uma constituição escrita – coloca-nos dificuldades sem número, não se podendo fazer uma lei sem que nos exponhamos à censura de ter violado a Constituição. A América não quis que as duas Câmaras, mesmo de acordo com o Presidente, se unissem acima da lei suprema. Eis uma particularidade do sistema Americano, que se encontra tanto nas constituições dos Estados, como na *Carta* federal. Para isso foi criado um Tribunal Supremo dos Estados Unidos, tribunal mais poderoso do que a *Cour de Cassation*, e que pode invalidar uma lei do Congresso dos Estados Unidos, como inconstitucional, tendo-se assim aberto um recurso legal a qualquer pessoa que se julgue vítima de uma violação da Constituição" (pp. 22-23).

O problema era que, em Portugal, como nos restantes sistemas constitucionais europeus, não existia um Supremo Tribunal com as competências da *Supreme Court* dos Estados Unidos. De alguma forma, este sistema de controlo unificado da constitucionalidade, desembocando numa declaração genérica da nulidade do acto legislativo, existira – como vimos – no Antigo Regime. Logo nos anos '30, Silvestre Pinheiro Ferreira propusera a criação de um órgão inspectivo, que teria também essas atribuições[87]. Mas a sua sugestão – se é que chegou a ser feita a D. Pedro IV – não foi acolhida pelo rei-constituinte.

Também desde os anos '30 que – como já vimos – alguma jurisprudência e alguma doutrina propunham um controle judicial difuso da constitucionalidade que, de resto, também não representava nenhuma inovação em relação aos sistema de controlo da legitimidade das leis e dos actos de poder em vigor no Antigo Regime. Os argumentos doutrinais a favor desta solução eram fortes. Por um lado, os juízes, como todas as autoridades públicas, tinham jurado – no acto de posse "cumprir, e fazer cumprir" a *Carta* e, por isso, não deviam poder aplicar legislação que a contrariasse, ou por ir contra os princípios constitucionalmente consagrados (inconstitucionalidade material), ou por ter sido feita por órgão (inconstitucionalidade orgânica) ou processo (inconstitucionalidade formal) diferente do consignado na *Carta*[88].

A questão tinha-se posto logo a respeito dos decretos com força de lei emitidos pela Regência (na Terceira, no Porto, ou nos Açores), antes da reunião

---

[87] "Conselho Supremo de Inspecção e Censura Constitucional" (Silvestre Pinheiro Ferreira, *Projecto de Codigo Politico [...]*, cit., xii).
[88] Embora também fosse certo que, entre as causas de punição ou de responsabilização dos juízes, não está a violação da Constituição (ou mesmo das leis) (cf. arts. 121, 123, 124).

das cortes (em 1834). Neste caso, estava em causa, sempre, uma inconstitucionalidade orgânica e formal e, eventualmente, também uma inconstitucionalidade material (nomeadamente, por violação de direitos anteriores)[89]. Depois, a questão voltou a pôr-se perante os decretos ditatoriais de Passos Manuel[90], em que, na pendência de um processo constituinte, se tomam, por decreto, medidas de natureza legal, ou mesmo constitucional. E, periodicamente, continua a pôr-se em relação aos decretos ditatoriais com força de lei, promulgados no intervalo das sessões parlamentares, que não tivessem (ou enquanto não tivessem) sido ratificados pelo parlamento[91-92].

A jurisprudência variou, sendo difícil avaliar a orientação dominante na prática judicial quotidiana: se (i) o acatamento da lei inconstitucional, se (ii) a sua desaplicação, por contrariar a constituição (desde logo a constituição formal, mas também a constituição material). Provavelmente, ela terá variado, não apenas com o decorrer do tempo, mas também em função do tipo de inconstitucionalidade de que se tratasse. Nesta perspectiva – e paradoxalmente – a inconstitucionalidade politicamente mais sensível poderia ser a orgânica ou formal, porque revelaria a ilegitimidade de exercício do poder, o seu carácter ilegal ou "ditatorial", o facto de nem sequer as formas respeitar[93]. O mais completo tratamento doutrinal da questão surge, já no final do período cartista, nas lições de direito constitucional de Marnoco e Sousa que, tudo somado, se pronuncia pela inaplicabilidade pelos tribunais dos decretos ditatoriais (ps. 742 ss.; 786)[94], embora reconheça que a tendência predominante em Portugal (em 1894-1895) era a de os que tribunais acatarem esses decretos, havendo apenas votos isolados em sentido contrário[95]. Isto apesar

---

[89] Tal era o caso da legislação ditatorial que demitia funcionários, abolia ou reduzia os forais e direitos banais, que modificava o regime dos bens da coroa ou das comendas das ordens militares, ou que nacionalizava bens de mosteiros.

[90] V. discussão no *Diário das Cortes*, 1837, p. 200 ss..

[91] Que, além disso, teria que relevar o governo da usurpação que fizera dos poderes do legislativo, por meio do chamado *bill de indemnidade*.

[92] Sobre decretos ditatoriais e seu regime constitucional, cf. Trindade Coelho, *Manual político [...]*, cit., 1906,510.

[93] Cf. art. 103 (responsabilidade dos ministros), §§ 3 ("abuso do poder") e 4 ("falta de observância da lei").

[94] Para Marnoco e Sousa, os decretos ditatoriais, antes de ratificados pelo *bill* de indemnidade, não teriam qualquer valor jurídico, apenas obrigando a administração (p. 760); neste sentido, a proposta de reforma constitucional de 14.3.1900 autorizava os juízes a não os aplicar; todavia o STJ decidira, em 2.8.1907, que eles eram válidos, sujeitos à condição resolutiva da não ratificação parlamentar. A Câmara dos Deputados aprovara, em 6.10.1906, a responsabilização dos ministros por desrespeito da constituição.

[95] Cita, em apoio, Alberto dos Reis, *Organização judiciária*, p. 36. ss.; José Medeiros, *Sentenças*, 5 ss.; Marnoco e Sousa, *Direito político [...]*, cit., 781 ss..

de decretos com força de lei já terem disposto sobre temas tão críticos como «liberdade de imprensa, direito de reunião, organização judicial, processo criminal, direito civil, organização administrativa» (p. 756) e, inclusivamente, de se ter procedido a reformas da *Carta* [1895, 1907] por via ditatorial.

José Tavares[96] aborda também o problema da validade dos decretos ditatoriais que, constata, se tinham tornado prática corrente, quer em Itália, quer na Alemanha (*[Not]Ordnungen*) e que ele encara favoravelmente, como uma "legislação de necessidade" (cf. *Carta*, art. 145, § 34)[97]. Para ele, a sindicabilidade judicial destas decretos – como tinha sido proposta, quer por Marnoco e Sousa, quer por José Alberto dos Reis[98] – não estava em uso. Pelo contrário, o que estava na prática constitucional era uma apreciação política da decisão governamental de legislar, bem como do sentido em que o tinha feito. Os sucessivos pedidos e concessões de *bills* de indemnidade aos governos que tinham legislado em ditadura comprovaria este costume[99]. Na jurisprudência, predominaria o acatamento dos decretos ditatoriais[100], apesar de sentenças isoladas em sentido contrário[101]. Tanto o costume constitucional como a prática judicial confirmariam, segundo o autor, o princípio de que a guarda da Constituição pertencia às cortes e não aos tribunais (cf. arts 15, § 7 e 139)[102].

---

[96] José Tavares, *O poder governamental* [...], cit., 169. ss..

[97] O A. distinguia entre ditadura extrema (com suspensão de garantias), a que constitucionalmente só era possível recorrer nos casos do art. 145, §34 da *Carta*), e a ditadura ordinária, em que o governo usurpava o poder legislativo, mas sem suspender as garantias (cf. pp. 175 ss.). Posição favorável à legitimidade da ditadura (ordinária), p. 190 ss...

[98] Nas suas lições de *Organização judiciária*, Coimbra, França Amado, 1908, onde propunha a apreciação judicial, tanto da ratificação parlamentar como da necessidade que teria justificado legislar por decreto.

[99] Leis de 27.4.1837; 19.8.1848; 1.6.1853; 10.7.1869; 27.12.1870; 27.6.1882; 6.5.1885; 1.9.1887; 7.8.1890; 14.2.1896; 11.4.1901 (cf.Francisco José Medeiros, *Sentenças: direito e processo civil*, Lisboa, M. Gomes, 1904). (BN s. C. 11283 P; BN s. C. 7136 V..).

[100] Cf. acs. do STJ, de 16.7 e 2.8 de 1907.

[101] Cf. José Tavares, *O poder governamental* [...], 179, notas 1 e 2;. 186, nota 1. Os decretos do poder executivo por delegação das câmaras são verdadeiras leis que só o poder legislativo pode revogar ou alterar: *Rev. Tribunaes*, vol. 12, n. 277, p. 202 ss.; *O Direito*, v. 15, n.º 18, p. 283.; cf. também DCD, 1897, p. 628. Sobre o dever de pagamento de impostos sem aprovação da lei de meios: sentença na *Revista dos tribunais*, 13, p. 207, n. 303; *O Direito*, v. 24, n. 6, p. 81.

[102] Como o art. 10, do projecto de reforma constitucional de 14.5.1900 consignava a não obediência dos juízes a decretos ditatoriais, era possível extrair daqui, *a contrario sensu*, que esse não era o regime da *Carta*, cf. p. 182, com contra-argumentação.

A única tentativa de instituir formalmente um sistema de controlo da inconstitucionalidade das leis é a da gorada proposta de reforma constitucional (do Partido Progressista) de 14.3.1900, que previa a entrega aos tribunais da apreciação da constitucionalidade das leis[103]. E, ao fim e ao cabo, só na Constituição de 1911 é que o instituto foi formalmente recebido no direito constitucional português pós-revolucionário.

Neste âmbito temático da garantia da Constituição, o último tema será o da natureza e efectivação da responsabilidade pelo não cumprimento da Constituição.

A *Carta* não autonomizava esta responsabilidade da responsabilidade ministerial em geral. Na verdade, o art. 103 estabelecia que "Os Ministros de Estado serão responsáveis: § 1.º – Por traição; § 2.º – Por peita, suborno, ou concussão; § 3.º – Por abuso do Poder; § 4.º – Pela falta de observância da Lei; § 5.º – Pelo que obrarem contra a liberdade, segurança, ou propriedade dos Cidadãos; § 6.º – Por qualquer dissipação dos bens públicos". Embora não explicitamente, a enumeração inclui a prática de actos inconstitucionais e classifica esta prática como um delito[104]. Por isso é que a usurpação de poderes legislativos pelo governo – a *ditadura* – fazia com que este incorresse em crime, do qual tinha que pedir para ser perdoado pelo parlamento, pelo *bill de indemnidade*, instituição que a prática constitucional portuguesa importou de Inglaterra[105]. Tudo o restante – que era muito – sobre a natureza da responsabilidade e o processo de a efectivar dependia de lei especial, sempre prometida ao longo do período cartista, mas nunca aprovada. Assim, apenas estava definida a instância que conheceria da "responsabilidade dos Secretários de Estado [= Ministros]", e que era a Câmara dos Pares (art. 41, § 2).

*
* *

Em conclusão. A questão do controlo da constitucionalidade, no período do constitucionalismo monárquico português, está intimamente relacionada

---

[103] José Alberto dos Reis, *Ciência política e direito constitucional [...]*, cit., p. 40.

[104] Cf. art. 104: "Uma Lei particular especificará a natureza destes delitos, e a maneira de proceder contra eles".

[105] É também esta ameaça de prossecução criminal pelo parlamento (*impeachment*) que cria, na prática constitucional, a necessidade de o governo ter a confiança do parlamento, já que a *Carta* apenas consagrava a necessidade de o ministério ter a confiança política do rei (cf., art. 74, § 5; art. 75). Porém, em face do risco de ter que responder penalmente por governar contra a lei (por extensão, contra a orientação da maioria parlamentar), os governos sem maioria parlamentar prefeririam pedir a demissão.

com as ideias correntes acerca da estrutura da ordem jurídica e dos seus núcleos fundacionais ou constituintes. Com a excepção de um curto período em que, sobretudo em França, predomina uma concepção puramente voluntarista da ordem política e jurídica, desde a segunda metade do séc. XVIII que, partindo de diferentes premissas filosófico-antropológicas, juristas e politógos tendem a pensar a sociedade como dotada de uma organização fundamental natural e não disponível. O carácter fundador deste núcleo de normas de convivência fazia com que ele se impusesse aos juristas, independentemente de qualquer institucionalização de competências específicas para tal, por virtude da razão natural e das próprias regras da arte. Em Portugal, isto era ainda reforçado pelo facto de, até 1867, a ordem jurídica ter uma norma de reconhecimento apenas doutrinal, sendo direito directamente vigente aquilo a que então se chamava o direito público universal ou o direito das nações cultas e civilizadas da Europa. Isto apontava para um sistema difuso de controle da constitucionalidade (material), de que há sinais empíricos, tanto no plano da doutrina como no plano da jurisprudência. Nos finais do século, apesar de uma tendência mais passiva dos tribunais, nomeadamente quanto à aceitação da validade dos decretos ditatoriais – e até de uma certa aceitação doutrinal da "ditadura ordinária" como processo normal de governo –, continua a haver posições muito claras favoráveis ao controle judicial das leis parlamentares, que chega a ser expressamente incluída num projecto de reforma constitucional, em 1900, antes de aparecer, com carácter pioneiro na Europa, na Constituição de 1911.

## Bibliografia citada

Araújo, Fernando, *O Conceito Mecanicista de Liberdade*, Coimbra, Livraria Almedina, 2001.
Caetano, Marcello, *Manual de Direito administrativo*, Coimbra, Almedina, 1980, 9ª ed..
Clavero, Bartolomé, "La Paix et la Loi: ¿absolutismo constitucional?", em *Anuario de Historia del Derecho Español*, 69 (1999), pp. 603-645.
Clavero, Bartolomé, "Orígen constitucional de la codificación civil en España (entre Francia y Norteamérica", em Petit, Carlos (org.), *Derecho privado y revolución* burguesa, Madrid, Marcial Pons, 1990, 53-86.
Clavero, Bartolomé, *Manual de história constitucional de España*, Madrid, Alianza editorial, 1989.
Coelho, Manuel Trindade *Manual politico do cidadão portuguez*, Lisboa, Parceria A. M. Pereira, 1906; agora republicado em Hespanha, António Manuel (dir.), & Silva, Cristina Nogueira da, *Fontes para a história constitucional portuguesa [...]*, cit..
Ferrão, Francisco A. Silva, *Tractado sobre direitos e encargos da Sereníssima Casa de Bragança*, Lisboa, Imp. de J. J. Andrade e Silva, 1852,
Ferreira, Silvestre Pinheiro, *Breves observações sobre a Constituição Política da Monarchia Portugueza decretada pelas Cortes Geraes Extraordinarias e Constituintes reunidas em Lisboa no anno*

*de 1821*, Paris, Rey E. Gravier, 1837; agora republicado em Hespanha, António Manuel (dir.), & Silva, Cristina Nogueira da, *Fontes para a história constitucional portuguesa [...]*, cit..

Ferreira, Silvestre Pinheiro, *Observações sobre a Constituição do Império do Brazil e sobre a Carta Constitucional do Reino de Portugal*, Paris, Rey &. Gravier, 1827; agora republicado em Hespanha, António Manuel (dir.), & Silva, Cristina Nogueira da, *Fontes para a história constitucional portuguesa [...]*, cit. (ed. repr., 1835, 2ª ed.).

Ferreira, Silvestre Pinheiro, *Projecto de Codigo Politico para a Nação Portugueza*, Paris, Rey &. Gravier, 1938; agora republicado em Hespanha, António Manuel (dir.), & Silva, Cristina Nogueira da, *Fontes para a história constitucional portuguesa [...]*, cit..

Fioravanti, Maurizio, *Appunti di storia delle costituzioni moderne. 1 Le liberta: presuposti culturali e modelli storici*, Torino, G. Giappichellei Ed., 1991.

Garcia, Maria da Glória, *Da Justiça Administrativa em Portugal: sua origem e evolução*, Univ. Católica Editora, Lisboa, 1994.

Hespanha, António Manuel (dir.), & Silva, Cristina Nogueira da, *Fontes para a história constitucional portuguesa*, Lisboa, Faculdade de Direito da UNL, 2004 (em publicação no *site* da Biblioteca Nacional, Lisboa.

Hespanha, António Manuel *História das instituições. Épocas medieval e moderna*, Coimbra, 1982.

Hespanha, António Manuel, *As vésperas do Leviathan. Instituições e poder político (Portugal, séc. XVIII)*, Lisboa, ed. autor, 2 vols..

Hespanha, António Manuel, *Las vísperas del Leviathan. Instituciones y poder politico (Portugal, siglo XVII)*, Madrid, Taurus, 1989.

Hespanha, António Manuel, «O indivíduo face ao poder. Portugal. Sécs. XVI-XVII», em *L'individu face au pouvoir*, Bruxelles, Société Jean Bodin, 1989, 131-151.

Hespanha, António Manuel, "Qu'est-ce que la constitution dans les monarchies ibériques de l'époque moderne", *Themis*, 2000(2001), 5-18.

Hespanha, António Manuel, *Cultura jurídica europeia. Síntese de um milénio*, Lisboa, Europa-América, 2003.

Hespanha, António Manuel, *História de Portugal Moderno. Político e institucional*, Lisboa, Univ. Aberta, 1995.

Homem, António Pedro Barbas, *Judex perfectus. Função jurisdicional e estatuto judicial em Portugal. 1640-1820*, Coimbra, Almedina, 2003.

Laboulaye, Edouard-René Lefebvre de, «De la constitution américaine et de l'utilité de son étude: discours prononcé le 4 déc. 1849 à l'ouverture du cours de législation comparée», *Revue de législation et jurisprudence*, décembre 1849

Laranjo, José Frederico, *Princípios direito político e direito constitucional portuguez*, Coimbra, Imprensa da Universidade, 1898-1907 (publicação em fascículos, de ordenação problemática e cujo *fac-simile* é agora republicado em Hespanha, António Manuel (dir.), & Silva, Cristina Nogueira da, *Fontes para a história constitucional portuguesa [...]*, cit..

Lima, Fernando Andrade Pires de, & Varela, João de Matos Antunes, *Noções fundamentais de direito civil*, Coimbra, Coimbra Editora, ed. util. 1962.

Mannori, Lucca, & Sordi, Bernardo, *Storia del diritto amministrativo*, Bari, Laterza, 2001.

Marcos, Rui Manuel de Figueiredo, *A legislação [...], A Legislação Pombalina. Alguns Aspectos Fundamentais*, Separata do *Suplemento ao Boletim da Faculdade de Direito da Universidade de Coimbra*, Coimbra, Universidade, 1990 (= *Bol. Fac. Dr. Coimbra*, Supl. 33(1990).

Marques, Mário Reis, "Elementos para uma aproximação do estudo do «usus modernus pandectarum» em Portugal, em *Boletim da Faculdade de Direito da Universidade de Coimbra*, Vol. 58(1982), 819 ss..

Marques, Mário Reis, *Codificação e paradigmas da modernidade*, Coimbra, ed. Autor, 2003.
Medeiros, Francisco José de, *Sentenças: direito e processo civil*, Lisboa, M. Gomes, 1904.
Neves, António Castanheira, *O instituto dos assentos e a função jurídica dos Supremos Tribunais*, Coimbra, [sn], 1983.
Pinto, Basílio Alberto de Sousa *Análise da Constituição Política da Monarchia Portuguesa [de 1838]*, Coimbra, litografado, 1838, p. 218/219 (em A. M. Hespanha & Cristina Nogueira da Silva, *Fontes para a história [...]*.
Praça, José Joaquim Lopes, *Estudos sobre a Carta Constitucional de 1826 e Acto Adicional de 1852*, Coimbra, Imprensa Litteraria, 1878-1880, 3 vols.; agora republicado em Hespanha, António Manuel (dir.), & Silva, Cristina Nogueira da, *Fontes para a história constitucional portuguesa [...]*, cit..
Reis, José Alberto dos, *Ciência política e direito constitucional*, Coimbra, Imprensa académica, 1907; agora republicado em Hespanha, António Manuel (dir.), & Silva, Cristina Nogueira da, *Fontes para a história constitucional portuguesa [...]*, cit..
Reis, José Alberto dos, *Organização judicial: lições feitas ao curso do 4 ano jurídico de 1908 a 1909*, Coimbra, J. A. Reis, 1909.
Salas (y Cortez), Ramon, *Lições de direito público constitucional para as escolas de Hespanha*, trad. por D. G. L. D'Andrade, Lisboa, Rollandiana, 1822; agora republicado em Hespanha, António Manuel (dir.), & Silva, Cristina Nogueira da, *Fontes para a história constitucional portuguesa [...]*, cit.. Ed. integral castelhana: Ramon Salas, *Lecciones de derecho publico constitucional*, Introducción de Jusé Luís Bermejo, Madrid, Centro de Estudios Constitucionales, 1982.
Santos, António Ribeiro dos, *Notas ao Plano do ovo Código de Direito Público de Portugal [...]*, Coimbra, 1844.
Sieyès, Enmanuel, *Escritos y discursos de la revolución*, estudio preliminar, traducción y notas de Ramón Maíz, Madrid, Centro de Estúdios Constitucionales, 1990.
Silva, Nuno Espinosa Gomes da, *História do direito português. Fontes de direito*, Lisboa, Gulbenkian, 1991.
Sousa, Marnoco e, *Direito político. Poderes do Estado. Sua organização segundo a sciencia politica e o direito constitucional português*, Coimbra, França Amado, 1910; agora republicado em Hespanha, António Manuel (dir.), & Silva, Cristina Nogueira da, *Fontes para a história constitucional portuguesa [...]*, cit..
Stolleis, Michael, *Geschichte des öffentlichen Rechts in Deutschland. Reichspublizistik und Policeywissenschaft 1600-1800*, München, Beck, 1988.
Stolleis, Michael, *Geschichte des öffentlichen Rechts in Deutschland.Zweiter Band, 1800-1914*, München, Beck, 1992; versão inglesa, *Public law in Germany, 1800-1914*, New York-Oxford, Berghahn Books, 2001.
Tavares, José, *O poder governamental no direito constitucional português*, Coimbra, Imprensa da Universidade, 1909; agora republicado em Hespanha, António Manuel (dir.), & Silva, Cristina Nogueira da, *Fontes para a história Fontes para a história constitucional portuguesa [...]*, cit..

# ALTERNATIVAS A LA *JUDICIAL REVIEW* Y VARIEDADES DE JUDICIAL REVIEW

## MARIAN AHUMADA RUIZ[*]

SUMARIO: I. La nueva *Judicial Review* Democrática. II. La Expansión de la Técnica del Control de Constitucionalidad después de la Segunda Guerra Mundial: el Sistema de los Tribunales Constitucionales. III. Tribunales Constitucionales en Procesos de Establecimiento de Democracias Constitucionales. IV. Revisando la Funcion de los Tribunales Constitucionales en una Democracia. V. Las Dificultades de Racionalización del Sistema del Tribunal Constitucional. VI. Del Sistema del Tribunal Constitucional al de *Judicial Review*.

## I. LA NUEVA JUDICIAL REVIEW DEMOCRÁTICA

En un artículo publicado en 1952, el profesor David Deener se proponía ofrecer una panorámica de la evolución y expansión del instituto de la *judicial review of legislation* en el mundo. En aquel momento, el asunto tenía interés por muchos motivos pero, sin duda, el más principal era el de indagar las causas de la llamativa revitalización y creciente auge de esta vieja técnica de garantía de la Constitución al calor del nuevo movimiento constituyente puesto en marcha tras el fin de la Segunda Guerra Mundial.

"El reciente proceso de elaboración de Constituciones", concluía Deener,

> "ha producido resultados en cierto modo paradójicos. La judicial review, una institución que se desarrolla en los primeros momentos de la era liberal, está disfrutando de su máxima popularidad en el período de declive del liberalismo y está siendo aceptada por naciones con escasa, si alguna, herencia liberal propia. En un intento de salvar esa parte de la tradición liberal que insiste en el respeto de los derechos naturales y el derecho fundamental, los constituyentes actuales se han vuelto hacia una institución – la *judicial review* – que precisamente fue la más severamente criticada por servir como instrumento que tiende a perpetuar la parte más cuestionable de la teoría liberal, la de sus principios económicos. El resultado promete ser un experimento constitucional delicado y controvertido que demanda la atención de los demócratas en todas partes"[1].

---

[*] Professora da Faculdade de Direito da Universidade Autónoma de Madrid.
[1] D. Deener, "Judicial Review in modern constitutional systems", *The American Political Science Review*, vol. 46 (1952), pág. 1099.

Efectivamente, en pocos años se había producido un espectacular cambio de actitud hacia la institución de la *judicial review*. No era sólo que países como los europeos, tradicionalmente reacios a aceptar esta fórmula de control, vieran ahora en ella una garantía eficaz frente al uso antidemocrático del poder y se aprestaran a introducirla en las nuevas Constituciones. (Una conversión desde luego necesitada de explicación, porque las breves experiencias del control de constitucionalidad en los años veinte y treinta, en Weimar, en Checoslovaquia, en Austria o en España, no habían sido como para generar estas expectativas). El cambio de actitud era también visible y, en cierto sentido, aún más notable en los Estados Unidos.

En la patria del control las críticas al poder de los jueces para decidir sobre la constitucionalidad de las leyes habían ido creciendo en número y en intensidad en las primeras décadas del siglo veinte, hasta desembocar en abierto conflicto entre poder judicial – más concretamente, Tribunal Supremo – y poder político con ocasión de la puesta en práctica de las medidas del *New Deal*. A finales de los años treinta, en este país, casi nadie dudaba de que las cosas no podían seguir así: se había llegado a una situación en la que la última palabra sobre la razonabilidad u oportunidad de cualquier medida de carácter económico o social, de cualquier política pública, la tenía el Tribunal Supremo, que no dudaba en imponerla. Mientras el país ya había apostado por un modelo distinto de organización de la sociedad que reclamaba otra forma de entender la relación entre los individuos y el poder, y en el que las fronteras tradicionales entre lo público y lo privado eran removidas, una mayoría de los jueces del Tribunal Supremo se obstinaba en la defensa del viejo ideario liberal, actuando como valedor cada vez más extravagante de los principios del *laissez-faire*, anclados, a su modo de ver, en el "espíritu" de la Constitución. En el ámbito de la regulación económica, la *judicial review* estaba funcionando en la práctica como un instrumento de preservación del *statu quo*, de defensa de los derechos adquiridos, en definitiva, como ha señalado algún autor, como un instrumento de protección de minorías... que no quiere decir de grupos en desventaja.

Para decirlo todo, nadie negaba los hábiles ejercicios de *statesmanship* por parte del Tribunal Supremo apoderado de *judicial review*. Había jugado un papel trascendental en la construcción y afianzamiento de la Unión, en la definitiva consolidación de la vía contenciosa como cauce de resolución de conflictos entre el poder federal y los poderes de los Estados, en la conversión de la Constitución en un símbolo de unidad y estabilidad. Pero en la última etapa, la constante interferencia del Tribunal en el diseño de las políticas públicas y, sobre todo, la arrogante afirmación de su competencia para decidir lo que convenía al interés público en contra de la opinión de los poderes políticos, estaba dando la razón a quienes recelaban de la neutralidad del poder de control. La *judicial review*, ésta era una antigua sospecha, era un instrumento propio de una democracia inmadura, que no acaba de confiar en los representantes y, en definitiva, en el pueblo que los elige. En esas circunstancias muchos urgieron la necesidad de una reforma constitucional en dos sentidos: afirmación de la supremacía legislativa y limitación del alcance de la competencia de la judicial review (por ejemplo, revitalizando la regla del *"clear mistake"*, con el propósito de confinar los pronunciamientos de inconstitucionalidad a los casos de inconstitucionalidad literal y manifiesta)[2].

Este episodio y su continuación es, por lo demás, bien conocido. La crisis del *New Deal* está en el centro de una auténtica revolución constitucional que no afectó sólo a la distribución de funciones entre el Tribunal Supremo y las ramas políticas del gobierno. Se trató de una mutación más profunda, que afectaba a la concepción de la función del gobierno. Pero sin duda fue en el ámbito de la relación entre poder judicial y poder político en el que el nuevo reparto de tareas quedó más claro: el Tribunal renunciaba para lo sucesivo a toda influencia en el diseño de la política económica del país y reconocía la autoridad de los gobernantes para decidir lo que convenía al interés público. Entre 1937 y 1943 el Tribunal Supremo no volvió a pronunciar la inconstitucionalidad de una sola ley federal. En los diez años siguientes (entre 1943 y 1953), sólo recayeron tres, y en casos "estrictamente judiciales", de escasa envergadura.

1937 marcó seguramente el fin de un modo de entender la *judicial review*, o quizás mejor, de entender la función de los tribunales ejerciendo la *judicial review*. También es el inicio de una nueva etapa que comienza con la "relegitimación social" del Tribunal Supremo. De la agitada discusión doctrinal de la época resultaron conclusiones importantes. La primera, que la competencia de la *judicial review* de las leyes no puede apoyarse simplemente sobre el

---

[2] "Ninguna gran nación con problemas pendientes de resolver proporcionales a su grandeza, someterá el control de sus políticas a una mayoría de nueve jueces que no pueden ser sujetos a responsabilidad por sus actos. Cuando una fundamental anomalía como ésta persiste, es que ha llegado la hora de la revisión constitucional", Harold J.Laski en su comentario al libro de Corwin, *The Twilight of the Supreme Court* [*Yale Law Journal*, vol. 44 (1935) pág. 1126]. El argumento de la necesidad de la reforma fue expuesto en términos enérgicos por Charles G. Haines en, "Judicial Review of Acts of Congress and the Need for Constitutional Reform", *Yale Law Journal*, vol. 45 (1936), págs. 816 y ss. La regla del *"clear mistake"* como regla para la administración de la *judicial review* había sido propuesta y defendida por James B. Thayer en su famoso artículo "The Origin and Scope of the American Doctrine of Constitutional Law", *Harvard Law Review*, vol. 7 (1893), págs. 17 y ss. Thayer la consideraba una regla tradicional, inseparable de la aceptación del poder extraordinario de los jueces para invalidar leyes, pero de la que los jueces habían comenzado a desviarse peligrosamente en los años previos a su escrito.

argumento de que se trata de un poder "natural" de los jueces. De hecho, su legitimidad histórica se puso en este período, como nunca, en entredicho. La segunda, que por primera vez se reconoce abiertamente que la *judicial review* es un poder "contra-mayoritario" y, en esa medida, un poder que en una democracia necesita justificarse por sus logros, en todo caso, por sus resultados: por lo que aporta "de bueno" al funcionamiento más adecuado, o más correcto, del gobierno constitucional democrático. *"Judicial review is an institution designed to help us to run a good government. It cannot be defended except by seeing how it operates – whether in fact the government is better with it than without it"*[3]. La vigorosa discusión en torno a las condiciones y justificación del *self-restraint* judicial que de aquí se ha seguido no puede sorprender.

La *judicial review* se refundó para adaptarse a la nueva realidad del Estado de bienestar, incipientemente social. El cambio de orientación tardó en definirse pero fue radical; la *judicial review* pasaba de ser un obstáculo para las reformas sociales a convertirse, precisamente, en instrumento de reforma social. Su potencial se ponía al servicio de la defensa de intereses sociales que no lograban representación en las asambleas, que quedaban sistemáticamente al margen de la agenda política. Aplicada a este fin, la *judicial review* compensaba defectos graves del gobierno por mayoría y justificaba su función tutelar, más que de la Constitución, de algunos de los fines que, desde el principio, dieron sentido a la Constitución: "… establecer la Justicia,… promover el bienestar general y asegurar para nosotros mismos y nuestros descendientes los beneficios de la libertad"[4].

---

[3] M. Tushnet, *Taking the Constitution Away from the Courts*, Princeton University Press, (1999), pág. 152.

[4] Tal y como figuran en el Preámbulo de la Constitución Federal. Tras la revolución de 1937 se inicia el que comúnmente se considera el tercer gran período de la historia del Tribunal Supremo y de la *judicial review*. Lo que caracteriza a cada período es la presencia de un "interés dominante" que parece guiar la acción del Tribunal Supremo. En el primer período, desde 1789 hasta la Guerra Civil, fue la irresuelta cuestión de la relación Estados-Federación la que centró el interés del Tribunal, y le incitó a dirigir sus esfuerzos a la tarea de construir "una Unión más perfecta" (el primero de los fines aludidos en el Preámbulo de la Constitución Federal). Sin *judicial review* y, sobre todo, sin un Tribunal Supremo "federalista", es posible que la Unión hubiera corrido una suerte similar a la de la Confederación. El segundo período abarca desde el fin de la Guerra Civil hasta 1937. Con la Federación ya consolidada, el Tribunal concentró su atención, primero, en facilitar y, sobre todo, vigilar la Reconstrucción y, posteriormente, en la – a su modo de ver – amenazante figura del Estado interventor. Fue la época en la que la *judicial review* se empleó como defensa de un obsoleto ideal de autonomía individual y que culminó con la crisis del *New Deal*. El tercer período se caracteriza por el desplazamiento del centro de interés hacia los derechos civiles; el aspecto más sobresaliente de la jurisprudencia de este período lo constituye la eclosión de la cláusula de *equal protection*.

El activismo en la defensa y promoción de los derechos civiles que caracterizó la actuación del Tribunal Supremo desde mediados de los años cincuenta y, sobre todo, en los sesenta del siglo XX, confirió a los tribunales americanos una popularidad hasta entonces desconocida. El Tribunal Supremo quedaba finalmente rehabilitado y recuperaba, asentada sobre otras bases, su legitimidad "social". Más adelante las cosas cambiaron y la imagen heroica del Tribunal Warren está hoy sujeta a revisión. En cualquier caso, esto es lo que pretendía subrayar, la "idea" del control de constitucionalidad que Estados Unidos exporta al final de la Segunda Guerra Mundial y que tanto influirá sobre las nuevas constituciones, poco o nada tiene que ver con la imagen del opresivo "gobierno de los jueces", verazmente descrita por Lambert pero que correspondía a una era anterior[5].

---

[5] Eduard Lambert, *Le Gouvernement des Juges et la lutte contre la législation sociale aux États-Unis. L'expérience américaine du controle judiciaire de la constitutionnalité des lois*, Giard, París (1921). La intención del autor al publicar este famoso libro – que toma prestada la parte más sonora de su título del también famoso ensayo de Boudin, "Government by Judiciary" [*Political Science Quarterly*, vol.26 (1911)] – no fue puramente descriptiva. Con él pretendía terciar en el debate, muy vivo en aquel momento en Francia, sobre la conveniencia de adoptar un sistema de control de constitucionalidad de las leyes como el americano. Lambert advertía de los riesgos de hacerlo. El libro recogía fielmente el clima de discusión en los Estados Unidos y analizaba las causas de la creciente hostilidad, no sólo política, hacia la *judicial review*. Su análisis es certero y revela un conocimiento del sistema americano mucho más profundo que, por ejemplo, el demostrado por Kelsen. Para éste, los problemas y disfunciones de la *judicial review* se debían, básicamente, a errores de diseño; Lambert, en cambio, identificaba el vicio de origen: la irresuelta cuestión de la legitimidad de este poder y las dificultades para marcar sus límites. Aceptar el control de constitucionalidad de las leyes era, al fin, aceptar el sometimiento de todos a una Constitución construida por los jueces:

> "L'exemple américain nous prouve que, dés que ce contrôle cesse d'être un simple rouage de l'organisation fédérale pour devenir un organe de surveillance du judiciare sur le législatif et l'executif, il transforme radicalement la nature même de la constitution qui l'accueille. Aux constitutions rigides bâties par les conventions ou les assemblèes constituantes, il substitue des constitutions judiciaires, d'une extrême souplesse qui s'enrichissent constamment d'éléments nouveaux par le jeu de la litigation constitutionelle" (pág. 228)

Favoreu se ha referido en diversos lugares al impacto de la obra de Lambert, que surtió de nuevos y poderosos argumentos a la posición europea tradicional, contraria al reconocimiento de esta competencia judicial. La denuncia de Lambert de la *judicial review* como un poder al servicio de la ideología más conservadora no fue desoída tampoco en los Estados Unidos. Pero quizá, injustamente, se ha encasillado a este autor como un crítico de la institución. No es así. Desde muchos puntos de vista la concepción de la *judicial review* que repudiaba era inaceptable y, de hecho, no pasó mucho tiempo antes de que fuera abandonada. El temor a un uso inequitativo de la *judicial review* en apoyo de los intereses de las clases más pudientes ha estado muy presente en el debate sobre esta institución en países donde las medidas de reforma económica y social son urgentes. Véase, al respecto, el comentario de Rosenthal sobre el uso del

En su nueva versión, el control de constitucionalidad podía defenderse como un aliado de la democracia pluralista. Esta transformación cualitativa del control, de la que enseguida se percataron los analistas más sagaces, es la que marca el inicio de una nueva etapa en la historia del control de constitucionalidad.

## II. La Expansión de la Técnica del Control de Constitucionalidad después de la Segunda Guerra Mundial: El Sistema de los Tribunales Constitucionales

La nueva etapa, ésa que para Deener es todavía de incertidumbre, es también la etapa de expansión de la técnica del control de constitucionalidad y, sobre todo, la etapa de consolidación de una fórmula alternativa de organización del control que daría lugar al llamado "modelo europeo" de control.

La decisión de introducir el mecanismo del control jurisdiccional de la constitucionalidad de los actos del poder en las constituciones de la segunda postguerra fue política y en algunos casos una imposición, condicionada por las circunstancias[6]. No obstante, el trasplante de la cultura de la *judicial review*

---

control en India, Filipinas o Sudáfrica, en *Constitutionalism and Rights. The Influence of U.S. Constitution Abroad*, cit., pág. 402. Sobre la influencia de la obra de Lambert en el debate europeo sobre la *judicial review*, L. Favoreu, "Modele americain et modele europeen de Justice Constitutionnelle", *Annuaire international de justice constitutionnelle*, vol.IV (1988), pág. 56, y "Constitutional Review in Europe", incluido en *Constitutionalism and Rights*, cit., págs. 42-43.

[6] En Japón fue impuesto, literalmente, el sistema americano de *judicial review*. El proyecto de Constitución para este país fue elaborado por el Mando Supremo de los Poderes Aliados. No hubo opción. Algunos analistas achacan el escaso éxito del control de constitucionalidad en este país precisamente al hecho de su imposición. Su recepción fue meramente formal. Es posible que si la urgencia de los Aliados no hubiera sido tanta, el establecimiento de un Tribunal Constitucional, como se hizo en Alemania, hubiera asegurado un futuro mejor a la institución [McWhinney, *Supreme Courts and Judicial Law-making...*, cit., págs. 8-9 y, en general, sobre el proceso de introducción del control en este país, Lawrence W. Beer "Constitutionalism and Rights in Japan and Korea" en L. Henkin & A. Rosenthal (eds.) *Constitutionalism and Rights*, cit., págs. 225-259].

En la Alemania Occidental la introducción del control de constitucionalidad no fue "obligada" por los Poderes de la Ocupación que sí exigieron, sin embargo, una estructura federal, la incorporación de un *bill of rights* y garantías de independencia del poder judicial. Los redactores de la Constitución, obligados a trabajar con rapidez, probablemente actuaron, como sugiere Von Beyme, menos motivados por el modelo americano que por el repudio a las injusticias del Estado nazi y por el deseo de revitalizar los vínculos con la honrosa tradición constitucional anterior a la era de Bismarck. Esto no quiere decir que la imagen del Tribunal Supremo ameen Estados que históricamente la habían rechazado, seguía planteando dificultades y no se trataba de una pura cuestión de voluntad. En Europa, por ejemplo, la experiencia pasada no inducía a pensar que, de pronto, los jueces estarían mejor situados que el legislador para hacer valer la Constitución y, todavía menos, para orientar a los poderes públicos en el cumplimiento de los mandatos constitucionales. La confianza en los jueces era limitada – basada, entre otras cosas, en su estricto sometimiento a la ley – y esta situación no se alteraba por la pérdida de confianza en el legislador[7]. La solución finalmente acogida en Alemania o en Italia, siguiendo el ejemplo de Austria, de encomendar a un Tribunal en todos los sentidos *especial* – el órgano de la jurisdicción constitucional – la decisión de controversias relativas a la interpretación y aplicación de la Constitución, demostró la seriedad del compromiso con la defensa más exigente de la eficacia de la Constitución. Pero también reflejó las dificultades de acomodo de una institución que no sólo alteraba el esquema tradicional de división de poderes y forzaba un cambio de mentalidad en el desempeño de los mismos. La introducción de la jurisdicción constitucional imponía otra concepción del ordenamiento jurídico y, a corto plazo, la aceptación de una nueva fuente de derecho: la jurisprudencia constitucional. El establecimiento de la jurisdicción constitucional, que en definitiva es una institución de *common law,* conmueve la estructura de los sistemas

---

ricano no estuviera bien presente; de hecho, la aspiración de quienes diseñaron el Tribunal Constitucional Federal fue hacer de él "una *Supreme Court* perfeccionada" [Dolzer, *Die staatstheoretische und staatsrechtliche Stellung des Bundesverfassungsgerichts,* Duncker und Humblot, Berlin (1972), pág. 39]. En "The Genesis of Constitutional Review in Parliamentary Systems" [Ch. Landfried (ed), *Constitutional Review and Legislation,* Nomos, Baden-Baden (1988), págs. 21-38] Klaus von Beyme se refiere al cruce de influencias responsable de la peculiar configuración del control en Alemania y, más en general, a la inevitable remodelación del control para facilitar su encaje en sistemas parlamentarios.

[7] "El grueso del poder judicial en Europa parece psicológicamente incapaz de realizar la tarea muy inspirada por valores, de tipo cuasi-político, que está implicada en el control de constitucionalidad. Debe tenerse presente que los jueces continentales son por lo general "jueces de carrera", que acceden a la judicatura a edad temprana y son promocionados a los tribunales superiores atendiendo fundamentalmente a criterios de antigüedad. Su formación profesional se centra en cuestiones técnicas más que en la valoración de los fines de las leyes que aplican. El ejercicio del control de constitucionalidad, sin embargo, es cosa muy distinta de la habitual función de aplicar el derecho. Las constituciones modernas no se agotan en una definición fija de lo que es la regla sino que contienen amplios programas orientados hacia el futuro. Por eso la tarea de satisfacer las prescripciones constitucionales con frecuencia demanda un ejercicio de discreción mayor que la tarea de interpretar las leyes ordinarias", M. Cappelletti, *Comparative Constitutional Law,* cit., pág. 81.

de *civil law*[8]. En expresión más contundente: "la introducción de la jurisdicción constitucional en Europa no ha sido producto de una evolución, sino de una revolución"[9].

El sistema de los Tribunales Constitucionales fue la vía para introducir en Europa, bajo otra forma, la sustancia de la *judicial review*. Steinberger ha dicho que la implantación de estos tribunales constitucionales especiales ha sido el desarrollo más llamativo del derecho constitucional en Europa occidental desde 1945: "es la única institución realmente nueva en los sistemas políticos parlamentarios europeos"[10]. A pesar de que muchos de los aspectos organizativos y procedimentales de esta nueva jurisdicción permiten vincularla con una tradición anterior – claramente con la técnica del control jurisdiccional de la Administración, también con la jurisdicción de conflictos al modo de la *Staatsgerichtsbarkeit* – y aun admitiendo la indudable influencia del planteamiento kelseniano sobre su regulación, no parece exacto considerar a los Tribunales Constitucionales de la "segunda generación", los que nacen con las Constituciones de la última postguerra, un producto natural de esa tradición anterior, la cima de una evolución previsible. Por un lado, porque, como a menudo se ha destacado, son creados para garantizar un tipo de Constitución inédita en Europa, no sólo por su plena eficacia normativa, sino por sus contenidos, por el lugar central que en ella ocupan los derechos fun-

---

[8] Como indica Merryman, en Europa, el proceso de "constitucionalización" – y por tal entiende el auge de las Constituciones, la afirmación de su supremacía normativa y el establecimiento de procedimientos de control de constitucionalidad – ha sido uno de los agentes principales de la erosión del sistema clásico de *civil law*. Los otros factores que actúan con similar intensidad en la transformación son la "descodificación" y el "federalismo". "Todos los aspectos de la imagen tradicional del sistema jurídico europeo continental… se ven afectados por el crecimiento del constitucionalismo", John H. Merryman, *The Civil Law Tradition*, Stanford University Press (1985, 2ª ed.), págs. 151-157.

[9] F. Rubio Llorente, "La jurisdicción constitucional como forma de creación de derecho", incluido en su libro *La Forma del Poder*, CEC, Madrid (1993) pág. 507.

"Hoy se acepta con la mayor naturalidad que las leyes sean sometidas a un proceso de constitucionalidad ante un Tribunal independiente, que dispone de la facultad de declarar su nulidad. Pero ello ha exigido el que, no hace demasiados años, hubiera habido que aprender a *comprenderlo* todo: comprender la naturaleza de la función y comprender la naturaleza del órgano, comprender el sentido del control y el alcance de sus efectos". El primer esfuerzo – como señala Pedro Cruz, de quien procede esta cita – que fue también el mayor aunque no el decisivo, es el que se realiza en aquel primer período de experimentación con nuevas fórmulas de control, entre los años 1918-1939. P. Cruz Villalón, *La formación del sistema europeo de control de constitucionalidad*, cit., pág. 36.

[10] "American Constitutionalism and German Constitutional Development", incluido en L. Henkin y A. Rosenthal (eds.), *Constitutionalism and Rights. The influence of the United States Constitution Abroad*, Columbia University Press (1990), pág. 214.

damentales, directamente exigibles ahora también frente al legislador. Por otro, porque el impulso para la introducción de esta jurisdicción procede del ejemplo americano que sigue apareciendo como un "ideal", algo que será bien visible en el modo de decisión de los Tribunales Constitucionales, quienes en seguida hicieron suyas doctrinas y técnicas previamente desarrolladas por el Tribunal Supremo de los Estados Unidos en ejercicio de la *judicial review*[11]. Pero sobre todo, porque esta "revolución constitucional",

> "tuvo lugar en Europa sólo con la dolorosa toma de conciencia de que una constitución y una declaración de derechos necesitan de la maquinaria judicial para ser efectivos. Los Estados Unidos ciertamente actuaron como un influyente precedente. Pero la lección definitiva provino de la experiencia propia, la experiencia de la tiranía y la opresión por un poder político incontrolado en ausencia de procedimientos *accesibles* para las víctimas del abuso gubernamental y *capaces* de contener tal abuso"[12].

La jurisdicción constitucional, entonces, no aparece para coronar el Estado de Derecho. En Europa se llega a ella como consecuencia, precisamente, de las limitaciones de la fórmula del Estado de Derecho – en el sentido de *Rechtsstaat*, no *rule of law* – para garantizar un sistema de libertades: "existe en los Estados cuya tradición democrática es más débil y quebradiza, y no, salvo de forma parcial y limitada, en aquellos otros cuya evolución constitucional se ha proseguido sin más quiebras graves que las originadas por la guerra"[13].

---

[11] Así sucede, claramente, con la temprana importación de la técnica de la "interpretación conforme", con la readaptación de la doctrina del *self-restraint* y, más en general, con todas esas técnicas de interpretación de la Constitución que permiten a los tribunales trascender del puro texto. En cuanto al estilo de sus decisiones, observa Merryman, "manifiesta un alejamiento de la estructura conceptual y del academicismo típico del sistema de *civil law*, haciendo uso de términos e ideas poco familiares para la ciencia jurídica (motivo por el cual se dice que son poco científicos, cosa que, en este sentido, es cierta)" (*The Civil Law Tradition*, cit., pág. 157). Refiriéndose a Alemania, aunque el comentario tiene alcance general, Steinberger opina que "el impacto general de las ideas y principios constitucionales americanos sobre el constitucionalismo alemán actual consiste en poner de manifiesto que en este tipo de sistema constitucional existe una 'lógica' interna [*inherent cogency*] que conduce, en muchos aspectos importantes, a criterios de control, enfoques metodológicos y soluciones sustantivas funcionalmente equivalentes aunque puedan diferir su articulación y el modo y manera de llegar a ellos" ("American Constitutionalism and German Constitutional Development", ya citado, pág. 216).

[12] Cappelletti, *The Judicial Process in Comparative Perspective*, cit., pág. 186.

[13] F.Rubio, "Seis Tesis sobre la jurisdicción constitucional en Europa", cit., pág. 576. En idéntico sentido, Pérez Royo: *Tribunal Constitucional y División de Poderes*, Tecnos, Madrid (1988), pág. 40 y ss. Igualmente, H. Simon: "la actual 'coronación del Estado Constitucional mediante la Jurisdicción Constitucional' no es algo obvio" [Benda *et al.*: *Manual de Derecho*

Es esta experiencia pasada inmediata la que va a provocar en Europa, o más concretamente, en los países europeos que acogen un sistema de jurisdicción constitucional, una conexión entre jurisdicción constitucional y democracia, que, desde el punto de vista americano, resulta bastante forzada. Porque si es verdad que la experiencia del totalitarismo movió a la aceptación de la jurisdicción constitucional, nada obliga a suponer que la ausencia de *judicial review* hizo más fácil la instalación del totalitarismo, o que la presencia de *judicial review* hubiera sido el antídoto eficaz contra él[14]. Posiblemente, el Estado de Derecho reclama alguna forma de *judicial review*, aunque no necesariamente, como sugeriré, de "jurisdicción constitucional". Por lo demás, como bien se ha dicho, en origen, la introducción de un sistema de jurisdicción constitucional no es sino un indicador de "mala salud democrática".

### III. Tribunales Constitucionales en Procesos de Establecimiento de Democracias Constitucionales

Con el tiempo, el sistema de control de constitucionalidad a través de Tribunales Constitucionales pudo por fin demostrar su eficacia, se consolidó y, aparentemente, pasó a convertirse en una alternativa real al sistema de *judicial review*.

No sólo esto. Es posible que la acelerada expansión de la justicia constitucional en el último tercio del siglo XX se haya visto favorecida precisamente por el éxito de esta fórmula alternativa de organización del control. En efecto, es el sistema de los Tribunales Constitucionales el que ha resultado más fácil-

---

*Constitucional*, MP, Madrid (1996) pág. 825]. Resulta interesante la apreciación de Von Beyme de que el control de constitucionalidad funciona más intensa y eficazmente en aquellos sistemas políticos en los que el *Rechtsstaat* estaba establecido antes de la llegada de la democracia. Según este punto de vista, la institución es más fácil de aceptar en sistemas menos entusiastas del principio mayoritario. Esta sería otra explicación del espectacular progreso de la jurisdicción constitucional precisamente en países que han carecido de una bien asentada tradición de democracia parlamentaria ("The Genesis of Constitutional Review in Parliamentary Systems", cit., pág. 37).

[14] "Si un proceso democrático no puede sostenerse frente a una cultura política débil u hostil a él, creer que los derechos políticos primarios puedan ser preservados durante mucho tiempo por intervención de los jueces u otras instituciones es pecar de excesiva credulidad. Supongo que no pretenderá que yo crea que una Corte Suprema con autoridad suficiente para hacer cumplir los derechos sustantivos habría impedido el derrocamiento de la democracia por fuerzas dictatoriales en Italia en 1923, en Alemania en 1933, en Chile y Uruguay en 1973, etc.", Robert A. Dahl, *La Democracia y sus críticos*, Paidós, Barcelona (1992), pág. 208.

mente exportable en la práctica: se extendió rápidamente por Europa, progresa en Latinoamérica y ha sido acogido por la mayor parte de los países que, tras el colapso de los regímenes comunistas, aprueban nuevas Constituciones. Parece que existe una tendencia natural a optar por esta fórmula en sistemas de derecho codificado, de raíz romanista, donde los jueces carecen de las amplias atribuciones de sus colegas de *common law*, donde no rige el sistema de *stare decisis* y, por tradición, la idea de seguridad jurídica, de certeza del derecho, se ha vinculado con la primacía de la ley y el absoluto predominio de las fuentes de derecho escrito. Es decir, sistemas en los que concurren circunstancias que históricamente complicaron la aceptación de la *judicial review*[15].

Pero hay algo más que puede explicar el auge de la institución en tiempos recientes: los Tribunales Constitucionales, ésta ha sido la experiencia en Europa, pueden desempeñar un papel fundamental en los procesos políticos de transición. De hecho, en la mayor parte de los casos, el prestigio y la importancia de la institución para el futuro se juega en sus primeros y decisivos años de funcionamiento que, habitualmente, son también los de asentamiento de un régimen constitucional. Está claro que la pura previsión del control de constitucionalidad no asegura que el control vaya a funcionar, de esto hay pruebas sobradas, y parece que una condición para que funcione es la previa afirmación de la normalidad constitucional.

Ackerman[16] se ha referido a dos tipos de escenarios – procesos de transición – en los que la intervención de un Tribunal Constitucional puede ser enormemente útil. Uno, el de la puesta en marcha de un sistema federal, en cualquiera de sus dos sentidos: federación prospectiva por integración o por devolución. Otro, el de "nuevo comienzo", cuando se pretende la ruptura con un régimen anterior; este "nuevo comienzo", a su vez, puede haber sido forzado desde fuera – habría sido el caso de Alemania –, o ser fruto de una decisión popular, "soberana". Por supuesto, ambos escenarios, como a menudo ha

---

[15] La *judicial review* al modo americano es la opción preferida, en cambio, en países de *common law* (básicamente, países de la órbita de la *Commonwealth*). Se refiere al caso particular de Suráfrica – un país de *common law* con Tribunal Constitucional – M. Fromont, quien parte de esta división básica de las tradiciones jurídicas para analizar el proceso de desarrollo y evolución de la justicia constitucional en el mundo, en *La justice constitutionelle dans le monde*, cit. A. Brewer-Carias, sin embargo, justificando la opción por el sistema de *judicial review* en Argentina y otros países iberoamericanos, no encuentra nada de "natural" en la alianza *civil law*/control concentrado, *common law*/*judicial review* [Véase su *Judicial Review in Comparative Law*, Cambridge University Press (1989) págs. 128-135].

[16] "El ascenso del constitucionalismo mundial", en su libro *La política del diálogo liberal*, cit., págs. 47-71.

sucedido, pueden coincidir en el tiempo. Pues bien, en ambos casos, la existencia de un árbitro aceptado, independiente, encargado de resolver los conflictos que dificulten el avance del proceso en los términos, que no siempre serán claros, del acuerdo inicial – una Constitución –, puede suponer una gran ventaja. Un Tribunal Constitucional está pensado para actuar como poder legitimador, habla en nombre de la Constitución y, en un período de incipiente desarrollo constitucional, su misión insustituible será la de exponer los principios constitucionales, quizá no tan evidentes, que permitan solucionar los conflictos que genera todo proceso de redistribución del poder. Para que esos principios sean aceptados como "deducidos" de la Constitución no sólo deben ser plausibles, deben estar además llamados a perdurar[17]; por eso, opina Ackerman, el estilo de decisión de un Tribunal Constitucional en uno u otro escenario será diferente: más cauto y prudente en el primer caso, poco dado a elaborar principios excesivamente rígidos que podrían ser en el futuro socavados por el equilibrio oscilante entre el centro y la periferia (un estilo que denomina "coordinador"); más rotundo y drástico en el segundo, pues aquí se trata de impedir cualquier amenaza de regresión, de afirmar que el "nuevo comienzo" no es retórica política (a este estilo lo califica de "redentor")[18].

---

[17] "En cualquier país que cuente con un poder judicial independiente… los jueces, cuenten o no con la autoridad constitucional que se reconoce a los nuestros, moldean la percepción popular de los principios de gobierno más permanentes". Sin embargo, la función de un Tribunal con autoridad suprema en materias constitucionales es especial: "el Tribunal debe declarar como derecho vinculante sólo aquellos principios capaces de lograr – en su momento, pero previsiblemente en el futuro inmediato – general aceptación". Un Tribunal de este tipo se convierte en "configurador y profeta de la opinión que prevalecerá y se consolidará", A. Bickel, *The Least Dangerous Branch*, págs. 235 y 239.

[18] Sería posible incluir además otro "escenario" que plantea problemas semejantes al del federalismo: el del presidencialismo. La creación de una presidencia fuerte frente a un legislativo independiente es, potencialmente, un foco de conflictos. En esta situación, un Tribunal Constitucional puede ser el órgano adecuado para vigilar el equilibrio entre los poderes ejecutivo y legislativo. La función del Consejo Constitucional francés en los comienzos de la V República encaja muy bien en esta perspectiva. Sin embargo, la tensión entre los poderes legislativo y ejecutivo no siempre propicia la intervención de un poder judicial independiente. Sudamérica surte de muchos buenos ejemplos que demuestran que, en muchos casos, el beneficiario de tal tensión es el Ejército. "En términos generales – dice Ackerman – el control de constitucionalidad se asocia con militares débiles". *Op. cit.*, págs. 63-65.

El singular proceso de federación prospectiva por integración puede, por supuesto, reconocerse en el proceso de construcción de la Unión Europea. Que el papel desempeñado por el Tribunal de Luxemburgo en tal proceso es, con todos los matices, el propio de un tribunal constitucional que ha de gestionar un proceso de transición queda fuera de duda. La tentación de establecer paralelismos entre su actuación y la del Tribunal Supremo de los EE.UU. en la era de formación de la Unión, es difícil de evitar.

En cualquier caso, en estos períodos fundacionales se evidencia la inequívoca función arbitral, pero también política, que un tribunal de estas características está llamado a desempeñar. Es perfectamente comprensible que estos tribunales, sobre todo en sus primeras decisiones, empleen un tipo de argumentación más propio de la retórica deliberativa que de la clásica retórica judicial. La apelación a principios, a valores, al interés público, al fin último de la constitución es lo que se impone, como también el que pase a un primer plano la preocupación por las consecuencias de sus decisiones para el futuro[19]. Por decirlo en pocas palabras, al contrario de lo que suele suceder en el ámbito de la jurisdicción ordinaria, su función principal no es decidir casos, sino *fijar las reglas* que prevengan y eviten en el futuro la repetición o la aparición de conflictos.

Esta función que los tribunales constitucionales desarrollan en los períodos de transición difícilmente podría encomendarse a tribunales ordinarios, o a un Tribunal Supremo. No sólo porque el tipo de enjuiciamiento que de ellos se espera se distancia radicalmente del tradicional. Es también porque sobre los jueces ordinarios pesará el lastre de la etapa anterior. Justificadamente o no, la tendencia será a considerarlos como instituciones vinculadas con el régimen pasado y, en esa medida, un poder potencialmente resistente al cambio. El modo peculiar de reclutamiento de los jueces constitucionales les confiere un *plus* de legitimidad frente a los ordinarios[20].

---

[19] "[El juez constitucional] tiene que hacer servible la Constitución, proteger el poder constituyente objetivado en ella, lograr que dé respuesta a problemas no previstos expresamente, resolver ambigüedades y aun aparentes contradicciones acudiendo a una interpretación sistemática y a la noción de Constitución como un todo. Para ello ha de dar sentido explícito a términos sólo enunciados, ha de precisar los significados precisos de unos significantes casi mudos, ha de fijar límites entre derechos en conflicto... [S]iendo la Constitución, por su contenido material (derechos) y no sólo procedimental una ley política cargada de contenido ético, el juez constitucional con frecuencia, con mucha frecuencia si se trata de un Tribunal casi recién nacido, ha de enfrentarse con decisiones nuevas cuya solución implica poner en juego "la moralidad política propia de cada juez", integrante del órgano colegiado que es intérprete supremo de la Constitución", F. Tomás y Valiente, "La resistencia constitucional y los valores", *Doxa*, núms. 15-16 (1994), pág. 641.

[20] "Sea por haber partido de la idea, quizás no del todo demostrada, de que los jueces "de carrera" de los países de *civil law* no están preparados para el ejercicio de la jurisdicción constitucional, sea, más probablemente, por el deseo de mantener de algún modo la concordancia entre la jurisprudencia constitucional y la dirección política del Estado, en todos los casos, la designación de los jueces constitucionales se hace por un procedimiento distinto al utilizado para el nombramiento de los restantes jueces, frecuentemente, con una participación decisiva del Parlamento..." F. Rubio, en la "Segunda" de las "Seis Tesis sobre la Jurisdicción Constitucional en Europa", págs.578-579. (Se suprimen las citas del original).

Con todo, no estamos ante una nueva función que los europeos hayan asociado a la jurisdicción constitucional. Tampoco ante una función ajena al control de constitucionalidad. En cierto modo, su función "educadora" en el derecho de la constitución, en los principios del gobierno constitucional, es la más antigua. La experiencia de la primera época el Tribunal Supremo de los Estados Unidos así lo atestigua[21]. De los tribunales constitucionales no se espera sólo la pura *defensa* de la constitución. De ellos depende algo más fundamental: que una constitución sea capaz de generar "derecho constitucional".

## IV. REVISANDO LA FUNCION DE LOS TRIBUNALES CONSTITUCIONALES EN UNA DEMOCRACIA

Pero la peculiar misión de los Tribunales Constitucionales en etapas de transición debería concluir con la transición. Cuando la Constitución es una realidad aceptada, la delicada fase de sustitución o, en su caso, adaptación del derecho preconstitucional está superada, la constitucionalidad es la norma, las incertidumbres del comienzo se han disipado y los poderes constituidos dejan de ser sospechosos de involución, la intervención de los tribunales constitucionales en el proceso político no se justifica del mismo modo[22]. De

---

Habría además pruebas de que efectivamente el sistema de control difuso "no funciona" en países de civil law. Cappelletti se refiere, en el contexto europeo, a las poco estimulantes experiencias de Alemania durante la Constitución de Weimar, o de Italia en el período de 1948 a 1956; tampoco en los países escandinavos ha tenido mayor trascendencia el papel de los tribunales ordinarios ejerciendo la *judicial review*. Si Suiza es la excepción, también es la que confirma la regla, pues los jueces del Tribunal fédéral no son jueces de carrera sino que son elegidos por la Asamblea Federal. *Comparative Constitutional Law*, cit., págs. 81-83.

[21] "El examen de la labor del Tribunal Supremo durante su primera década, cuando recorría los circuitos judiciales, pone al descubierto la preocupación de los jueces por educar a su audiencia en cuestiones políticas. Todavía más, las pruebas sobre la intención inicial y las expectativas depositadas en el poder judicial de la nación apuntan a una función política de los tribunales. Esta concepción arranca de la premisa de que "el gobierno debe ser dispuesto para el hombre tal y como es, y no para el hombre tal y como sería si estuviera libre de vicios"... Los primeros jueces del Tribunal Supremo actuaron del modo que creyeron más adecuado para contrarrestar el hábito mental que llevaba a pensar que "no hay causa de acción adecuada aparte del *interés subjetivo* [*self-interest*]" e inculcar a cambio virtudes cívicas. Quizás, más que ningún otro poder del Estado, se encontraban en la mejor posición y disposición de espíritu para esta empresa", Ralph Lerner, "The Supreme Court as Republican Schoolmaster", en R.Licht (ed.): *Is the Supreme Court the Guardian of the Constitution?*, cit., págs. 133-134.

[22] A este respecto, podría ser interesante llamar la atención sobre el significado de la "sustitución" del Consejo de la Revolución por el Tribunal Constitucional en Portugal tras la

hecho, puede convertirse en un riesgo para ellos. El Tribunal Supremo americano, junto a la doctrina del *self-restraint* construyó la doctrina de las *political questions*, nunca demasiado clara, pero eficaz en la medida en que le ha permitido distanciarse de aquellos debates que, a su modo de ver, aun afectando a la constitución, no estaban listos para ser cerrados[23]. Los tribunales constitucionales europeos, por diversas razones, no han podido recurrir a esta técnica[24]. Esto no ha impedido que hayan reorientado su función, con el tiempo perceptiblemente menos involucrada en el terreno político y más en el judicial.

Esta alteración en el, digamos, enfoque de su misión principal, no ha pasado desapercibida. Se ha dicho que los tribunales constitucionales han pasado del control de constitucionalidad al de "microconstitucionalidad"[25],

---

reforma constitucional de 1982; o sobre el singular papel, abiertamente monitor del proceso de transición a la democracia, asignado o asumido por los Tribunales Constitucionales en las "nuevas democracias" de los países del Este de Europa. Sobre el peculiar entorno en el que estos tribunales deben afirmarse y cómo condiciona su actividad, *vid.* el excelente libro de Herman Schwartz, *The Struggle for Constitutional Justice in Post-Communist Europe*, The University of Chicago Press, Chicago-Londres (2000).

[23] El Tribunal Supremo intentó en *Baker v. Carr* [369 U.S. (1962) pág. 186 y ss.] identificar los rasgos de las "cuestiones políticas", cuestiones que *son* constitucionales pero, por diversas razones "no justiciables": "En cualquier litigio en el que se sostenga que está implicada una cuestión política nos encontramos a primera vista con un mandato constitucional textual que encomienda la decisión del asunto a un órgano político; o con la ausencia de criterios jurídicos aceptables a los que podría acudir un tribunal para resolverlo; o con la imposibilidad de decidirlo sin una inicial toma de postura de carácter político que claramente excede del ejercicio de la discreción judicial; o con la imposibilidad de que el tribunal adopte una decisión independiente sin que ello denote al mismo tiempo una falta al respeto debido al poder político; o con la excepcional necesidad de adhesión incondicionada a una decisión política ya tomada; o con la potencial confusión derivada de la multiplicidad de pronunciamientos por parte de diversos órganos sobre una misma cuestión".

[24] "Los pupilos europeos se vieron forzados a ir más allá que su maestro americano en vista de su pasada experiencia. Las garantías adicionales [se refiere al recurso directo de inconstitucionalidad] no se impusieron sin costes, pues tuvieron como efecto la tendencia de la jurisdicción constitucional a implicarse demasiado al tratar de asuntos políticos. En la República Federal de Alemania, en concreto, no ha sido posible desarrollar una doctrina sobre las *political-questions* al estilo americano", K. von Beyme: "The Genesis of Constitutional Review in Parliamentary Systems", cit., pág. 34. Entre la doctrina europea hay cierta tendencia a identificar como "cuestiones políticas" las que a priori han de dejarse a la libertad de configuración del legislador (véase p.ej., J. Jiménez Campo "La declaración de inconstitucionalidad de la ley", en *Estudios sobre jurisdicción constitucional*, cit., págs.113-114). Ésta no es exactamente la construcción norteamericana, en donde la doctrina de las *political questions* ha sido utilizada a menudo como mecanismo de "abstención" judicial, un comodín para justificar un *non liquet*.

[25] "Los jueces constitucionales alemanes e italianos se dedican fundamentalmente al 'control de microconstitucionalidad': 'han pasado de controlar la conformidad con la constitución

del control de la ley al control de la aplicación de la ley, de la preocupación por la constitucionalidad de la ley en abstracto, a la prioridad del examen de su constitucionalidad en relación con supuestos concretos de aplicación. Que se ha ido produciendo un cambio significativo, como acabo de indicar, pocos lo ponen en duda. No hay acuerdo, sin embargo, en la identificación de sus causas y tampoco, en su "justificación". ¿Fueron creados para "esto" los tribunales constitucionales? ¿Está en sus manos decidir esta "reconversión" de su misión?[26].

Las circunstancias en las que se introduce la jurisdicción constitucional en Europa forzaron una concepción de su función en términos de "defensa del (nuevo) orden constitucional"[27]. Prevenir la traición de los poderes constituidos, vigilar la distribución del poder, asegurar la vigencia de los derechos y libertades frente al abuso o la opresión, en definitiva, poner los medios para "evitar que la historia se repita", fueron razones de peso para justificar el establecimiento de un poder perfectamente incómodo en otro caso. Esta concepción defensiva, es apreciable asimismo en la regulación de los procedimientos de control de constitucionalidad[28]. El juicio de constitucionalidad está pen-

---

a controlar la aplicación del derecho' ". L. Favoreu: "Constitutional Review in Europe", en L.Henkin y A.Rosenthal (eds.), *Constitutionalism and Rights*, cit., pag. 54 (se omite la cita del original).

[26] "Algunos tribunales constitucionales europeos, contrariamente a su función original, se están volviendo tribunales ordinarios y convirtiéndose en algo más parecido al Tribunal Supremo de los Estados Unidos. Este es el caso de Italia, por ejemplo, a causa del elevado número de cuestiones planteadas a la Corte Constitucional por los tribunales ordinarios; en la República Federal de Alemania, por el abultado número de los recursos de particulares; en Austria, a consecuencia del creciente número de "reformas" constitucionales; y en España por el éxito del recurso de amparo. Esto nos lleva a preguntarnos si este extraordinario desarrollo del control de las normas y de su eficacia, que fuerza al juez constitucional a intervenir directa o indirectamente en muchos litigios… no tendrá como consecuencia la transformación de este control en rutinario y, por tanto, la transformación del tribunal constitucional en un tribunal supremo ante el que pueden plantearse todo tipo de casos, incluso los más ordinarios", L. Favoreu: "Constitutional Review in Europe", cit., pág. 57. En el mismo sentido, F. Rubio en la "Sexta" de las "Seis Tesis sobre la Jurisdicción Constitucional en Europa", cit., pág. 591 y ss., quien a propósito del caso español se refiere a la "menos excusable… tendencia del Tribunal [Constitucional] a considerarse más como un órgano instituido para controlar a los jueces que como un juez del legislador" (pág. 600).

[27] "Acertada o equivocadamente, hoy en día muchos demócratas respaldan el control de constitucionalidad como un instrumento para garantizar la constitución y proteger las libertades individuales contra el comportamiento totalitario y el uso antidemocrático del poder del Estado", D.Deener, "Judicial review in modern constitutional systems", *cit.*, pág. 1099.

[28] "La institución es pensada, pues, desde sus orígenes como instrumento de defensa frente a la opresión, como un instrumento de protección de las minorías, de defensa del pacto constituyente frente a posibles interpretaciones "mayoritarias" futuras poco respetuosas del

sado como un juicio drástico y con consecuencias también drásticas: una ley, o es constitucional, o no lo es, y en este caso es inválida y debe ser repelida del ordenamiento. Y no hay espacio para la discrepancia en materia de interpretación de la constitución: los tribunales constitucionales son sus intérpretes supremos y sus sentencias vinculan a todos. Esta visión excesivamente dramática y quizás por eso mismo, ingenua, del control de constitucionalidad, que subyace también en la definición de estos tribunales como "legisladores negativos", encargados de la "depuración del ordenamiento", pervive en buena medida en la teoría y sigue teniendo reflejo en las regulaciones del control en Europa, pero desde hace tiempo no se acomoda a la realidad.

## V. Las dificultades de racionalización del sistema del tribunal constitucional

La fórmula de la jurisdicción constitucional especializada ha demostrado su utilidad, aunque también ciertas desventajas o inconvenientes respecto de la fórmula americana que, pese a los abundantes retoques de que ha sido objeto, no han encontrado aún solución idónea. Me he referido ya a los aspectos exitosos, esos que han hecho de los tribunales constitucionales instituciones prestigiosas y han favorecido la difusión del sistema de control concentrado. Desearía ahora referirme brevemente, y no porque sean pocos ni menores, a los aspectos menos satisfactorios.

Sin duda, el aspecto menos brillante del "modelo europeo" es el de su construcción teórica. En parte, es fácil comprender por qué "el modelo" se resiste a la racionalización. La instalación del actual sistema de los tribunales constitucionales obedece a una estrategia y a un cálculo políticos y no ha sido consecuencia de una evolución o cambio en la doctrina europea, que a lo

---

mismo... Es este sentido básicamente "defensivo" con el que es pensada inicialmente la institución el que nos permite alcanzar una explicación de la configuración jurídica que recibe, en la que el reforzamiento de la posición de las minorías es perceptible desde diversos puntos de vista", J. Pérez Royo: *Tribunal Constitucional y División de Poderes*, cit., pág. 42-44. "El deseo de defender la democracia, reforzado por el impulso y la presión de los Estados Unidos, tuvo en más de una ocasión la consecuencia de forzar el alejamiento del modelo americano en aspectos concretos. La introducción del control abstracto de las leyes (que no todo el mundo ha llegado a aceptar como feliz solución) representa un paso más allá respecto del modelo americano, siendo su propósito el de garantizar el grado de protección jurídica más completo posible, no limitado a las cuestiones que surjan en litigios concretos", K. Von Beyme "The Genesis of Constitutional Review in Parliamentary Systems", cit., pág. 34.

largo del tiempo elaboró y mantuvo consistentemente todo un repertorio de razones para rechazar la competencia judicial para el control de constitucionalidad de las leyes. Una doctrina, por lo demás, todavía vigente en muy buena medida y a la que ocasionalmente se recurre para justificar que la intervención de los jueces ordinarios en la tarea del control de leyes sea limitada cuando no, directamente, excluida. Sin que esto sea aparentemente causa de especial incomodidad, quienes insisten en subrayar el carácter "jurídico" del control que realizan los tribunales constitucionales, no tienen inconveniente en apelar a una serie de motivos tan variados como poco concluyentes para sostener que resultaría inadecuado dejarlo en manos de los jueces ordinarios.

Las dificultades de racionalización del modelo, aunque comprensibles, no dejan de resultar irónicas. Al menos, si se tiene presente que el sistema del tribunal constitucional en su primer diseño, llamémoslo kelseniano, fue defendido, antes que como una alternativa a la *judicial review* como una versión "racionalizada" de esta técnica, capaz de superar sus disfunciones (de las que eran bien conscientes los estudiosos americanos del control), sin renunciar a sus beneficios más reconocidos. Por eso, nada tiene de extraño que el primer experimento europeo de los tribunales constitucionales despertara el interés de algunos expertos estadounidenses, todavía más si se toma en cuenta que la novedosa experiencia echaba a andar justamente en el período de crisis de la *judicial review* al que me he referido al comienzo[29].

Sin embargo, las diferencias entre el sistema de la *judicial review* y el del tribunal constitucional no eran meramente técnicas, ni consistían simplemente en la diferente organización del control. La idea del sistema del tribunal constitucional, como se ha encargado de destacar Pedro Cruz, respondía a una "lógica" distinta de la que animaba a la *judicial review*,

> "Lo que caracteriza al "sistema europeo" tal como queda plasmado a partir de 1920, antes y por encima de cualquiera de sus conocidos elementos integrantes, es el haber hecho del control de constitucionalidad de las leyes una función *regulada, positivizada, racionalizada* y, en definitiva, *limitada*. Frente a la vigencia en prin-

---

[29] "Cuando Austria se dotó de un sistema de judicial review en su constitución de 1920, pudo aprovechar más de un siglo y cuarto de experiencia americana… De ahí que a nadie deba sorprender el conocer que en opinión del Dr. Hans Kelsen la teoría y la práctica del control judicial de las leyes han alcanzado en Austria un desarrollo más completo que en cualquier otra nación" [J.A.C. Grant, "Judicial Review of Legislation under the Austrian Constitution of 1920", *The American Political Science Review*, vol.28 (1934)]. Field fue más tajante: "[A]lgunas de las deficiencias de la judicial review fueron corregidas en la constitución austríaca, en su redacción anterior a los cambios de 1934. La mayoría de las modificaciones austríacas consistieron en mejoras de la práctica americana" [*The Effect of an Unconstitutional Statute*, Da Capo Press (1971, reimpr. de la 1ª ed. de 1935), pág. 326, n.28].

cipio ilimitada del principio de primacía de la Constitución, tal como de hecho lo entienden e interpretan los tribunales, en el "sistema europeo" es el legislador, normalmente constituyente, el que determina cuáles son exactamente las consecuencias que para las leyes se van a derivar del principio de primacía de la Constitución: cuál es el contenido y alcance efectivos del principio, por quién y ante quién puede ser invocado, con qué consecuencias."[30]

El principio de constitucionalidad, así entendido, no desplazaba al de legalidad que, más bien, resultaba fortalecido. En la "lógica" original del control concentrado, la constitucionalidad no es una condición ni para la validez ni para la eficacia de la ley. De hecho, es la constitución la que reconoce la eficacia de las leyes inconstitucionales cuando dispone que sólo podrán ser dejadas sin efecto bajo ciertas condiciones y siempre a través del procedimiento de control previsto. Dicho de otro modo, en tanto no se haya declarado la inconstitucionalidad de la ley por el órgano competente para hacerlo y por el procedimiento adecuado, la circunstancia de la inconstitucionalidad de la ley en nada afecta a su eficacia. Por consiguiente, cuando la posibilidad de cuestionar la validez de la ley por razón de su inconstitucionalidad se reserva a unos pocos sujetos – de acuerdo con un sistema de legitimación objetiva-, lo que resulta es que para el resto, el *hecho* de la inconstitucionalidad es, desde el punto de vista del Derecho, irrelevante. Para ellos, la perspectiva de la declaración de inconstitucionalidad es tan imprevisible como lo pueda ser la derogación, una eventualidad sobre la que no pueden fundar expectativas. De ahí que, con perfecta consecuencia, Kelsen afirmara que "las llamadas leyes 'inconstitucionales' son leyes conformes a la constitución pero que pueden ser dejadas sin efecto mediante un procedimiento especial"[31].

La jurisdicción constitucional, tal y como Kelsen la concebía, servía para proteger "la forma" constitucional. No estaba pensada para garantizar una concreta constitución, con contenidos tendencialmente fijos, que responde a cierto espíritu o que, impulsada por las aspiraciones del momento constituyente, pretende la realización de determinados valores. Protegiendo "la forma" se garantizaba que cualquier modificación de la constitución se produciría por el cauce apropiado y, sobre todo, se aseguraba la intervención de la minoría parlamentaria – y los intereses por ella representados – en la adop-

---

[30] P. Cruz Villalón, *La formación del sistema europeo de control de constitucionalidad (1918--1939)*, cit., págs. 31-32 (cursiva en el original).
[31] H.Kelsen, *Teoría Pura del Derecho*(trad. R.J. Vernengo), UNAM, México (1986), pág. 280.

ción de ciertas decisiones[32]. "Si la esencia de la democracia reside no ya en la omnipotencia de la mayoría, sino en el constante compromiso entre los grupos que la mayoría y la minoría representan en el parlamento, y en consecuencia en la paz social, la justicia constitucional resulta instrumento idóneo para realizar esta idea"[33]. La justicia constitucional encajaba como una pieza más en la teoría de la construcción escalonada del ordenamiento y era coherente, como toda esta construcción – y como desde luego sucedía con la noción de constitución "material" que Kelsen defendía-, con cierta concepción de la democracia: la democracia como método, como procedimiento, como forma de creación del orden social[34].

La lógica de este modelo decae cuando se traslada al contexto de la democracia constitucional, un tipo de democracia en el que la "legalidad constitucional" adquiere una nueva dimensión[35]. En las constituciones democráticas actuales, de conformidad con el patrón que se impone en la segunda mitad del siglo XX, se expresan los principios fundamentales y las grandes decisiones que caracterizan al tipo de democracia que se pretende construir. Estas constituciones no sólo distribuyen el poder y le marcan límites, sino que establecen pautas para la acción de los poderes públicos en el desempeño de las responsabilidades que les son encomendadas. En este sentido, la realización de la constitución, su efectivo cumplimiento, no se agota en su "no vulneración"; actuar con fidelidad a la constitución no es simplemente no actuar contra ella, sino conforme a ella. Y es esta exigencia de cumplimiento "activo" de la constitución, que compromete a todos los vinculados por ella, la que con-

---

[32] "La específica forma constitucional, que ordinariamente consiste en el hecho de que para la revisión de la constitución se requiere una mayoría reforzada, significa que algunas cuestiones fundamentales sólo pueden ser resueltas de acuerdo con la minoría; la mayoría simple, al menos en algunas materias, no tiene el derecho de imponer la propia voluntad a la minoría", "La garanzia giurisdizionale della Costituzione (La giustizia costituzionale)", incluido en el volumen *La giustizia costituzionale* (ed. a cargo de C.Geraci), Giuffrè, Milán (1981), pág. 202.

[33] *Ibid.*

[34] "Para la democracia no es tan característico que la voluntad gobernante sea la voluntad del pueblo, como que una gran parte de éste, la mayor que pueda ser, participe en el proceso de la formación de voluntad; incluso limitándose, al menos por regla general, a determinado estadio de este proceso, denominado legislación, y aún en ésta, a la creación del órgano legislador", Kelsen, *Esencia y valor de la democracia* (trad. R. Luengo Tapia y L. Legaz y Lacambra), ed. Guadarrama, Barcelona (1977), págs. 111-112.

[35] Estoy totalmente de acuerdo con la apreciación de Fioravanti de que "la democracia kelseniana, aunque corregida por la introducción del control de constitucionalidad, continuaba siendo [por su inclinación a ligar la democracia con el relativismo característico del positivismo jurídico] una *democracia legislativa* o *parlamentaria*", M. Fioravanti, *Constitución*, Trotta, Madrid (2001), pág. 162 (cursiva en el original).

vierte la tarea de guardar y custodiar la constitución, de asegurar su vigencia en sentido amplio y no sólo jurídico, en algo más complicado.

Las inconsistencias teóricas del modelo de control concentrado, con todo, aunque frustrantes para quienes abrazan el proyecto de elaborar la "gran teoría" del control de constitucionalidad, no serían mayor problema si no fuera porque, irremediablemente, repercuten en la práctica del control. La variedad de formas que hoy adopta el sistema de control concentrado podría engañosamente hacer pensar en la flexibilidad y capacidad de adaptación de este modelo a las demandas de cada concreto sistema constitucional. Miradas más cerca, sin embargo, las variantes del modelo parecen ser más bien el resultado de diferentes combinaciones de lo que no son más que correcciones *ad hoc* del esquema básico, demasiado rígido del control, introducidas en diferentes momentos y justificadas por la necesidad de potenciar su eficacia:

> "si los legisladores y los constituyentes a los que debemos la organización de los diversos sistemas de justicia constitucional actuaran únicamente movidos por el fin de conseguir el máximo posible de armonía y racionalidad, deberían probablemente adoptar soluciones en las que se combinaran oportunamente una diversidad de mecanismos de control. Sin embargo, como en la mayor parte de los casos los ordenamientos positivos son fruto de la estratificación de textos normativos, de orientaciones políticas, de influencias culturales, etc., difícilmente reconducibles a criterios racionales estrictamente unívocos, es inevitable que en el ámbito de los sistemas en funcionamiento los mecanismos que se han ido introduciendo resulten en cierta medida adaptados para hacer frente también a exigencias que hubieran podido resolverse mejor de otro modo"[36].

Los tribunales constitucionales han adquirido una importancia en las democracias constitucionales europeas que pocos hubieran pronosticado.

---

[36] A. Pizzorusso, "I sistemi di giustizia costituzionale: dai modelli alla prassi", *Quaderni Costituzionali*, vol. 3 (1982), págs. 530-531. En sentido similar, refiriéndose en concreto al caso italiano, indica Zagrebelsky que "en un sistema como el nuestro, creado *ad hoc* y no germinado en el curso de la evolución espontánea de institutos ya existentes y en funcionamiento, según su propia lógica institucional (como sucede, por el contrario, en el caso del control difuso)... ningún cauce de acceso a la Corte [Constitucional] responde por sí mismo a una razón "natural". La discusión... debe tomar en cuenta una variedad de factores (los intereses que mueven la iniciativa, los caracteres del juicio en sí mismo considerado, el papel atribuido a la Corte, su relación con los otros órganos constitucionales), entre los que debe buscarse un equilibrio "artificial". Por eso, ninguna sorpresa si... las propias soluciones ofrecidas por la Corte constitucional, a veces, parecen antes la suma de orientaciones parciales que la consecuencia de una visión coherente y general del conjunto del sistema de control. Y ninguna sorpresa, sobre todo, si el mayor peso de unos factores sobre otros experimenta variaciones a lo largo del tiempo, mediante nuevas combinaciones de los múltiples elementos que contribuyen a la cambiante fisonomía de este instituto", *La giustizia costituzionale*, Il Mulino, Turín (1988), págs.173-174.

Ocupan una posición estratégica en el sistema político que algunos autores no dudan en caracterizar como "democracia de jurisdicción constitucional"[37] o "*court-centered democracy*"[38]. Evidentemente, ésta es una posición a la que no acceden simplemente como consecuencia de su papel como jueces de la ley y que tampoco deriva naturalmente de su condición de garantes de la constitución.

Mientras los estudiosos de la jurisdicción constitucional en Europa comienzan a tomar en serio la tarea de revisar los "reales" fundamentos del poder y la autoridad de los tribunales constitucionales y van cobrando conciencia de sus implicaciones políticas de largo alcance, otro fenómeno quizá menos visible pero generalizado contribuye a desdibujar aún más el perfil de los sistemas de control concentrado.

Me refiero a la práctica de la *judicial review* ejercida por jueces ordinarios que ha ido desarrollándose en paralelo y no siempre en perfecta sintonía con el control conducido por los tribunales constitucionales.

## VI. DEL SISTEMA DEL TRIBUNAL CONSTITUCIONAL AL DE JUDICIAL REVIEW

El surgimiento de una práctica de *judicial review* de leyes en sistemas que han optado deliberadamente por la "alternativa" del sistema del tribunal constitucional, o que no contemplan expresamente el control *judicial* de constitucionalidad, o incluso, lo vedan, es un fenómeno bien interesante. Inclina a pensar que tienen razón quienes sostienen que, en último término, el desarrollo de un sistema de *judicial review* en un sistema político concreto depende menos de previsiones constitucionales que de la concurrencia de una serie de condiciones, en parte, estructurales, en parte, culturales.

Esto no es decir que lo que la constitución dice no importa. Más bien al contrario. Cuando las constituciones reconocen derechos subjetivos inmediatamente reivindicables ante los tribunales o, más en general, imponen condi-

---

[37] "La nuestra es una democracia de jurisdicción constitucional... nuestro modelo de jurisdicción constitucional ocupa una posición en el conjunto del sistema que contribuye de modo inmediato a definir nuestro tipo de democracia...", Pedro Cruz Villalón, Presidente del Tribunal Constitucional español, en el Discurso pronunciado el 7 de noviembre de 2001 con ocasión de la renovación parcial del Tribunal Constitucional. Recogido en la *Memoria 2001* del Tribunal Constitucional, pág. 205.

[38] S. Holmes y C. Sunstein, "The Politics of Constitutional Revision in Eastern Europe", incluido en S.Levinson (ed.), *Responding to Imperfection*, Princeton University Press (1995), pág. 305.

ciones o límites al legislador de los derechos fácilmente reconocibles – por ejemplo, prohibición de leyes *ex post facto*, principio de legalidad penal o de legalidad tributaria, exigencia de justa compensación en casos de expropiación, prohibición de discriminación – resulta contradictorio afirmar la eficacia normativa de la constitución y negar *alguna* competencia de los jueces ordinarios para controlar la constitucionalidad del derecho que aplican. Entonces, la importancia de la aplicación judicial de la constitución y, a partir de ahí, la posibilidad de *judicial review* como una forma específica de control de constitucionalidad, dependerían en cada sistema de la extensión y densidad normativa de aquella parte de la constitución que puede ser invocada en los casos que los jueces han de decidir y, en particular, como acabo de indicar, del *status* normativo que se conceda a la declaración de derechos en la constitución. Si una constitución careciera de una declaración de este tipo, o se remitiera al legislador para todo lo referido a los derechos – su definición, alcance y extensión de la protección-, el papel del juez controlando las leyes que aplica sería, en principio, muy reducido.

Sin embargo, la intervención de factores culturales, ideológicos, puede alterar esta situación. La creencia extendida de que ciertos derechos son consustanciales o van aparejados a nociones tales como "Estado de Derecho", o "Estado Democrático" o, incluso, "Estado Social", minimiza en la práctica las consecuencias de la ausencia de una carta de derechos en la constitución y, para los casos en que ésta existe, contribuye a relativizar la importancia del texto, que pasa a ser concebido más como un soporte de la convención aceptada sobre los derechos que como fuente o evidencia de los mismos. El control de la ley y, en general, del derecho aplicable desde el punto de vista de la garantía de derechos tenidos por fundamentales, es una forma de control de la legitimidad de la actuación del poder coherente con la concepción de la constitución como expresión de un derecho superior, aunque eventualmente, llegado el punto de los *implied rights*, pueda entrar en conflicto con la noción europea más tradicional y positivista de la constitución.

En todo caso, se considere o no un control de constitucionalidad en sentido estricto, la creencia en la superior obligación hacia un "Derecho de los derechos" propicia la aparición de una forma específica de *judicial review* sobre leyes. Sucede así que en sistemas que implícita o expresamente niegan a los jueces la competencia para el control de constitucionalidad de las leyes[39], no plantea problemas que los jueces se consideren habilitados para controlar

---

[39] Así, por ejemplo, en el sistema holandés, cuya Constitución dispone en el art. 120: "No podrán los jueces entrar en el enjuiciamiento de la constitucionalidad de las leyes y de los tratados". En Francia nos encontramos con una situación similar.

las leyes y eventualmente inaplicar disposiciones legales que vulneren derechos reconocidos en cartas internacionales ratificadas por el Estado. También es *judicial review* y, ciertamente, no control de constitucionalidad, la actividad de los jueces ordinarios europeos verificando y asegurando la adecuación al derecho comunitario del derecho nacional – incluidas las leyes – que aplican. Con esto quiero decir que la *judicial review* de las leyes es una técnica que puede ponerse al servicio de muy diversos fines y, por consiguiente, no puede ser caracterizada en abstracto sin hacer referencia al concreto propósito que la justifica. No es un poder "natural" de los jueces, sino una práctica que consigue aceptación según demuestra su utilidad para conseguir ciertos objetivos, sin que esto implique que los mismos no podrían alcanzarse por otras vías.

Para concluir me gustaría regresar al caso especial de la práctica de *judicial review* como forma de control de constitucionalidad que se genera en sistemas que han optado por la fórmula de la jurisdicción constitucional especializada. Dicho de manera simplificada y prescindiendo de todas las debidas matizaciones, lo que indicaría este desarrollo no previsto y mal estudiado es que el control de constitucionalidad a través de tribunales constitucionales no es un sustitutivo de la *judicial review*. De hecho, y curiosamente, el factor que propicia y alienta la aparición de la *judicial review* en ese entorno es la presencia y actividad de la jurisdicción constitucional. Lo que queda por ver es si la *judicial review* se desarrolla para compensar carencias del sistema de control de constitucionalidad a través de tribunales constitucionales, si es un subproducto del mismo, o, incluso, si podría tomarse como una suerte de reivindicación por parte de los jueces ordinarios de una competencia que, según muchas veces se ha explicado, no se les asigna inicialmente por temor a que no la ejerzan o no la ejerzan "bien". La *judicial review* se desarrolla bajo el manto del principio de la "interpretación y aplicación del derecho conforme a la constitución" y tiene como efecto una radical alteración de la posición de sujeción del juez a la ley, en la forma tradicional en los sistemas de *civil law*. Aun si los jueces ordinarios siguen careciendo del poder de decidir la inaplicación de las leyes que estiman inconstitucionales, el principio de "interpretación conforme" les confiere un poder extraordinario para decidir sobre cómo interpretar y aplicar las leyes para el mejor desempeño de su función de acuerdo con la constitución.

Inevitablemente, esta práctica termina por afectar el funcionamiento del sistema de control de constitucionalidad, que ya no tiene como único foco de actividad el tribunal constitucional. Quizá la tendencia apreciada en los tribunales constitucionales a convertirse en jueces de jueces, y a colocarse en la posición de un tribunal supremo, tenga que ver, no con el interés de estos tribunales por "cuestiones de legalidad", como a veces se les reprocha, sino con el interés por controlar la actividad de los jueces ordinarios ejerciendo la *judicial review* mientras deciden litigios y, en particular, con la pretensión de asegurarse la "última palabra" en materia de interpretación de la constitución. El resultado es la imagen un tanto chocante de un tribunal constitucional dirigiendo instrucciones a los jueces ordinarios acerca de cómo decidir de acuerdo con la constitución los casos de los que conocen, cómo ejercer la *judicial review*. Algo, para decirlo todo, que se aleja bastante de la imagen primigenia del tribunal constitucional como juez de normas y no de casos. Podría ser una tarea pendiente la de analizar el papel de los tribunales constitucionales en el establecimiento y administración de un sistema de *judicial review* en un contexto de *civil law*. ¿Se habría completado la vuelta al círculo?.

# Problemas da *Judicial Review* em Portugal

## Maria Lúcia Amaral[*]

> Sumário: Introdução, 1 – Modelo kelseniano e modelo americano de judicial review. O essencial e o acessório da distinção; 2 – As razões de Kelsen, 3 – Razão teórica e razões práticas no princípio kelseniano da separação: *será o modelo português assim tão singular?* 4 – Problemas da judicial review em Portugal: a) um modelo teórico de *common law* em práticas de *civil law*; b) domínio da questão da constitucionalidade e protecção dos direitos fundamentais.

## Introdução

Mais de metade dos vinte e cinco Estados que compõem a União Europeia contam, hoje, com a actuação de Tribunais Constitucionais ou de instituições que lhe sejam similares. Na República Federal da Alemanha, o *Bundesverfassungsgericht* exerce funções de controlo da constitucionalidade de normas desde inícios da década de 50[1]; em Itália, a *Corte Costituzionale*, prevista pelo artigo 134.º da Constituição de 1947, exerce competências similares desde 1956[2]; em Espanha, o *Tribunal Constitucional*, instituído pela Constituição de 1978 (artigo 159.º), celebra agora mais de duas décadas de jurisprudência[3]. No Luxemburgo existe uma *Cour Constitutionnelle* (artigo 95.º da Constituição), na Bélgica uma *Cour d'Arbitrage* (artigo 142 da Constituição), em França um *Conseil Constitutionnel* (artigo 56.º da Constituição) e na Áustria (artigo 137 da Constituição) um *Verfassungsgericht*. Entre os dez novos países que recentemente aderiram à UE – Chipre, Eslováquia, Eslovénia, Estónia, Hungria, Letónia, Lituânia, Malta, Polónia e República Checa – só a Estónia confiou ao Supremo Tribunal (e não a um tribunal especializado com a designação

---

[*] Professora da Faculdade de Direito da Universidade Nova de Lisboa
[1] Klaus Stern, *Das Saatsrecht der Bundesrepublik Deutschland*, Band II, C.H.Beck, München, 1980, p. 339 e ss.
[2] Gustavo Zagrebelsky, *La Giustizia Cosituzionale*, 2.ª ed, il Mulino, 1988, p. 73 e ss.
[3] Javier Pérez Royo, *Curso de Derecho Constitucional*, 8.ª ed., Marcial Pons, Madrid, 2002, p. 935 e ss.

de constitucional) a função última de controlo de constitucionalidade das leis e de outros actos normativos.[4]

Nos restantes Estados membros a situação é variável. Enquanto a Finlândia, a Dinamarca e a Suécia optaram pelo modelo americano da *judicial review of laws*, atribuindo a todos os tribunais a competência para desaplicar normas legais que sejam contrárias à Constituição[5], no Reino Unido e na Holanda não existe qualquer forma de controlo de constitucionalidade[6]. Na Grécia o controlo é difuso, realizado por todos os tribunais (artigo 93.° 4 da Constituição), tendo no entanto o Tribunal Superior Especial a competência para resolver os conflitos que surjam nas jurisdições comuns a propósito de questões de constitucionalidade (artigo 100. n.° 1, e). Por último, na Irlanda, só dois tribunais superiores da ordem dos tribunais comuns (a *High Court* e a *Supreme Court*) têm competência para conhecer e decidir sobre questões relativas à constitucionalidade das leis (artigo 34, 3. 2. da Constituição de 1937).

A verificação deste estado de coisas permite-nos retirar duas conclusões essenciais. Antes do mais, é fácil concluir que a ideia e a prática do controlo jurisdicional da constitucionalidade das leis – aquilo a que por agora, e de forma imprópria porque demasiado genérica, se pode chamar *judicial review of laws* – corresponde a uma realidade quase unanimente aceite por todos os ordenamentos internos dos Estados membros da UE. Só dois países, a Holanda e o Reino Unido, ignoram a prática deste tipo de controlo, sob qualquer forma que seja.[7] Em segundo lugar, há que notar que o modo de

---

[4] Vejam-se Fabio Fede, *La giurisdizione costituzionale nelle repubbliche europee della ex Unione Sovietica*, CEDAM, Padova, 2001, p. 58, bem como o *Rapport général, Conférence des Cours Constitutionnnelles Européennes*, XIIème Congrés, Bruxelles, Maio de 2002.

[5] Com, ao que parece, escasso ou inexistente resultado prático: ver V. Ferreres Comella, "The European model of constitutional review of legislation", em *I-CON International Journal of Constitutional Law*, Oxford University Press and New York University School of Law,Vol. 2, n.° 4, 2004, p. 462.

[6] Artigo 120 da Constituição holandesa: "O juiz não pode julgar da constitucionalidade das leis e dos tratados"

[7] Note-se, no entanto, que tal não signifique que não haja, no caso holandês, algumas *outras formas de controlo*, realizadas por outros motivos que não os de constitucionalidade. Como a Constituição holandesa reconhece a superioridade das normas de direito internacional face às normas do ordenamento interno (inclusive as constitucionais: artigo 91.° 3 da Constituição), "as disposições jurídicas em vigor no Reino não são aplicáveis se a sua aplicação não for compatível com disposições dos Tratados" (artigo 94). Visto que este dever de desaplicação não pode deixar de caber ao juiz comum, o estatuto jurídico-constitucional deste último acaba por ser assaz singular: *os tribunais holandeses não podem averiguar nem decidir sobre questões de*

controlo dominante é o concentrado ou Kelseniano, e não o americano de fiscalização difusa por todos os tribunais. Como vimos, mais de metade dos Estados preferiram atribuir o monopólio das funções de *judicial review* a um só tribunal especializado, constituído para além dos tribunais comuns, sendo a opção particularmente impressiva nas novas democracias do Leste e Centro Europeu[8].

Esta uniformidade de soluções institucionais nacionais convida à reflexão sobre a sua razão de ser, e a reflexão conduz-nos por seu turno a uma situação paradoxal. Aparentemente, o que os dados empíricos nos revelam é que, por algum motivo, as democracias contemporâneas precisam de confiar ao poder judicial a competência para o controlo de validade das suas leis, provenientes dos seus Parlamentos democraticamente legitimados; mas tal sucede sem que se saiba ao certo como é que se justifica afinal semelhante necessidade, ou, pelo menos, sem que se tenha selado com algum conforto a tão antiga controvérsia sobre os fundamentos da *judicial review* e o modo da sua conciliação com o princípio democrático. A situação é, por isso, à primeira vista paradoxal. A saúde dos Tribunais Constitucionais parce mais sólida do que nunca, mas continuamos sem saber muito bem como é que ela se pode verdadeiramente explicar[9]. É por isso que os problemas de justificação deste tipo de instituições são agora particularmente actuais. Saber por que razão será válida a sua existência; procurar determinar os princípios e valores que a implicam; tentar encontrar parâmetros que nos permitam medir o grau de adequação das suas formas concretas – eis o que constitui, hoje, uma tarefa intelectual indeclinável[10].

Os problemas de fundamentação da *judicial review* podem no entanto colocar-se sob duas perspectivas diferentes. Num domínio de indagação estritamente teórico, discutir-se-á a validade do controlo judicial de constitucionalidade independentemente das suas modulações específicas num certo

---

*conformidade das leis face à Constituição, mas devem averiguar e decidir sobre questões de conformidade das leis face a normas superiores de direito internacional.* Voltaremos ainda ao assunto. Quanto ao Reino Unido, e às consequências decorrentes da aprovação do *Human Rights Act* de 1999, veja-se V. Ferreres Comella, ob cit. nota 5. p. 462.

[8] À excepção da Estónia, todas as restantes novas constituições das democracias do Leste e Centro Europeu (mesmo daqueles Estados que não integram a UE) prevêem a instituição de Tribunais Constitucionais. Para mais informações, *supra*, nota 4 e obras aí citadas.

[9] J.J. Gomes Canotilho, "Jurisdição constitucional e intranquilidade discursiva", em *Perspectivas Constitucionais,* (organização Jorge Miranda) Vol. I, Coimbra Editora, Coimbra, 1996, pp. 876.

[10] Michel Troper, "The logic of justification of judicial review" em *I-CON, International Journal of Constitutional Law* (cit. nota 5) Vol. I, N.º 1, 2003, p. 99-121.

ordenamento jurídico; num outro domínio – chamemos-lhe por agora dogmático – interessará a questão de saber por que motivos alguns direitos positivos escolheram certos modelos de controlo e rejeitaram outros. Argumentar-se-á porventura que esta distinção entre os dois domínios de colocação do problema não é em si mesma correcta, visto que só se poderá discutir a questão sob a perspectiva do "segundo domínio" se já se tiver "resolvido" o primeiro. De acordo com esta ordem de ideias, o problema da justificação da *judicial review* será por natureza um probema "teórico" e nunca uma dificuldade "dogmática", por dizer respeito a uma busca de fundamentação com lugar exclusivo em planos meta-positivos. Parece ser esta, pelo menos, a tese recentemente defendida por Michel Troper.[11]

O estudo que se segue não enfrenta nem discute este argumento. A questão teórica ou meta-positiva de saber como é que, racionalmente, se pode conciliar a prática do controlo jurisdicional da validade das leis com o princípio democrático, ou o problema de saber se e como se deverá inferir tal prática dos postulados da superioridade normativa da Constituição não serão aqui abordados. O nosso propósito é outro. Dado que os elementos há pouco recolhidos demonstram que os direitos nacionais europeus continuam a preferir o modelo Kelseniano – ou de controlo concentrado da constitucionalidade das normas em tribunais especializados – ao modelo americano de controlo difuso por parte de todos os tribunais, resta apurar por que razão tal sucede. A questão tem um evidente interesse para a resolução dos problemas de justificação da *judicial review* em direito português. Como é sabido, o nosso modelo de controlo não corresponde nem à matriz Kelseniana nem à matriz americana. Ora, a expansão, crescente nas últimas décadas, da forma europeia da justiça constitucional concentrada tornou a "mistura" portuguesa ainda mais isolada, sublinhando portanto a sua notável singularidade. Interessa por isso discutir até que ponto é válida tal singularidade, sendo este o propósito fundamental do trabalho que agora se inicia.

A discussão far-se-á ao longo de três fases. Em primeiro lugar, recordaremos os traços essenciais da distinção entre o modelo Kelseniano e o modelo

---

[11] "It might, of course, be deemed that review is justified only when organized in a certain fashion, but this merely a secondary justification and necessarily presupposes a more fundamental justification. If the institution is injustifiable, this is so no matter how it is structured". Michel Troper, ob cit nota 10, p. 100. Note-se, no entanto, que o autor sublinha que a escolha exclusiva do "primeiro nível" de justificação é a única que corrresponde ao tema da sua investigação; de qualquer modo, o problema que o seu artigo coloca é justamente o de saber se, havendo uma prioridade lógica do "primeiro nível" de justificação face ao segundo, este último poderá ser tratado autonomamente.

americano de *judicial review*; em segundo lugar, procuraremos sumariar as razões fundamentais que sempre foram invocadas para defender a maior adequação do modelo Kelseniano às estruturas e culturas jurídicas da Europa continental, ou dos países de *civil law*. Ambos os temas são sobejamente conhecidos, e têm sido tratados com abundância na nossa e noutras literaturas. Permanecem no entanto em relação a eles alguns equívocos – ou, *rectius*, alguma confusão entre o que é essencial à distinção e o que lhe é meramente acessório – que o passar do tempo e o alargamento das práticas permitem agora detectar com mais nitidez. Este artigo procurará sublinhar justamente o que é essencial, e não meramente acessório, à distinção, como procurará apenas recordar as razões fundamentais que sempre foram invocadas para sustentar a melhor adequação do modelo Kelseniano às culturas de *civil law*. De seguida, tentar-se-á recortar o essencial da diferença, ou da singularidade, do modelo "misto" português. O tema tem sido também sobejamente tratado e é sobejamente conhecido. A perspectiva sob a qual ele voltará, aqui, a ser olhado é no entanto peculiar. Explicá-la-emos sob a forma de uma pergunta: sendo certo que as práticas dos modelos de controlo concentrado, dominantes na Europa, acabaram por evoluir para formas que não correspondem hoje à idealização Kelseniana, será assim verdadeiramente tão singular a solução portuguesa? Valerá a pena reabrir o debate, ou pensar sequer em discutir a possibilidade – ou a desejabilidade – de reforma de um sistema que existe e é praticado há quase trinta anos? Tal será a pergunta que ocupará a terceira parte deste artigo.

Chegaremos a final à conclusão segundo a qual o modelo português de *judicial review* não deixa de mostrar traços paradoxais que convidariam a uma reflexão alargada sobre a sua validade.

1. MODELO KELSENIANO E MODELO AMERICANO DE *JUDICIAL REVIEW*.
O ESSENCIAL E O ACESSÓRIO DA DISTINÇÃO

Entre o modelo americano da *judicial review of laws* e o modelo Kelseniano, ou europeu, de fiscalização concentrada num único Tribunal existe uma oposição essencial. A oposição radica em duas formas distintas de responder à questão de saber quem deverá ser o intérprete final da Constituição. A tradição americana, nunca "planeada" ou escolhida como tal pelo direito positivo, estruturou-se em torno do *princípio da unidade*. De acordo com este princípio, o intérprete final da Constituição deve ser o poder judicial, todo ele, não havendo portanto lugar a qualquer divisão ou separação estrutural entre o juiz de direito comum e o juiz de direito constitucional. Não quer isto dizer – e a questão é bem importante, pelo que a ela voltaremos várias vezes – que o princípio da unidade de juízo conduza à diluição das "matérias" jurídico-constitucionais em matérias de direito comum. A ideia americana de unidade sobre a qual assentou a *judicial review* foi desde o início, e continua ainda a ser, uma ideia estritamente adjectiva. A resolução de questões relativas à interpretação da Constituição – ou o julgamento de "matérias" especificamente jurídico-constitucionais – é (e não pode deixar de ser) para a tradição dos Estados Unidos uma tarefa judicial estuturalmente diversa daquela outra que se cumpre com a intepretação e aplicação do direito infraconstitucional. Dizendo respeito apenas a juízos de compatibilidade ou de conformidade entre normas de graus hierárquicos diferentes, o que ela obriga é à resolução de uma questão de direito, a ser colocada incidentalmente durante o processo destinado à composição do caso concreto[12]. O que sucede, porém, é que esta separação estrutural entre questões de direito constitucional e questões de direito comum – inevitável pela própria "natureza das coisas" – não impede que, sob o ponto de vista adjectivo, o sistema americano decorra de um princípio que postula a indistinção de juízos. O juiz que é competente para resolver a controvérsia do caso concreto – e para aplicar o direito infraconstitucional – deve também ter competência para julgar a questão de direito que decorre da conformidade, ou não conformidade, entre norma de lei e norma da Constituição.

O modelo Kelseniano assenta, pelo contrário, no *princípio da separação*. Com efeito, o que se diz na Europa desde Kelsen é basicamente o seguinte: como as questões jurídico-constitucionais são substantivamente diversas das questões de direito comum, a diversidade substantiva terá que ter alguma correspondência na organização dos poderes do Estado. O poder judicial, que deve ter o monopólio da competência de aplicação do direito infraconstitucional, não pode por seu turno exercer quaisquer competências quanto ao julgamento de questões jurídico-constitucionais, devendo a resolução destas

---

[12] Recorde-se, a este propósito, a aparentemente simples fundamentação da função jurisprudencial da *judicial review* que é apresentada pelo *Chief-Justice* Marshall, no célebre caso *Marbury vs. Madison* (1803): " "It is emphatically the province and duty of the judicial departement to say what the law is. Those who apply the rule to the particular cases, must of necessity expound and interpret that rule. If two laws conflict to each other, the courts must decide on the operation of each (.) So if a law be in opposition to the constitution; if both the law and the constitution apply to a particular case, so that the court must either decide that case conformably to the law, disregarding the constitution; or conformably to the constitution, disregarding the law (...) these conflicting rules [*lex superior derrogat lex inferiori*] governs the case, This is of the very essence of the judicial duty". *Apud* Laurence H. Tribe, *American Constitutional Law*, 2.ª ed., The Foundation Press, Mineola/ New York, 1988, p. 24.

últimas ser atribuída, também a título de monopólio, a um poder novo – situado algures entre o legislativo e o jurisdicional – e que é o poder dos Tribunais Constitucionais. Estes são, por isso mesmo, sempre desenhados pelos textos constitucionais como órgãos à parte, quer pela inserção sistemática[13] quer pelo processo de escolha dos seus membros[14].

Embora as formas adoptadas por cada direito nacional possam variar muito, esta solução europeia, identificada essencialmente por este princípio da separação, é caracterizada por um traço fundamental que está presente em todas as Constituições que, mais ou menos recentemente, instituiram Tribunais Constitucionais. O traço comum encontra-se na figura da questão ou reenvio prejudicial.

Normalmente, os Tribunais Constitucionais exercem tanto um controlo abstracto e principal de normas quanto um controlo concreto e incidental[15]. É certo que a regra admite excepções. No Luxemburgo, por exemplo, o Tribunal Constitucional só conhece de questões colocadas em sede de controlo concreto, não prevendo a Constituição qualquer forma de controlo abstracto (artigo 95 ter); e em França, como é demais sabido, o *Conseil Constitutionnel* – que de resto se comporta como um verdadeiro "Tribunal" – só exerce controlo abstracto, porque preventivo. O *Conseil*, quando solicitado, intervém no

---

[13] Normalmente, os tribunais constitucionais são previstos em títulos autónomos – ou insertos nas "garantias da Constituição" – e não nos títulos relativos ao poder judicial. É assim, por exemplo, nas Constituições italiana, espanhola, austríaca, francesa, e belga. A Lei Fundamental de Bona constitui, quanto a este ponto, uma excepção: o *Bundesverfassungsgericht* vem consagrado no Título IX, relativo à *Jurisdição*, exemplo que foi recentemente seguido pela Polónia, pela Eslováquia e pela República Checa. A CRP escolheu uma solução intermédia (desde a revisão de 1989), que espelha bem a singularidade de posição do Tribunal Constitucional português face aos restantes órgãos do poder judicial. Voltaremos ao assunto.

[14] Todos os Tribunais Constitucionais são compostos por juízes escolhidos pelos restantes poderes do Estado, com predominância do poder legislativo. É assim em Espanha, onde os doze juízes são nomeados pelo Rei, sob proposta do Congresso, do Senado e do Conselho Geral do Poder Judicial (artigo 159.ª da Const.); é ainda assim na Alemanha: os membros do *Bundesverfassungsgericht* são escolhidos quer pelo *Bundestag* quer pelo *Bundesrat*, as duas câmaras do Parlamento federal (artigo 94.° da Const.); continua a ser assim ainda em Itália (artigo 135.°, 1 da Constituição, que atribui ao Presidente da República a competência para a nomeação de um terço dos quinze juízes que integram a *Corte*) e na Áustria (artigo 147.° da Const). As novas constituições dos Estados da Europa central e de Leste parecem seguir uniformemente esta solução. Leiam-se, por exemplo, o art. 147.°, 1, da Constituição da República da Bulgária (1991); o art. 32.°/A, 4 da Constituição da República da Hungria (1990); o art. 84.°, 3, da Constituição da República Checa (1992) ou o art. 33 a 4 da República da Polónia (1992).

[15] Os critérios de distinção entre estas duas formas de controlo são sobejamente conhecidos, pelo que os não retomaremos aqui. Sobre eles, J. J. Gomes Canotilho, *Direito Constitucional e Teoria da Constituição*, 7.ª ed., Coimbra: Almedina, 2004, p. 899 e ss.

decurso do próprio procedimento legislativo, antes que ocorra a promulgação das normas cuja constitucionalidade se discute[16]. Mas à parte estes exemplos – que não podemos obviamente afirmar como sendo únicos – a regra é a da coexistência do controlo abstracto de normas com formas de controlo incidental e concreto.

O modo de organização do controlo concreto varia muito, de país para país. Veremos em breve como. As variações, porém, andam sempre em torno de uma solução uniforme, que decorre justamente do princípio da separação de jurisdições que estrutura o modelo Kelseniano. Dado que este modelo se funda na existência de um duplo monopólio – o do Tribunal Constitucional para julgar questões atinentes a matérias jurídico-consitucionais, e o dos tribunais comuns para julgar questões atinentes a todas as outras matérias – nenhum juiz comum detém competências para julgar da (in)constitucionalidade das normas que se apresta a aplicar ao caso concreto. Por isso, sempre que, num determinado processo, o incidente de inconstitucionalidade se coloca, o juiz *a quo* suspende a instância e solicita ao Tribunal Constitucional que o resolva. O mecanismo do reenvio prejudicial é assim um meio estruturante de todos os processos de controlo concreto de tipo concentrado ou europeu, não obstante as diversidades de modelação positiva por parte de cada direito nacional. A "essência" do paradigma Kelseniano exprime-se nele, visto que é precisamente o instrumento da suspensão de instância que assegura o cumprimento do princípio da separação: assim, nem os juízes comuns detém quaisquer competência para decidir em matéria de inconstitucionalidade de normas legais nem o juiz constitucional detém quaisquer competências para decidir em matérias infraconstitucionais, que digam respeito ao modo de composição do caso concreto. O que verdadeiramente separa os dois grandes modelos de justiça constitucional é, pois, uma diferente concepção sobre qual deve ser a função constitucional do juiz comum. Para a visão europeia das coisas, e em relação à intrepretação da Constituição, este último – como alguém disse – é visto e tratado mais como se fora um *polícia* do que como se fora um *juiz*[17].

---

[16] Entre nós e para maiores desenvolvimentos, Beatriz Segorbe e Cláudia Trabuco, *O Conselho Constitucional Francês*, Quarteto, Coimbra, 2002.

[17] Victor Ferreres Comella, ob. cit nota 5 p. 465. A imagem, se bem que expressiva, não nos parece inteiramente correcta: o poder-dever de *exame quanto à questão da inconstitucionalidade* (e o poder-dever de colocação da correspondente questão prejudicial ao Tribunal Constitucional) fazem parte integrante das funções jurisprudenciais de conhecimento do direito aplicável. Recorde-se a argumentação de Marshall no caso *Marbury vs. Madison*, cit. nota 12.

A absoluta singularidade do sistema português de fiscalização da constitucionalidade das normas – singularidade absoluta, pelo menos, no contexto cultural que nos interessa, e que é o europeu[18] – decorre do facto de, entre nós, a figura do reenvio prejudicial ter sido substituída pela do recurso para o Tribunal Constitucional. A diferença pode parecer minúscula[19], mas na realidade não o é. O que ela demonstra é que, em Portugal, a *judicial review* não se estrutura nem em torno do princípio da unidade nem em torno do princípio da separação. A leitura conjunta dos artigos 204.º e 221.º da CRP prova-o. Por um lado, "[n]os feitos submetidos a julgamento não podem os tribunais aplicar normas que infrinjam o disposto na Constituição ou os princípios nela consignados". (artigo 204). O princípio que aqui vai consagrado é, como se sabe, o da unidade, que funda a prática americana do controlo difuso. Mas, por outro lado, e porque "[o] Tribunal Constitucional é o tribunal ao qual compete especificamente administrar a justiça em matérias de natureza jurídico-constitucional" (artigo 221) a CRP acaba por consagrar, também, o princípio da separação, que estrutura e dá coerência ao modelo Kelseniano. Normalmente, a coexistência, nos sistema normativo da Constituição, destes dois princípios – coexistência essa explicada por consabidas razões históricas[20] – não é vista tanto como uma indecisão mas como uma mistura. O sistema português é único, diz-se, precisamente porque é misturado; e é misturado porque combina na sua estrutura tanto a lógica do controlo difuso quanto a lógica do controlo concentrado.[21]

Como quer que seja, a singularidade da mistura portuguesa torna-nos, no quadro europeu, interessantes porque nos coloca *no quadrante mais próximo do direito norte-americano*. Como vimos no início deste artigo, outros direitos nacionais – como os escandinavos – escolheram, porventura antes de nós, adoptar o controlo difuso da *judicial review of laws*. Invariavelmente, porém,

---

[18] Sobre esta absoluta singularidade, ver por último o *Relatório da Conferência dos Tribunais Constitucionais Europeus*, ano de 2002, cita nota 4. p. 16. Não estudámos direitos não europeus, onde porventura se poderão encontrar sistemas similares ao nosso.

[19] O que explicará o pouco interesse que ela tem despertado nas nossas últimas obras sobre *Justiça Constitucional*. Vejam-se Fernando Alves Correia, *Direito Constitucional. A Justiça Constitucional*, Almedina, Coimbra, 2001 e Carlos Blanco de Morais, *Justiça Constitucional* Tomo I, Coimbra Editora, Coimbra, 2002.

[20] Por todos, José Manuel Cardoso da Costa, "O Tribunal Constitucional Português: a sua origem histórica", em *Portugal, o sistema político e constitucional 1974/1987*, org. Mário Baptista Coelho, ed. ICS, Liboa, 1989, p. 913 e ss.

[21] Jorge Miranda, *Manual de Direito Constitucional*, Tomo II, 3.ª ed., Coimbra: Coimbra Editora, 1996, p. 385 e ss.

tem sido escasso ou nulo o êxito prático desta escolha[22]. O facto, combinado com a recente consagração, por todas as novas constituições do Leste e Centro Europeu, do modelo kelseniano com reenvio prejudicial, leva a que inevitavelmente se coloque a pergunta. Teria afinal razão Kelsen? A tese que defendeu – e que acabou por ser historicamente vitoriosa – era a da inadequação da prática do controlo difuso às culturas de *civil law*. O princípio da unidade – dizia – só faria sentido e só poderia vir a ter um funcionamento harmonioso em culturas de *common law*. Aliás, sendo ele próprio uma decorrência estrutural da *common law*, dever-se-ia evitar a sua exportação para dentro de sistemas de tradição romano-germânica[23]. Perante o que se foi passando ao longo do século XX não se pode deixar de colocar a questão: estaria afinal certa, a tese de Kelsen?

Para nós, portugueses, a pergunta, mais do que inevitável, é de colocação obrigatória. A história pode explicar muito mas não legitima nada. O facto de o sistema misto da CRP ter tido uma evidente razão de ser histórica não é, em si mesmo, algo que esgote ou torne inútil a discussão sobre a sua validade. Portugal não é, por certo, um país de *common law*; no entanto, a *judicial review* tem funcionado entre nós há quase trinta anos – como não aconteceu em nenhum outro lugar de tradição europeia continental. Tem sido bom o seu funcionamento? Teremos nós razões especiais para ser – ao contrário dos outros europeus – quasi-americanos no que toca ao controlo da constitucionalidade das leis? O problema não pode deixar de ser debatido. Afinal, "Let us remember, then, in the first place, that political institutions (however the proposition may be at times ignored) are the work of men; owe their origin and their whole existence to human will. Men did not wake on a summer morning and find them sprung up. Neither do they resemble trees, which, once plan-

---

[22] Confrontar *supra*, nota 5. O exemplo mais impressionante do "fracasso europeu" da fiscalização difusa encontra-se porém em Itália. Como vimos, entre a aprovação da Constituição, em finais de 1947, e o início de funções da *Corte Constituzionale* (1956) medeou quase uma década. O direito transitório italiano previa que, enquanto não fosse instituído o Tribunal Constitucional, *todos os juízes deveriam, nos casos concretos, desaplicar leis ordinárias que fossem contrárias à Constituição*. Durante quase dez anos não se registaram praticamente decisões judiciais de desaplicação: para os juízes comuns italianos de finais de 1940 e da década de 50, a *Constituição surgia como qualquer outra coisa que não uma fonte de direito*. Veja-se Mauro Cappelletti, *Il controlo giudiziario di costituzionalità delle leggi nel diritto comparato*, Milano, 1968, pp. 56-7.

[23] Sobre todas estas questões, o mais importante escrito de Kelsen é "La garantie juridictionnelle de la Constitution (La Justice Constitutionnelle)" em *Revue de Droit Public et de Science Politique*, XXXV, 1928, p. 197 e ss., que contém algumas alterações face ao "Wesen und Entwicklung der Staatsgerichtsbarkeit", em *Veröffentlichungen der Vereinigung der Deutschen Staatsrechtslehrer*, 1929, Heft 5, p. 30 e ss.

ted, 'are ay growing' while men 'are sleeping'. In every stage of their existence they are made what they are by human voluntary agency. Like all things, therefore, which are made by men, they may be either well or ill made"[24]

## 2. AS RAZÕES DE KELSEN

Por que razão entendia Kelsen que se não deveria importar para a Europa o modelo americano da *judicial review*? A questão, aludida e trabalhada como poucas outras na literatura europeia de Direito Constitucional[25], pode agora ser respondida de forma sintética. Sabe-se hoje, aliás, que nas respostas divulgadas se foram misturando argumentos equívocos e argumentos seguros.

Equívoca foi sempre a ideia, frequentemente repetida, segundo a qual os juízes comuns, na Europa continental, não estariam preparados, pelo seu trajecto de vida e pela sua experiência profissional, para interpretar e aplicar normas de textura aberta e indeterminada como são as normas de uma constituição. O facto – disse-se muitas vezes – obrigaria à nomeação de juízes especiais, com outros trajectos de vida e outras experiências profissionais, capazes da necessária adaptação à tarefa judicial de "aplicação" de um direito de tipo novo. Neste argumento, tantas vezes esgrimido, há que distinguir entre aquilo que pode relevar de estratégias político-pedagógicas, eventualmente adoptadas por agentes políticos em contextos de afirmação de novas ordens constitucionais, e aquilo que pode relevar do debate racional e (digamos assim) "historicamente desinteressado". É evidente que as novas ordens constitucionais que foram nascendo na Europa depois da segunda metade do século XX, ao longo das várias "vagas" de *risorgimento* do constitucionalimo (1940; 1970; 1990), não podiam deixar de surgir como ordens estranhas a um poder judicial ainda educado na cultura jurídica europeia de 1800. O que ocorreu em Itália entre 1947 e 1958 pode ser bem ilustrativo[26]. Para uma tradição fundada na codificação e na legalidade (tradição essa que, bem o sabemos, nunca chegou a afectar do mesmo modo o mundo da *common law*), a interpretação das normas abertas e de natureza principialista das constitui-

---

[24] John Stuart Mill, *Considerations on representative government* [1861], hoje publicado em *On liberty and other essays*, Oxford World's Classics, Oxford University Press, Oxford/New York, 1991, p. 207. Itálico nosso.

[25] Perante o carácter já inabarcável dessa mesma literatura, veja-se – por todas – a bela síntese que é feita por Gustavo Zagrebelsky, em *La Giustizia Costituzionale*, cit. nota 2, pp. 11-69.

[26] *Supra*, nota 22.

ções podia bem surgir como tarefa difícil, senão, pelo menos nos primeiros tempos, impossível. O "pouvoir en quelque sorte nul", que fora em geral distribuído aos juízes europeus continentais depois da era oitocentista da codificação, casar-se-ia logicamente mal com o empreendimento das tarefas próprias de interpretação da Constituição, tão necessárias à afirmação da normatividade dos novos ordenamentos. Tudo isto é certo. Mas também é certo que se não pode extrair deste argumento mais do que ele pode dar. É difícil fazer sustentar nele, e só nele, a tese segundo a qual os direitos europeus precisariam em absoluto de uma jurisdição constitucional separada, e especialmente instituída para além da ordem dos tribunais comuns. E isto por razões várias, todas elas, aliás, estritamente interligadas. Primeiro, porque o argumento é antes do mais um argumento de teor essencialmente pedagógico, destinado a valer para os primeiros tempos de vigência das novas Constituições. Depois, porque nada nele nos obriga à suposição – nem sequer a permite – segundo a qual o poder judicial, nos países de matriz europeia continental, seria por estrutura e condição um poder inpeto, ou inadequado, ao exercício das tarefas de interpretação constitucional. Como bem sublinha Francisco Rubio Llorente[27], tal suposição esteve sempre, aliás, por demonstrar.

Kelsen nunca partiu dela, nem nunca lhe deu mais relevo do que aquele que o seu carácter marcadamente empírico permitiria que se desse. Não deu nem poderia dar. Para a "Teoria Pura" as constituições deveriam ser – porque o eram logicamente – instrumentos imperativos de distribuição de competências entre os diferentes centros de produção de normas e os diferentes poderes do Estado; mas não eram – nem logicamente deveriam ser – pautas valorativas que contivessem princípios jurídicos indeterminados. Em 1929, o defensor da instituição da *Verfassungsgerichtsbarkeit* não se cansava de alertar para os "perigos" que ameaçariam a segurança e a previsibilidade do Direito, caso os textos constitucionais, garantidos por Tribunais especializados, viessem a conter conceitos tão indeterminados e princípios jurídicos tão vagos e gerais quanto os de "justiça", "equidade", ou "igualdade".[28] O argumento da irredutível especialidade da tarefa de interpretação da Constituição não era (nem podia ser) o argumento kelseniano para a necessidade de instituição de tribunais constitucionais, especializados em razão da matéria. As razões de Kelsen sempre foram outras.

Como bem recordou, recentemente, Víctor Ferreres Comella[29], tais razões

---

[27] Em "Seis tesis sobre la juridicción constitucional en Europa", em *La Forma del Poder*, Centro de Estudios Constitucionales, Madrid, 1993, p. 577.

[28] Hans Kelsen, "Wesen und Entwicklung der Staatsgerichtsbarkeit", cit. nota 23, em p. 69.

[29] Em "The European model of constitutional review of legislation", citado na nota 5, pp. 465-470.

decorreram fundamentalmente de uma dupla preocupação. Em primeiro lugar, de uma preocupação de *segurança jurídica*; depois, da preocupação em assegurar a compatibilidade entre o *princípio democrático* e a existência de uma jurisdição constitucional. Mas procedamos por partes.

A primeira razão invocada por Kelsen para sustentar a inadequação da prática da *judicial review of laws* aos direitos de tradição europeia continental era uma razão de *segurança jurídica*. Apesar do argumento ser bem conhecido vale a pena voltar a olhá-lo com cuidado. Basicamente, o que estava em dicussão no início do século XX, na Europa, era o seguinte. Sendo a justiça constitucional (entenda-se: a decorrente da atribuição ao poder judicial da competência de controlo dos actos legislativos do Parlamento) não uma justiça de casos mas uma justiça de normas, como poderia ela funcionar em culturas de *civil law*, que desconhecem a regra do precedente? Valendo na Europa o princípio da obediência de cada juiz à lei e só à lei[30] – e, portanto, a sua não-obediência à jurisprudência fixada por tribunais superiores – como poderiam evitar-se os riscos de insegurança e incerteza que traria o enxerto, nestes sistemas "legalistas", de práticas de controlo judicial difuso da inconstitucionalidade das normas? Se aceite pelos direitos da Europa, tal controlo cifrar-se-ia no exercício de uma justiça de tipo novo, com efeitos constitutivos no próprio sistema de fontes. As capacidades imagéticas e gráficas da pirâmide kelseniana tornavam a diferença bem explícita. A justiça comum, ao resolver litígios concretos através da aplicação do direito infraconstitucional, operaria apenas ao "nível" de uma das bases inferiores da pirâmide, deixando intocado o seu "nível" normativo intermédio. Mas a justiça constitucional, essa, por implicar juízos sobre a validade ou invalidade de normas, actuaria (constitutivamente) no "nível" intermédio da pirâmide, modificando-a. Ora, como poderia funcionar, sem sistema de precedente, uma actuação jurisprudencial que produzisse efeitos constitutivos (leia-se: modificativos) no próprio sistema de fontes normativas? A resposta de Kelsen era a da concentração. Só um tribunal, especializado em razão da matéria, deveria ter, em regime de monopólio,

---

[30] Aqui, o termo "lei" significa, também, *constituição* – ou, melhor dito, *lei constitucional*. Não abordaremos por isso no texto um outro *problema*, de algum modo logicamente anterior a este que se discute (e que se prende apenas com a regra do precedente), problema esse que diz respeito ao modo como, na tradição da Europa continental e a partir do início do século XX, a "constituição" passa gradualmente a valer também como "lei [constitucional]" Quanto a esta outra questão – sobre a qual existe agora uma literatura inabarcável – e sobre a influência também exercida por Kelsen na sua resolução, permitimo-nos remeter para o nosso *Responsabilidade do Estado e dever de indemnizar do legislador*, Coimbra, Coimbra Editora, 1998, pp. 305-393.

a competência para declarar a validade ou invalidade das normas; só um tribunal, especializado em razão da matéria, poderia actuar constitutivamente no sistema de fontes, alterando-o. A questão da segurança e certeza do Direito – revelado pelo mesmo sistema – estaria assim resolvida.

Restava porém resolver o problema da conciliação entre a actuação de um tal tribunal e o princípio democrático.

Dado que ao juiz constitucional (e apenas a ele) seriam atribuídas competências próprias para julgar sobre a validade ou invalidade de normas, e, portanto, para agir sobre o sistema de fontes normativas de forma a modificá-lo, as suas funções seriam afinal as de um anti-parlamento, ou de um *legislador negativo*; e num Estado democrático tais funções teriam que ser especialmente legitimadas. Como justificar, perante a expressão maioritária da soberania popular, que um grupo restrito de pessoas pudesse ter a competência constitucional para invalidar decisões tomadas por um parlamento eleito? A solução encontra-a Kelsen no princípio da legitimação indirecta. Se os membros do tribunais constitucionais não forem juízes como os outros, por a sua nomeação depender de uma escolha política de consenso alargado feita pelos poderes do Estado democraticamente legitimados – em particular, pelo próprio Parlamento – o tal "legislador negativo", ao qual virá a ser atribuída a competência constitucional para alterar o sistema de fontes, acabará por ter ele mesmo uma certa justificação democrática, ainda que mediatizada pela escolha parlamentar.[31]

Como é evidente, estas duas razões de Kelsen farão todo o sentido se se puder manter como inquestionável o pressuposto fundamental de que partem. Há ou não uma distinção cerce entre a "natureza" da justiça constitucional como justiça de normas, tendente a modificar o sistema de fontes, e a "natureza" da justiça comum como justiça dos casos concretos, tendente apenas a "aplicar" aquele mesmo sistema[32]? Em última análise, o debate relativo

---

[31] Em "Wesen und Entwicklung der Staatsgerichtsbarkeit" (cit. *supra*, nota 23), Kelsen indica os requisitos indispensáveis à composição e organização de um Tribunal Constitucional, para que a sua função possa vir a ser cabalmente desempenhada: (i) o tribunal não deve ser muito numeroso; (ii) os seus membros devem ter uma elevada preparação técnica; (iii) os mandatos devem ser longos e não renováveis e, sobretudo (iv) a designação dos juízes deve resultar de um amplo compromisso político, que coenvolva tanto a maioria quanto a minoria parlamentar. Sobre este ponto, e de modo bem expresssivo, Javier Pérez Royo, *Curso de Derecho Constitucional* (cit. *supra*, nota 3), p. 937.

[32] Note-se que, de algum modo, o sistema americano da *judicial review* também parte tendencialmente desta "separação" (cfr. *supra*, nota 12). O que nele não existe é nenhuma decorrência lógica entre a sua verificação no plano susbstantivo e a necessária organização, no plano adjectivo, de jurisdições separadas.

à correcção deste pressuposto abre para um campo vasto, com implicações jurídico-metodológicas que excedem em muito os problemas da *judicial review*. Não entraremos agora nele. O que nos interessa é tão somente a discussão sobre os diferentes modelos de organização da justiça constitucional. Ora, neste contexto, a questão de saber se Kelsen teria ou não razão só poderá ser respondida se se puder também responder a esta outra pergunta: em mais de meio século de práticas, foi ou não foi confirmado, empiricamente, o pressuposto Kelseniano? Ou perguntando de outra forma: o modo de relacionamento dos Tribunais Constitucionais com os tribunais comuns – através, nomeadamente, do uso do instrumento do reenvio prejudicial – veio dar razão às "razões" de Kelsen, que se fundavam todas elas numa ideia de necessária separação entre a justiça [constitucional] de normas e a justiça [comum] de casos? É importante que se equacione a pergunta e se procure obter, para ela, uma resposta. Afinal, só poderemos saber se o modelo "misto" português é verdadeiramente um modelo singular – e só poderemos ajuizar sobre a sua validade – se pudermos também distinguir, nestes campos, entre aquilo que decorre da *razão teórica* e aquilo que, ao fim e ao cabo, veio a decorrer das (chamemos-lhe assim) *razões práticas*.

3. Razão teórica e razões práticas no princípio da separação.
(*Será o modelo português de controlo de constitucionalidade de normas assim tão singular?*)

O modelo kelseniano foi desenhado tendo em linha de conta não uma verificação empírica mas um princípio. Este último, que se apresenta simultaneamente como um princípio lógico e como um princípio deôntico, obtém-se através do seguinte raciocínio: dado que (i) julgar sobre a validade de uma norma não é o mesmo que julgar sobre a composição de um caso; e dado que (ii) os juízos sobre a validade das normas têm como efeito alterações imediatas no sistema de fontes, logo (iii) pelas duas razões atrás examinadas – a razão da segurança jurídica e a razão democrática –, nos sistemas europeus de *civil law*, nem os juízes comuns devem ter competência para decidir sobre a inconstitucionalidade das normas nem os juízes constitucionais devem ter competência para decidir sobre o modo de composição dos casos concretos. Daqui decorre a fórmula da separação: (ia) a jurisdição constitucional e a jurisdição comum devem estar absolutamente separadas; (iia) o método da separação deve ser o do duplo monopólio – só os Tribunais constitucionais decidem sobre questões constitucionais e só os tribunais comuns decidem sobre questões infraconstitucionais; (iiia) sempre que, através dos processos de controlo concreto ou incidental de normas, tenha que haver alguma relação entre umas questões e outras, deve adoptar-se o instumento do reenvio prejudicial. Por este meio cumpre-se o princípio da separação. O juiz comum, que não pode decidir sobre questões de inconstitucionalidade, em vez de desaplicar, no caso concreto, a norma reputada inconstitucional, suspende a instância e coloca a questão ao Tribunal Constitucional, para que este – e só este – venha a decidir sobre ela.

Como já vimos, o modelo português de controlo da constitucionalidade das normas é, no quadro europeu, um modelo único *porque desconhece o instrumento do reenvio prejudicial*. Tanto basta para que entre nós (e só entre nós) se não cumpra o princípio da separação. Como, em Portugal, todos os juízes detêm o poder-dever de emitir juízos de inconstitucionalidade (artigo 204.º da CRP), nem o Tribunal Constitucional português detém o monopólio das funções de interpretação da Constituição nem os juízes comuns detêm apenas o monopólio da interpretação do direito infraconstitucional. Daqui resulta o carácter singularmente bifronte do nosso juiz constitucional, que é, ao mesmo tempo, *juiz dos juízes* e *juiz do legislador*. Juiz dos juízes em processos de ficalização concreta, em que o Tribunal Constitucional – apesar de ser colocado pela Constituição num lugar que se situa para além dos restantes tribunais[33] – na realidade actua como última instância de recurso das decisões dos demais juízes; e juiz (exclusivo) do legislador[34] nos processos de fiscalização abstracta sucessiva e de fiscalização da inconstitucionalidade por omissão, em que o TC, detendo reserva absoluta de jurisdição, cumpre em plenitude a sua função constitucional. A questão toda é, porém, a de saber se nos deve verdadeiramente inquietar esta natureza bifronte. Não restam dúvidas de que ela é, em direito comparado, absolutamente singular. Mas que importância tem o facto?

O facto teria importância, e muita, se fosse empiricamente comprovável a verosimilhança do pressuposto kelseniano. Mas a verdade é que tal verosimilhança não é comprovável por três razões fundamentais. Primeira, porque os juízes comuns (nos direitos que acolhem o princípio da separação) não deixam nem podem deixar de ser juízes da validade de normas legais face a outros parâmetros que não os constitucionais; segunda, porque os juízes comuns, nos mesmos direitos, não deixam nem podem deixar de ser intér-

---

[33] Artigo 209.º, n.º 1: "*Além* do Tribunal Constitucional, existem as seguintes categorias de tribunais (...)"

[34] Abstemo-nos evidentemente de considerar a função de controlo da constitucionalidade de outras normas que não as constantes de leis.

pretes autónomos da Constituição; terceira, porque os Tribunais Constitucionais tendem cada vez mais a ser – mesmo nos sistemas que acolhem o princípio da separação – Tribunais que determinam o modo de composição dos casos concretos, por causa da sua crescente função de guarda dos direitos fundamentais. Expliquemo-nos.

A formulação do princípio da separação tem uma estrutura dupla. O que ela diz é o seguinte: visto que existe uma diferença radical entre a "natureza" da administração de uma justiça de normas e a "natureza" da administração de uma justiça de casos (i:formulação substantiva) então (ii:formulação adjectiva) deve existir uma separação, também radical, entre o Tribunal que administra a primeira e os Tribunais que administram a segunda. Eleger como objecto da discussão o problema da *verosimilhança* desta dupla fórmula implica não discutir a sua validade. Não está em causa saber se é ou não válida a fórmula contida em i ou a fórmula contida em ii. O que está em causa é apenas a questão de saber se, face à experiência, é ou não *verosímil* a aplicação prática do princípio.

O primeiro motivo que nos leva a pôr em causa esta verosimilhança prende-se com a crescente importância que tem a vigência de normas de proveniência não nacional na ordem interna dos direitos nacionais dos Estados da Europa. O caso holandês, que atrás mencionámos,[35] é aqui bem expressivo. Por proibição constitucional expressa, o juiz comum, na Holanda, não pode julgar da inconstitucionalidade das normas, constem elas de leis ou de tratados (artigo 120.º da Const.); mas em contrapartida deve julgar da conformidade de todas as normas de direito interno face a normas de direito internacional que as vinculem (artigo 94.º). É certo que, na Holanda, não existe nenhum Tribunal Constitucional. Mas também é certo que o "fenómeno" que aqui se regista exprime exemplarmente uma tendência geral: o movimento crescente de "internacionalização" e "europeização" dos direitos estaduais nacionais faz com que, cada vez mais, os seus juízes comuns sejam naturalmente chamados a administrar uma justiça de normas, mesmo que esta não seja a justiça constitucional. A competência de todos os tribunais para a desaplicação de normas de direito interno que sejam contrárias a normas superiores de direito internacional ou de direito comunitário assim o demonstra[36]. A difusão crescente desta competência tem um significado

---

[35] *Supra,* nota 7.
[36] Este fenómeno crescente é sublinhado por V. Ferreres Comella,, ob. cit nota 5, p. 477, que o identifica como sendo a fonte das "pressões externas" a que estão hoje sujeitos os sistemas concentrados de controlo da validade das normas, que inevitavelmente tendem para a descentralização (ou para a prática de uma verdadeira *judicial review of the legislation*) no que diz

importante para a questão que nos ocupa. Afinal, por causa do processo histórico de desestatização da produção do Direito, as práticas dos países de *civil law* tendem a aproximar-se de práticas tradicionais do sistema de *common law*.

Esta mesma aproximação é aliás verificável num outro domínio, situado desta vez no próprio coração do modo de funcionamento do "paradigma" kelseniano.

Dissemos acima que o instrumento do reenvio prejudicial – reconhecido por todos os direitos dos Estados da Europa que instituíram Tribunais Constitucionais, à excepção do nosso – surge naturalmente como um corolário do princípio da separação. Nos processos de controlo concreto, a suspensão da instância por parte do juiz *a quo* e a consequente devolução da questão da constitucionalidade ao Tribunal Constitucional faz, dissemos ainda, com que se cumpra o monopólio deste último quanto à emissão de juízos de (in) constitucionalidade. A afirmação, porém, só em parte é verdadeira: a própria decisão de suspensão da instância não pode deixar de atribuir, ao juiz que a profere, algum poder de apreciação da constitucionalidade das normas.

Tal como todas as restantes formas de justiça constitucional, também a modelação positiva do reenvio prejudicial pode variar muito, de país para país. Há casos, por exemplo, em que o poder de suspensão da instância e de consequente devolução da questão da inconstitucionalidade ao Tribunal Constitucional só é conferido aos tribunais superiores e outros, em que é conferido a todos os tribunais; ou casos em que a decisão do reenvio só pode ser tomada *ex officio* pelo juiz e outros, em que pode ser desencadeada a pedido das partes[37]. Mas a mais importante diferença – importante pelo menos para a questão que nos ocupa – diz respeito à obrigação, por parte da jurisdição *a quo*, de proceder ao reenvio prejudicial. Em que circunstâncias deve o juiz comum decidir a suspensão da instância, colocando ao Tribunal Constitucional a questão prévia relativa à inconstitucionalidade da norma que se apresta a aplicar ao caso em julgamento? Só quando haja, da sua parte, uma convicção fundada quanto à inconstitucionalidade da norma (ou, o que é o mesmo, uma convicção fundada quanto à impossibilidade de a interpretar em conformidade com a Constituição), ou assim que ocorra qualquer dúvida, por

---

respeito ao controlo da validade das normas internas face a parâmetros normativos superiores de proveniência não estadual. A mesma tendência é sublinhada pelo Relatório do ano de 2002 da Conferência dos Tribunais Constitucionais Europeus (cit. *supra*, nota 4), onde se salienta que, podendo em geral *todos os tribunais nacionais* averiguar a conformidade de actos internos com força de lei face a normas superiores de proveniência "externa", tal conduz, *de facto*, à generalização da prática de um controlo difuso da validade das normas nacionais (p. 9). Não consideraremos aqui a solução dada a este problema pelo direito português.

[37] Para mais informações quanto a estas diferenças, veja-se o relatório cit. na nota 4, p. 16.

menor ou menos fundada que seja, suscitada pelas partes no processo ou pensada apenas por ele próprio? Compreende-se bem a importância que pode ter a resposta a esta pergunta. Nos direitos que optam pela segunda possibilidade – ou seja, que acolhem um modelo de obrigação *forte* de reenvio prejudicial – o monopólio do controlo da constitucionalidade das normas por parte do Tribunal Constitucional é logicamente muito mais intenso do que naqueles que optam pela primeira. Significa isto, portanto, que esse mesmo "monopólio" – e, portanto, a própria essência do princípio da separação – não é afinal um *quid* estático ou disjuntivo (avaliável em termos de sim ou não) mas antes uma realidade gradativa, que variará de intensidade de acordo com o regime de fundamentação que for aplicável ao reenvio prejudicial[38]. Dizer isto é o mesmo que dizer que a "fórmula da separação", quando entendida na sua pureza, é de aplicação inverosímil: basta que haja controlo concreto, ainda que com reenvio prejudicial, para que qualquer juiz comum tenha sempre algum poder de apreciação relativamente à questão da inconstitucionalidade. A ideia da "concentração pura" deste poder no Tribunal Constitucional corresponde portanto ao domínio da ficção. Os diferentes direitos nacionais serão mais ou menos "generosos" quanto à amplitude de poder que conferem ao juiz comum; mas nunca chegam – porque tal é impossível – a eliminá-lo.[39]

A terceira razão pela qual o princípio da separação revela inverosimilhanças práticas está na existência das chamadas queixas constitucionais.

---

[38] Miguel Galvão Teles, "A competência da competência do Tribunal Constitucional", em *Legitimidade e Legitimação da Justiça Constitucional*, ob. col., Coimbra, Coimbra Editora, 1995, p. 113.

[39] Será por isso importante estudar com cuidado o direito comparado neste domínio. Entre, por exemplo, a solução alemã – que requer que o juiz *a quo* formule e fundamente o seu próprio *juízo de inconstitucionalidade*, sem o que a questão prejudicial não será aceite pelo *Bundesverfassungsgericht* – a solução espanhola – quer requer que o juiz *a quo* formule o seu *juízo de dúvida* – e a solução italiana – que se limita a exigir que o juiz *a quo* formule apenas a não manifesta desrazoabilidade da dúvida sobre a inconstitucionalidade das normas – existem diferenças que devem ser conhecidas, porque delas depende o modo pelo qual, em cada direito positivo, se processa a partilha de competências (quanto à apreciação da inconstitucionalidade) entre Tribunal Constitucional e tribunais comuns. Quanto mais *forte* for, para estes últimos, a *obrigação do reenvio prejudicial*, e mais fraco o dever de fundamentação da questão da inconstitucionalidade, maior será o monopólio do Tribunal Constitucional; inversamente, quanto mais *fraca* for a obrigação do reenvio – e mais forte o dever de fundamentação – menor o dito monopólio. Quanto a este ponto, veja-se o relatório da Conferência dos Tribunais Constitucionais Europeus, cit. nota 4, p. 19, e Miguel Galvão Teles, ob. e loc cits.nota 39. Questão diferente desta, e que retomaremos em breve, é a de saber como é que esta "paleta" de possibilidades se repercute na influência que poderão ter as partes no processo *a quo*, quanto à decisão de proceder, ou não, ao reenvio.

Não procederemos aqui a um estudo comparado do regime destas queixas, aí onde existem. Tal trabalho deverá ser feito em outro lugar, e a propósito de questões diversas daquelas que agora nos ocupam. O que nos interessa é apenas acentuar o modo pela qual a sua simples existência desmente a possibilidade do cumprimento do segundo postulado do princípio da separação – a saber, aquele que determina que à jurisdição constitucional deve estar sempre vedada uma qualquer forma de administração da justiça de casos.

Em geral, pode definir-se a queixa constitucional como sendo a via de recurso particular, isto é, da titularidade de privados, em princípio subsidiária, dirigida ao Tribunal Constitucional por causa da violação de direitos fundamentais e interposta contra actos do Estado em princípio de carácter individual, sejam eles actos administrativos ou sentenças judiciais. Quando, no decurso de um pedido concreto ou de um litígio concreto, um particular se sentir lesado – quer por decisão da Administração quer por sentença judicial – no exercício de um direito seu que seja fundamental, pode expor a questão ao juiz constitucional, que estará assim habilitado a submeter o acto contestado a um controlo de constitucionalidade[40]. Ao contrário do reenvio prejudicial – que pode ou ou não vir a ser admitido pelo juiz constitucional, de acordo com o regime legal que valer para a sua fundamentação –, a queixa constitucional não desencadeia só por si o processo de controlo. A sua interposição corresponde apenas a um pedido que é dirigido ao Tribunal, que fica assim habilitado a iniciar, caso entenda, o referido processo[41].

O regime destas queixas poder ser muito variado, quer quanto aos fundamentos – ou seja, quanto aos direitos cuja violação pode ser alegada[42] – quer quanto ao objecto. Normalmente, este último restringe-se, como já se disse, a actos concretos, sejam eles decisões administrativas ou sentenças judiciais; casos há, porém, em que se prevê a possibilidade de interposição de queixas directamente contra actos legislativos[43]. Ora, nos casos dominantes, em que a

---

[40] Retirámos esta definição (que parece ser obtida por depuração de todas as diferenças existentes entre os direitos nacionais) do Relatório da Conferência dos Tribunais Constitucionais Europeus, cit. nota 4, p. 27.

[41] *Ibidem*, p. 12.

[42] E que podem, ou constar de um elenco expressamente identificado (artigos 53.º 2 e 161, b) da Constituição espanhola) ou, por não serem taxativamente enumerados, corresponder ao conjunto de todos os direitos fundamentais – pelo menos em sentido *formal*. Note-se no entanto que sempre que os textos constitucionais consagrarem o *direito ao livre desenvolvimento da personalidade* (entendido como *liberdade geral de actuação*) tonar-se-á praticamente impossível *fechar* o elenco daqueles direitos cuja violação poderá ser alegada em queixa.

[43] Como sucede na Alemanha, nos termos do § 95 (3) da Lei sobre o Tribunal Constitucional (*Gesetz über das Bundesverfassungsgericht*).

queixa tem por objecto um acto concreto, é inevitável que o juiz constitucional, ao examinar a sua pretensa inconstitucionalidade, acabe por ter em conta quer os factos que envolveram o litígio quer o modo pelo qual, relativamente a eles, foi interpretada pela instância recorrida uma norma infraconstitucional[44]. A separação cerce entre a justiça das normas e a justiça dos casos – e a repartição rígida de competências para a sua adminstração entre jurisdição constitucional e jurisdição comum – torna-se também, por este via, de aplicação inverosímil. Basta que se reconheça que aos Tribunais Constitucionais compete uma especial função de guarda do cumprimento das normas de direitos fundamentais, e que por isso se admita a existência de queixas dos cidadãos contra actos estaduais concretos que os lesem, para que a justiça que é administrada por aqueles Tribunais se transforme inevitavelmente numa espécie de *mistura de justiça de casos e justiça de normas*.

## 4. PROBLEMAS DA *JUDICIAL REVIEW* EM PORTUGAL

Que importância pode então ter o facto de, em Portugal, se não seguir, quanto à organização da justiça constitucional, nem o princípio da unidade nem o princípio da separação? À primeira vista, nenhuma. Acabámos de ver que o paradigma kelseniano é, na sua inteireza, inaplicável; que as práticas têm demonstrado que a sua tradução histórica o tornou inverosímil; que, ao fim e ao cabo, aquilo que Kelsen mais pretendia evitar – e que era a irrupção, digamos assim, não planeada, de modos de proceder próprios da *common law* em culturas de *civil law* – acabou *malgré tout* por acontecer. Que inquietação nos deve então merecer a nossa condição? Afinal, nós, portugueses, com aquela possibilidade de "planeamento" que o nosso próprio espaço histórico nos concedeu, acabámos por delinear um sistema de justiça constitucional que, sendo europeu, é só um pouco *mais americano do que os outros sistemas europeus*. O facto não merece à primeira vista qualquer inquietação.

Há, no entanto, no modo pelo qual nós praticamos há quase trinta anos um sistema de quasi – *judicial review*, certos aspectos problemáticos que não devem passar despercebidos. Não é razoável que os ignoremos.

O primeiro problema está aqui. Nós, que em sistema somos quasi americanos, comportamo-nos na prática como os mais ferozes epígonos da tradição de *civil law*. Invertemos a situação: enquanto no resto da Europa se procurou consagrar um modelo teoricamente adequado às estruturas próprias da

---

[44] Sublinhando precisamente este ponto, veja-se o Relatório da Conferência dos Tribunais Constitucionais Europeus, cit. nota 4 p. 29-30.

cultura jurídica do continente, e se reconheceu depois a sua aproximação gradual a modos de proceder típicos da *common law*, em Portugal adoptou-se um sistema teoricamente mais adequado ao mundo anglo-saxónico, sem que tal implique o reconhecimento e a assunção das suas consequências práticas. A nossa dificuldade em aceitar a função inevitavelmente conformadora da jurisprudência constitucional demonstra-o.

Uma das razões pelas quais a existência de uma qualquer forma de justiça constitucional – seja qual for o seu modo concreto de organização – implica sempre a aproximação a práticas de *common law* decorre da importância que, por causa dela, inevitavelmente adquire o *acquis* formado pela jurisprudência do Tribunal Constitucional. É evidente que aí onde existir uma tal jurisdição existirá também um *corpus* que será composto tanto pelo texto da Constituição quanto pelo acervo da jurisprudência que for interpretando o sentido do enunciado textual. Reconhecer este modo de aproximação à *common law* não equivale à aceitação acrítica de um qualquer ilegítimo governo de juízes; equivale, apenas, à aceitação razoável de qualquer coisa semelhante ao que é dito pelo artigo 5.º,1 da Lei Orgânica espanhola do Poder Judicial (LOPJ): "A Constituição é a norma suprema do ordenamento jurídico, e vincula todos os Juízes e Tribunais que interpretarão e aplicarão as leis e os regulamentos, conforme a interpretação dos mesmos que resulte das resoluções ditadas pelo Tribunal Constitucional em todo o tipo de processos." É isto exactamente que se quer dizer, quando se reconhece que a jurisprudência constitucional é – e não pode deixar de ser – especialmente conformadora. Aliás, visto que ela passa a ser parte integrante do *corpus* constitucional, por quase todo o lado onde existe se vai naturalmente formando, a seu respeito, uma espécie de opinião pública especialmente crítica e vigilante, destinada a assegurar o controlo da sua natural e inevitável evolução.

Em Portugal, porém, textualiza-se a jurisprudência, isto é, procura-se assegurar a sua fixação em norma constitucional escrita. Em vez de se admitir que ela não pode deixar de integrar o *corpus* constitucional – aceitando-se também que parte desse *corpus* terá inevitavelmente que ser móvel, evolutivo, sujeito à crítica pública e gradualmente melhorado pelo que se vai aprendendo com a experiência dos casos concretos – procede-se à sua rigidificação, integrando-a, por via de revisão, no texto da própria Constituição. Não é que a prática, em si, seja sempre negativa. Podem evidentemente ocorrer casos que provoquem tal incerteza que se recomende que, neles, a autoridade do texto legislativo (particularmente, a autoridade do texto constitucional revisto) empreste suporte à menor auoridade da jurisprudência; mas o que não pode logicamente ocorrer é que tal empréstimo se transforme em sistema. Ora, a história das sucessivas modificações de que têm sido alvo, por exemplo, as normas constitucionais relativas ao direito de asilo (artigo 33.º da CRP)[45], ou relativas às regras de repartição de competências entre Estado e regiões autónomas (artigo 228.º, na versão anterior à revisão de 23 de Abril de 2004), torna a suspeita bem legítima: não parece que a decisão de transformar a jurisprudência em norma constitucional escrita seja sempre, entre nós, antecedida de rigoroso exame prévio que comprove a sua absoluta necessidade. O facto – relacionado sobretudo com esse outro que decorre de o nosso modelo de *judicial review* nos ter transformado ("em teoria") nos mais americanos entre todos os europeus – não pode deixar de ser paradoxal.

Mas o sistema português encerra ainda um segundo problema, que diz respeito à sua eficácia quanto a uma adequada protecção dos direitos fundamentais. A questão é, evidentemente, a mais grave de todas; limitar-nos-emos por enquanto à sua equação.

A principal diferença existente entre os outros sistemas europeus de controlo de constitucionalidade das normas e o nosso está aqui. Nos outros direitos, sempre que há Tribunal Constitucional há também reenvio prejudicial (por parte dos tribunais comuns para aquele último quanto a questões de constitucionalidade); no nosso, há Tribunal Constitucional e recurso, interposto para aquele de decisões jurisdicionais que desaplicam – ou aplicam – normas tidas por inconstitucionais.

Se elegermos como parâmetro de avaliação de cada um destes sistemas a função eficiente, que ambos devem prosseguir, de guarda das normas constitucionais que consagram os direitos das pessoas, a pergunta a formular será naturalmente a seguinte: quem deve deter o poder último de decidir se se coloca ou não, ao Tribunal Constitucional, a questão relativa à [in]constitucionalidade das normas? O juiz ou as partes no processo?

Os sistemas kelsenianos permitem que se alcance uma solução gradativa e maleável para este problema. Sucede com ele o mesmo que sucede com a questão da distribuição de competências entre Tribunal Constitucional e tribunais comuns relativamente à apreciação da constitucionalidade. Em vez de respostas disjuntivas de *aut aut*, o que se obtém é uma resposta gradativa de *et*, oferecida uma vez mais pelas diferentes possibilidades de regime do reenvio prejudicial. Por princípio, este instrumento processual tem sempre a virtualidade de atribuir ao juiz (e não às partes no processo) o lugar de *dominus*

---

[45] Quanto a este ponto, veja-se Paula Escarameia, "Quando o mundo das soberanias se transforma no mundo das pessoas: o Estatuto do Tribunal Penal Internacional e as Constituições nacionais", em *Themis*, ano II, n.º 3, 2001, pp. 143-182.

da questão da constitucionalidade. Como a decisão de suster, ou não, a instância, e de colocar ou não a questão prévia ao Tribunal Constitucional pertence obviamente ao juiz da causa e só a ele, é sempre o juiz quem permanece (como deve) o senhor último da questão da constitucionalidade. Este "domínio judicial" – chamemos-lhe assim – é a verdadeira âncora do sistema. No entanto, a âncora não tem necessariamente que amarrar o barco com excessiva rigidez: basta que se estabeleça uma obrigação *forte* de reenvio prejudicial, aliada à possibilidade de as partes arguirem a questão da inconstitucionalidade, para que se alcance uma situação de compromisso – apesar de o juiz não deixar de ser o senhor do reenvio prejudicial reconhece-se a importância que pode ter o interesse da parte na colocação da questão da inconstitucionalidade. O direito italiano é, aliás, bem ilustrativo, quanto ao modo de funcionamento deste compromisso[46]; mas o que ele não permite – porque nenhum sistema de reenvio prejudicial o faz[47] – é que o domínio do processo seja confiado apenas à parte e ao seu interesse.

Ao invés, o sistema português de recursos permite que tal suceda, residindo aqui a mais importante consequência prática que decorre da sua singularidade. Coloca-se, por isso, a questão de saber se é este o modelo mais adequado para uma eficiente protecção dos direitos fundamentais. Será eficiente uma justiça constitucional que permite que a tutela dos direitos possa vir a depender apenas do modo pelo qual as partes "gerem" os seus interesses no processo? A discussão, cremos, não pode nem deve ser evitada.

---

[46] O direito italiano não admite queixas constitucionais; no entanto, aceita que as partes num certo processo *a quo* tenham alguma forma de acesso directo ao Tribunal Constitucional para defesa dos seus direitos justamente por causa do regime do reenvio prejudicial. Como vimos, basta, para que a *Corte Costituzionale* admita conhecer a questão prévia, que o juiz comum sustente a não manifesta desrazoabilidade da dúvida de inconstitucionalidade, dúvida essa que pode ser suscitada pela parte processual que nela tiver interesse: Zagrebelsky, ob. cit. nota 2, p. 202 e ss.

[47] Mesmo quando existem queixas constitucionais: recorde-se (*supra*, nota 41) que a apresentação da queixa não dá por si mesma início ao processo de controlo mas apenas *habilita* o juiz a fazê-lo.

# EM DEFESA DO RECURSO DE AMPARO CONSTITUCIONAL (OU UMA AVALIAÇÃO CRÍTICA DO SISTEMA PORTUGUÊS DE FISCALIZAÇÃO CONCRETA DA CONSTITUCIONALIDADE)

JORGE REIS NOVAIS[*]

> SUMÁRIO: I – 1. Um sistema com um défice significativo de protecção dos direitos fundamentais 2. Um sistema de fiscalização concreta que institucionaliza a sua manipulação como instrumento dilatório 3. Um sistema deficitário na protecção jusfundamental, mas com garantias de recurso excessivas ou inadequadas 4. Um sistema de fronteiras móveis, difusas e manipuláveis. II – Conclusão

Quando se avalia a justiça constitucional portuguesa em função dos resultados produzidos no âmbito do sistema de fiscalização da constitucionalidade instituído em 1976, o balanço é claramente positivo. Com o labor inicial da Comissão Constitucional/Conselho da Revolução e, após a revisão constitucional de 1982, do Tribunal Constitucional, a justiça constitucional afirmou-se entre nós como pilar imprescindível de sustentação, defesa e promoção do Estado de Direito.

Esse balanço apontaria, à primeira vista, para a manutenção de um sistema de fiscalização que, com a sua reformulação definitiva na revisão de 1982, se tem mantido praticamente inalterado, o que, numa Constituição aparentemente destinada a *sofrer* a pressão de um processo de revisão constitucional permanente, não deixa de surpreender. Dir-se-ia que a parte da Constituição que regula a sua própria garantia é talvez a única que beneficia de uma condescendência consensual por parte do legislador da revisão e que raramente suscita reservas doutrinárias. Todavia, paradoxalmente, o sistema actual, pese embora aquele balanço positivo, apresenta insuficiências significativas e distorções funcionais que, no mínimo, apontam para a conveniência ou até necessidade da sua reformulação.

Se quando comparado com a ausência, na prática, de uma justiça constitucional no regime de 1933, o sistema instituído pela Constituição de 1976

---

[*] Professor da Faculdade de Direito da Universidade de Lisboa

constituiu uma autêntica revolução no domínio da garantia efectiva da força normativa da Constituição, hoje, num Estado de Direito que só se satisfaz com a plenitude de protecção contra todas as violações significativas dos direitos fundamentais, o sistema actual, mesmo não considerando a *concorrência* do Tribunal Europeu dos Direitos do Homem e o impacto previsível resultante da *constitucionalização* dos direitos fundamentais na União Europeia[1], revela-se deficitário e com desequilíbrios dificilmente superáveis num quadro de manutenção integral do modelo em vigor.

Os desequilíbrios referidos impedem, por sua vez, que as actuais lacunas possam ser preenchidas através da simples junção de mais garantias às que o sistema já comporta. Como se verá, o caminho que propomos orienta-se, antes, para a racionalização do nosso sistema de fiscalização da constitucionalidade em função do objectivo último de proporcionar uma protecção adequada, nomeadamente para as violações da Constituição que se traduzem na prática em afectação sensível e desvantajosa das posições jusfundamentais.

A nossa apreciação incidirá, principalmente, sobre o domínio da fiscalização que se nos afigura mais problemático, qual seja o do acesso dos particulares ao Tribunal Constitucional. Isso conduz-nos, relativamente às actuais modalidades de fiscalização, a centrar as atenções na fiscalização concreta, não obstante esse não ter sido, em geral, o domínio mais controverso em termos da discussão político-constitucional que se desenvolveu entre nós no regime democrático. Sendo a fiscalização sucessiva abstracta relativamente pacífica, até como resultado da própria criação do Tribunal Constitucional como tribunal especializado, a controvérsia, para além da discutida intervenção originária do Conselho da Revolução/Comissão Constitucional, centrou-se sobretudo na fiscalização preventiva e na fiscalização da inconstitucionalidade por omissão, naturalmente pelas implicações políticas que uma e outra convocavam[2].

---

[1] Cf. J. M. CARDOSO DA COSTA, «O Tribunal Constitucional português e o Tribunal de Justiça das Comunidades Europeias» *in Ab Vno ad Omnes*, Coimbra, 1998, pp. 1363 ss; ANTÓNIO DE ARAÚJO/J. P. CARDOSO DA COSTA/M. NOGUEIRA DE BRITO, *Relatório Português* à XII Conferência dos Tribunais Constitucionais Europeus, Bruxelas, 2002, *in Separata da Revista da Ordem dos Advogados*, Lisboa, 2002, pp. 968 ss; VITAL MOREIRA, «A 'constitucionalização' dos direitos fundamentais na União Europeia» *in Estudos em Homenagem ao Conselheiro José Manuel Cardoso da Costa*, Coimbra, 2003, pp. 697 ss.

[2] Sobre o contexto histórico e o debate político que presidiram à configuração originária do nosso sistema de fiscalização, cf. MIGUEL GALVÃO TELES, «A segunda Plataforma de Acordo Constitucional entre o MFA e os partidos políticos» *in Perspectivas Constitucionais* III, Coimbra, 1988, pp. 681 ss.

Porém, no que à fiscalização preventiva respeita, dir-se-á que, não obstante as reservas que renovadamente suscita da parte de quem aceita mal a *interferência* dos juízes constitucionais no processo político, ela tem provado sobejamente a sua utilidade no equilíbrio do sistema. E o maior interesse prático da fiscalização preventiva tem sido, não tanto o de prevenir a entrada em vigor das inconstitucionalidades mais grosseiras dos diplomas mais importantes – para o que, tendencialmente, será sempre apta e sempre constituiu o principal argumento dos seus defensores[3] –, mas, sobretudo, o de funcionar eficazmente como força preventiva dissuasora das tentações conjunturais de menorização da força normativa da Constituição que sempre seduzem as maiorias no poder e, relacionado com essa função, também o de instrumento, em grande medida político, de intervenção do Presidente da República no processo legislativo.

De facto, se apoiada numa actuação contida, mas firme, de um Presidente da República e de um Tribunal Constitucional defensores da Constituição, a possibilidade de fiscalização preventiva inibe com efectividade a maioria política de prosseguir os seus objectivos imediatos com desrespeito das garantias constitucionais. O risco de incorrer em sucessivos desaires derivadas de sistemáticas pronúncias de inconstitucionalidade por parte do Tribunal Constitucional em sede preventiva – com o consequente desgaste político – dissuade normalmente a maioria governamental de fazer *jogar* a seu favor a enorme força de inércia da política do facto consumado, que seria, no caso, o facto consumado inconstitucional. Não fôra a aplicação optimizada de uma fiscalização preventiva nos moldes e circunstâncias assinalados e não seria difícil imaginar, atendendo às idiossincrasias da nossa vida política, quanto *sofreriam* a Constituição e a sua força normativa, na República e nas regiões autónomas, nas mãos de maiorias pouco escrupulosas.

Por outro lado, e não sendo esse o objecto deste artigo, não deixará de referir-se a enorme importância da fiscalização preventiva no conjunto dos poderes constitucionais do Presidente da República e dos Ministros/Representantes da República para as regiões autónomas.

Quanto à fiscalização da inconstitucionalidade por omissão, dir-se-ia que quase desapareceu como tema de discussão, seja pelo alcance prático muito pouco ambicioso do seu regime constitucional, seja porque durante muitos anos o instituto permaneceu praticamente *adormecido*. Porém, nos últimos tempos assistiu-se a um renovamento da sua utilização, acompanhado de uma nova atenção doutrinária à possibilidade de lhe conferir novas utiliza-

---

[3] Cf. MIGUEL GALVÃO TELES, «Liberdade de iniciativa do Presidente da República quanto ao processo de fiscalização preventiva da constitucionalidade» in *O Direito*, 1988, I-II, pp. 41 s.

ções[4]. Pode-se prever que este novo interesse pela inconstitucionalidade por omissão terá continuidade em termos de jurisprudência constitucional, tanto mais quanto o recurso ao instituto é objectivamente sustentável em exigências que o Estado de Direito dos nossos dias não deve deixar de assumir.

A eventual existência de inconstitucionalidades por omissão suscita-se normalmente no domínio da realização dos direitos sociais e no da promoção objectiva e efectiva garantia da capacidade de exercício dos direitos, liberdades e garantias. Ora, ultrapassados ou esgotados os debates políticos que a propósito se desenvolveram no período pós-revolucionário, só preconceitos de cariz ideológico podem ainda hoje servir para recusar àquelas tarefas a natureza de exigências de justiça material que não podem ser alheias aos objectivos e tarefas da justiça constitucional em Estado social e democrático de Direito. Neste sentido, se alguma coisa há a reavaliar no domínio da fiscalização da inconstitucionalidade por omissão será apenas a necessidade de lhe conferir uma maior efectividade prática.

As presentes considerações orientar-se-ão, portanto, para o domínio da fiscalização concreta ou, mais amplamente, para o domínio do acesso directo dos particulares ao Tribunal Constitucional. É aqui que, hoje, podemos e devemos reconhecer as maiores deficiências, distorções e perversões do nosso sistema de fiscalização da constitucionalidade. Analisaremos as que consideramos mais sérias, após o que vamos sugerir alguns possíveis remédios.

I

1. UM SISTEMA COM UM DÉFICE SIGNIFICATIVO DE PROTECÇÃO DOS DIREITOS FUNDAMENTAIS

Contrariamente a ideia instalada, dir-se-á que o nosso sistema deixa à margem da justiça constitucional – leia-se, à margem do Tribunal Constitucional – grande parte das mais significativas e correntes violações dos direitos fundamentais. De facto, na medida em que o sistema está exclusivamente dirigido à fiscalização de normas, ficam desde logo teoricamente subtraídas à intervenção garantística do Tribunal Constitucional todas as inconstitucionalidades actuadas, não por normas, mas através de decisões e actos indivi-

---

[4] Cf. JORGE PEREIRA DA SILVA, *Dever de Legislar e Protecção Jurisdicional contra Omissões Legislativas*, Lisboa, 2003, e as referências doutrinárias e jurisprudenciais aí citadas em *Nota prévia*.

duais e concretos, sejam eles praticados pelos titulares do poder político, pela Administração ou pelo poder judicial.

Pelo menos no domínio sensível dos direitos fundamentais, esta lacuna significa que ficam sem tutela do Tribunal Constitucional todas as intervenções restritivas[5] cuja contestação não tenha por base a inconstitucionalidade de uma norma ordinária: o Tribunal Constitucional só pode fiscalizar as normas restritivas de direitos fundamentais, não já as intervenções ablativas nas liberdades e direitos fundamentais praticadas pela Administração e pelo poder judicial. Mas esse domínio, isto é, o da violação pontual e concreta dos direitos fundamentais sem que na base e na causa do acto lesivo esteja uma norma inconstitucional é, com segurança, aquele em que se verifica a esmagadora maioria das situações reais de lesão inconstitucional dos direitos fundamentais.

De facto, em Estado de Direito democrático só excepcionalmente a lei restritiva de direitos fundamentais é considerada inconstitucional. Isso verifica-se tanto como resultado do reconhecimento consensual e progressivo da força normativa dos direitos fundamentais em Estado de Direito, como devido à ampla margem de conformação dos direitos fundamentais que é reconhecida ao legislador democrático, mas também porque a imprevisibilidade das circunstâncias reais da colisão entre direitos fundamentais e outros bens e as próprias necessidades de realização dinâmica dos direitos fundamentais obrigam frequentemente o legislador democrático a limitar o alcance da sua decisão, recorrendo a conceitos indeterminados, fórmulas gerais e remetendo expressamente para a Administração e para os tribunais a intervenção nos direitos fundamentais e a ponderação decisiva entre as necessidades da sua realização e as necessidades eventualmente opostas de realização de outros valores e bens dignos de protecção.

Pode dizer-se que, sem prejuízo do lugar central da lei na definição de uma política de direitos fundamentais e na sua conformação, o cerne da vivência prática dos direitos fundamentais se desloca precisamente para esse domínio – o das intervenções restritivas – que, porém, entre nós, está integralmente excluído da fiscalização por parte do Tribunal Constitucional. Mas é nesse domínio, o das relações concretas entre Administração, particulares e tribunais, que se leva a cabo a conformação prática e a concretização do conteúdo constitucional dos direitos fundamentais, pelo que, em última análise, um

---

[5] Sobre a distinção dentro das restrições aos direitos fundamentais entre restrições em sentido estrito e intervenções restritivas em direitos fundamentais, cf. o nosso *As Restrições aos Direitos Fundamentais não Expressamente Autorizadas pela Constituição*, Coimbra, 2003, pp. 192 ss.

direito fundamental será, na vida real, aquilo que resultar do trabalho de interpretação jurídica, de aplicação, de ponderação de bens, valores e interesses conflituantes aí levado a cabo pelos diferentes operadores jurídicos, nomeadamente os juízes comuns.

Ora, como é possível deixar praticamente à margem desse labor aquele que deveria ser o principal órgão de interpretação, conformação e unificação dogmática do sentido dos direitos fundamentais no nosso Estado de Direito, ou seja o próprio Tribunal Constitucional? Para mais, no nosso caso particular, será a cultura dos direitos fundamentais uma realidade já tão interiorizada e assumida pela sociedade e, reflexamente, pelas jurisdições comuns que deva ser confiado a estas o exclusivo daquelas tarefas sem a intervenção do órgão especialmente criado para defesa da Constituição?

Esta é, se se quiser, a grande lacuna e a maior contradição do nosso sistema de fiscalização da constitucionalidade. Pois se a justiça constitucional se justifica historicamente pela necessidade de defesa da Constituição, mormente dos direitos fundamentais nela consagrados, no nosso caso o Tribunal Constitucional só está habilitado a proteger os direitos fundamentais dos cidadãos contra intervenções normativas, não contra a acção dos poderes constituídos conduzida por via não normativa[6]. Neste sentido, ao contrário do que seria natural em sistema com órgão especial de fiscalização concentrada da constitucionalidade, e não obstante as sugestões para forçar até ao limite as suas competências neste domínio, o Tribunal Constitucional não é ainda, entre nós, o tribunal dos direitos fundamentais.

Tal só é historicamente compreensível se se tiver em conta o contexto do surgimento da Constituição de 1976 e a experiência do regime anterior: como neste regime havia sido através da *entrega* constitucional dos direitos funda-

---

[6] Diga-se, ainda, que nem todas as violações aos direitos fundamentais actuadas por via normativa são sindicáveis pelo Tribunal Constitucional por iniciativa dos particulares. Com efeito, os particulares só acedem ao Tribunal Constitucional incidentalmente, a partir de um caso judicial em que sejam parte e onde suscitem a inconstitucionalidade de uma norma. Assim, um particular pode igualmente ver o seu direito fundamental seriamente lesado ou ameaçado de forma directa por uma lei – o que constitui uma modalidade não negligenciável de intervenções restritivas nos direitos fundamentais, seja pelos efeitos lesivos imediatos num direito fundamental seja pela intensidade como a ameaça inconstitucional contida na lei pode inibir ou dissuadir do exercício desse direito – sem que possa aceder ao Tribunal Constitucional. Ou melhor, só pode aceder desde que provoque e se sujeite aos pesados encargos de um processo judicial, eventualmente de uma prisão, para que, então, aí possa suscitar incidentalmente a questão de inconstitucionalidade normativa. Diferentemente, um *recurso de amparo* adequadamente regulado pode e deve contemplar a possibilidade de queixa constitucional directa de um particular contra uma lei independentemente da existência de um pleito judicial em que ela esteja a ser aplicada.

mentais ao legislador que se havia *legalizado* a subversão das liberdades, o que se pensou imprescindível garantir primariamente no regime democrático foi o lema «não mais direitos fundamentais à medida das leis, mas sim leis à medida dos direitos fundamentais». Chegámos, nesse sentido, à construção de um sistema de fiscalização da constitucionalidade que, no domínio dos direitos fundamentais, está unilateralmente orientado para a protecção contra as restrições em sentido estrito (as normas restritivas), seja na fiscalização preventiva, na sucessiva abstracta e na sucessiva concreta, deixando todo o significativo domínio das intervenções restritivas nos direitos fundamentais à margem do Tribunal Constitucional e de qualquer daquelas modalidades de fiscalização da constitucionalidade.

Os actos e omissões pontuais, as decisões individuais e concretas, as intervenções restritivas na liberdade, serão ou não sindicadas nos outros tribunais – e o progresso do Estado de Direito tem, de facto, conduzido a uma crescente organização de uma tutela judicial plena, mormente no âmbito da justiça administrativa[7] –, mas escapa, no rigor do sistema, ao controlo do Tribunal Constitucional. Este sistema só garante o acesso directo dos cidadãos ao Tribunal Constitucional para tutela dos seus direitos no âmbito limitado do recurso contra decisões dos tribunais que recusem a aplicação de normas com fundamento na sua inconstitucionalidade ou do recurso contra decisões que apliquem normas cuja inconstitucionalidade haja sido suscitada durante o processo, sendo o âmbito desses recursos restrito à questão da eventual inconstitucionalidade dessas normas.

Se a Administração ou os tribunais praticam actos que restringem excessiva ou injustificadamente os direitos fundamentais dos particulares, se lesam nessa actuação princípios tão essenciais como o princípio da igualdade, o princípio da proibição do excesso ou da dignidade da pessoa humana, o particular não pode pura e simplesmente aceder e invocar tal violação no Tribunal Constitucional. Se a Administração ou os tribunais procedem a ponderações erróneas entre os direitos fundamentais e outros valores, se sacrificam injustificadamente os direitos fundamentais a outros bens, o acesso ao Tribunal Constitucional continua vedado aos particulares. Podem, é certo, recorrer e esgotar a cadeia hierárquica dos tribunais comuns, mas, se a violação persiste esgotados que sejam esses recursos, não podem aceder ao Tribunal Cons-

---

[7] Cf. VIEIRA DE ANDRADE, «A protecção dos direitos fundamentais dos particulares na justiça administrativa reformada» in *Revista de Legislação e Jurisprudência*, n.º 3929, pp. 226 ss; CARLA AMADO GOMES, «Pretexto, contexto e texto da intimação para protecção de direitos, liberdades e garantias» in *Estudos em Homenagem ao Professor Doutor Inocêncio Galvão Telles*, Coimbra, 2003, pp. 541 ss.

titucional a não ser que tenham a possibilidade de invocar a aplicação judicial, no caso concreto, de uma norma inconstitucional. No mesmo sentido, estão, igualmente excluídas de acesso ao Tribunal Constitucional, por definição, as intervenções restritivas nos direitos fundamentais que resultem, não de acção, mas de uma omissão da parte dos poderes constituídos, o que, em geral, afecta a parte mais substancial das lesões verificáveis nos direitos a prestações fácticas ou normativas.

O Tribunal Constitucional e mesmo a Comissão Constitucional tiveram obviamente consciência das consequências drásticas – para a protecção dos direitos fundamentais – do carácter redutor de um tal sistema de fiscalização e desde muito cedo procuraram extrair o máximo de possibilidades garantísticas que ele comporta (como se verá, mas com consequências algo perversas, extraem também, por vezes, as que ele não comporta...).

Esta exploração optimizada das possibilidades garantísticas do sistema foi realizada por duas vias. Em primeiro lugar, na esteira de jurisprudência da Comissão Constitucional[8], recorreu-se à chamada concepção funcional de norma[9], segundo a qual, para efeitos de controlo da constitucionalidade a exercer pelo Tribunal Constitucional, *norma* não é um acto com determinadas características materiais onde avultem as tradicionalmente invocadas características da generalidade e abstracção, mas *norma*, para esse efeito, é antes toda e qualquer disposição contida em acto legislativo independentemente do seu conteúdo material. Em segundo lugar, o Tribunal Constitucional não se limitou a fiscalizar apenas a constitucionalidade das normas ordinárias quando consideradas objectivamente e em abstracto na sua relação com a norma constitucional, mas assumiu-se competente para fiscalizar da constitucionalidade das normas na interpretação concreta que delas faz o juiz comum. Assim, o Tribunal Constitucional pode deixar intocada a norma ordinária positiva, mas pronunciar-se pela sua inconstitucionalidade quando for aplicada com uma dada interpretação, ou seja, a interpretação que no caso concreto lhe for dada pelo juiz.

Por estas vias, nomeadamente a segunda, o Tribunal Constitucional alargou extraordinariamente as suas possibilidades de intervenção fiscalizadora, que agora passa a incidir, não apenas sobre normas, mas também sobre interpretação judicial concreta de normas; e esse alargamento é ainda mais significativo quando o Tribunal Constitucional aí inclui normas não expressa-

---

[8] Crítico desta jurisprudência, cf. JORGE MIRANDA, *Manual de Direito Constitucional*, VI, p. 156.

[9] Cf. GOMES CANOTILHO, *Direito Constitucional e Teoria da Constituição*, pp. 932 ss; BLANCO DE MORAIS, *Justiça Constitucional*, I, Coimbra, 2002, pp. 461 ss.

mente invocadas na fundamentação da decisão judicial, mas simplesmente tidas como implicitamente pressupostas por essa decisão[10]. Ora, como a toda a decisão judicial está, em princípio, subjacente uma dada interpretação de uma norma jurídica, os poderes de controlo do Tribunal Constitucional são substancialmente aumentados, o que, indirectamente, significa também que se incrementam consideravelmente as possibilidades de, na fiscalização concreta, os cidadãos acederem ao Tribunal Constitucional, já que em alguma medida passam indirectamente a poder recorrer de decisões judiciais: basta alegar que o juiz aplicou a norma conferindo-lhe um sentido interpretativo inconstitucional. Esta *compensação* implica, porém, consequências negativas não negligenciáveis. Voltaremos ao tema.

## 2. Um sistema de fiscalização concreta que institucionaliza a sua manipulação como instrumento dilatório

Se é certo que os cidadãos continuam sem possibilidades de defesa junto do Tribunal Constitucional contra as violações dos seus direitos fundamentais praticadas por intervenções restritivas da Administração e, pelo menos em teoria, pelo poder judicial, em contrapartida, as possibilidades de um particular recorrer para o Tribunal Constitucional no âmbito dos processos decididos pelos outros tribunais são bastante extensas ou até quase ilimitadas: basta que, durante o processo, o particular invoque a inconstitucionalidade de uma norma ou de uma sua interpretação particular[11]. Isso garante-lhe, em caso de posterior decisão desfavorável e só após essa decisão, a possibilidade de fazer prolongar o processo através do recurso de inconstitucionalidade para o Tribunal Constitucional.

---

[10] Propugnando doutrinariamente o alargamento por parte do Tribunal Constitucional desse percurso jurisprudencial, cf. BLANCO DE MORAIS, «Fiscalização da constitucionalidade e garantia dos direitos fundamentais: apontamentos sobre os passos de uma evolução subjectivista» in *Estudos em Homenagem ao Professor Doutor Inocêncio Galvão Telles*, Coimbra, 2003, pp. 107 ss.

[11] A jurisprudência constitucional reconhece ainda, de acordo com o espírito do regime em vigor, a possibilidade de o particular recorrer ao Tribunal Constitucional mesmo que não tenha antecipadamente suscitado a questão da inconstitucionalidade, em circunstâncias excepcionais e sempre que não lhe tenha sido objectivamente possível fazê-lo antes de proferida a decisão judicial de aplicação. Cf. ANTÓNIO DE ARAÚJO/JOAQUIM P. CARDOSO DA COSTA, *Relatório Português à III Conferência da Justiça Constitucional da Ibero-América, Portugal e Espanha*, Lisboa, 2000, pp. 17 ss.

Logo, se o sistema não é suficientemente apto para proteger os particulares contra parte significativa das potenciais violações aos seus direitos fundamentais, é pelo menos assumido de forma suficientemente generosa pelo Tribunal Constitucional (através da referida concepção funcional de norma, mas, sobretudo, quando admite o recurso contra interpretações particulares de normas), para permitir aos particulares uma exploração quase ilimitada de interesses privados sem relevância constitucional caso sejam a parte eventualmente interessada em eternizar o processo judicial em causa.

Assim, de instituto potencialmente vocacionado para a função de protecção dos direitos fundamentais, a justiça constitucional, na sua dimensão de fiscalização concreta, transformou-se em acentuada medida, entre nós, em expediente dilatório e instrumento inconfessado para obtenção de fins menos nobres. Basta que uma decisão judicial não agrade a uma das partes e esta tenha um interesse objectivo em fazer prolongar o processo para que se lance indiscriminadamente mão do recurso de inconstitucionalidade para o Tribunal Constitucional.

Mais ainda, esta possibilidade através da qual se sequestra e instrumentaliza a justiça constitucional é tão mais utilizada quanto mais poder, em princípio económico, tem a parte que pode contratar advogados hábeis que, conhecedores dos meandros do sistema de fiscalização da constitucionalidade, o sabem explorar até à exaustão. Como o acesso ao Tribunal Constitucional opera após a decisão judicial e enquanto recurso desta, a parte trata de invocar durante o processo uma pretensa inconstitucionalidade e, em caso de decisão desfavorável, abre posteriormente a *via sacra* para o Tribunal Constitucional. Tal sistema e condicionamentos permitem ou estimulam a utilização do sistema de fiscalização concreta como puro instrumento dilatório, com as consequências inerentes de desprestígio da função jurisdicional e das funções do Tribunal Constitucional e da forma como a comunidade tende a ver as questões constitucionais.

E, como se verá no ponto seguinte, não se trata apenas de uma utilização abusiva de um regime que, em teoria, seria ajustado. A ser assim, e não é, o remédio ajustado consistiria, não na alteração do regime, mas numa sanção dos abusadores que os dissuadisse nos seus intuitos dilatórios. O problema é que, como a seguir se procura demonstrar, não há verdadeiramente abuso, e muito menos sancionável, quando é da natureza do nosso regime de fiscalização conceder ao particular a possibilidade de invocar uma qualquer inconstitucionalidade, a todo o tempo, e qualquer que seja o peso com que ela está na origem da violação dos seus direitos ou interesses. Desde que um eventual julgamento de inconstitucionalidade de uma norma por parte do Tribunal Constitucional seja relevante no processo, é reconhecida ao particular legitimidade para recorrer.

## 3. Um sistema deficitário na protecção jusfundamental, mas com garantias de recurso excessivas ou inadequadas

Potenciando o aproveitamento disfuncionalizante do acesso directo dos particulares ao Tribunal Constitucional está esse factor que constitui uma outra especificidade de justificação muito duvidosa do nosso sistema de fiscalização. É que o sistema não distingue, para efeitos de recurso para o Tribunal Constitucional, entre tipos de inconstitucionalidade: seja material, formal ou orgânica[12], seja muito pouco ou nada significativa, recente ou com dezenas de anos, tenha como efeito de eventual julgamento de inconstitucionalidade a inexistência, a nulidade, a anulabilidade ou a mera irregularidade, toda a inconstitucionalidade é arguível entre nós e a todo o tempo, qualquer que seja a relação entre inconstitucionalidade invocada e violação dos direitos ou interesses do particular. Um advogado minimamente conhecedor não tem, assim, grandes dificuldades, em qualquer caso e qualquer que seja a lei aplicável, em *descobrir* uma inconstitucionalidade útil e, mais, em fazê-lo com fundamentos sérios e que o Tribunal Constitucional é obrigado a considerar.

Basta atentar que, num quadro constitucional que institucionalizou uma divisão de competências legislativas entre Assembleia da República, Governo e assembleias legislativas regionais aparentemente simples, mas, na realidade, complexa e de difícil decifração, a inevitabilidade de ocorrerem quotidianamente eventuais inconstitucionalidades orgânicas é enorme. Há, assim, um universo inabarcável de inconstitucionalidades orgânicas pululando no ordenamento jurídico à espera de *descoberta* para fins do conveniente recurso de inconstitucionalidade em sede de fiscalização concreta.

Sem exagero, dir-se-ia que, atendendo ao regime constitucional da reserva de lei parlamentar, praticamente todo e qualquer acto legislativo aprovado pelo Governo contém normas relativamente às quais se podem suscitar dúvidas fundadas de inconstitucionalidade orgânica. Com fins louváveis, é certo, o elenco de matérias sujeitas a reserva de competência legislativa parlamentar tem vindo a aumentar significativamente ao longo das sucessivas revisões constitucionais. Atente-se que na versão originária da Constituição de 1976 as «matérias» objecto de reserva parlamentar eram, *grosso modo*, vinte e três; hoje, entre reserva absoluta e relativa contam-se pelo menos quarenta e

---

[12] Este alargamento da fiscalização difusa da constitucionalidade às inconstitucionalidades orgânicas e formais pode até considerar-se, na nossa história constitucional, uma inovação da Constituição de 1976 (assim, J. M. Cardoso da Costa, «O Tribunal Constitucional português: a sua origem histórica» *in* Baptista Coelho (org.), *Portugal Político*, pp. 915 s).

oito[13]. Mais, entre estas matérias reservadas há algumas que, só por si, comportam conteúdos vastíssimos e dificilmente delimitáveis.

Por exemplo, quando se diz no art. 165.º, 1, b), da Constituição que os direitos, liberdades e garantias são matéria reservada à Assembleia da República, isso remete para um conteúdo imenso de pretensões, faculdades e direitos expressos ou implícitos nas normas constitucionais, direitos análogos e direitos fora do catálogo. Basta ainda, por outro lado, considerar a abrangência quase ilimitada de direitos fundamentais como o direito ao desenvolvimento da personalidade, a liberdade de iniciativa económica privada, a propriedade privada ou a liberdade de profissão para se concluir que em praticamente qualquer diploma governamental, de uma ou outra forma, há normas que, apesar de tradicional e normalmente aprovadas pelo Governo, são susceptíveis de inclusão em área de reserva legislativa parlamentar.

Isto não significa, obviamente, que o Tribunal Constitucional tenha que acolher todo e qualquer dos recursos de inconstitucionalidade fundados em inconstitucionalidades orgânicas. Em todo o caso, para além de se *obrigar* o Tribunal Constitucional, para garantir um mínimo de segurança jurídica, a verdadeiros prodígios retóricos argumentativos para justificar a não inconstitucionalidade, o recurso não pode, pelo menos, ser liminarmente rejeitado porque, de tão vasta, a reserva parlamentar constitucional, se interpretada à letra, justifica e fundamenta as correspondentes dúvidas de constitucionalidade. Muito menos se pode procurar dissuadir a utilização desta possibilidade através da aplicação de sanções por utilização abusiva dado que, como dissemos, não há aqui qualquer abuso: o regime actual de fiscalização foi, pura e simplesmente, concebido para admitir recursos com tais fundamentos.

Nestes termos, um particular pode, hoje, recorrer para o Tribunal Constitucional invocando a inconstitucionalidade orgânica de normas aprovadas pelo Governo há mais de vinte anos, por mais pacífica e incontestada que tenha sido, na altura e ao longo dos anos, a aprovação da norma em causa e a sua manutenção em vigor.

Repare-se que não é o problema de insegurança jurídica que aqui suscitamos, apesar de esse também ser um problema real, não obstante as possibilidades reconhecidas ao Tribunal Constitucional para, nestes casos, determinar apenas efeitos de inconstitucionalidade *ex nunc*. O nosso problema é, nesta sede, o da infindável possibilidade de arguição de pretensas inconstitucionalidades que se abre aos particulares e como por essa via se sobrecarrega e distorce o labor do Tribunal Constitucional. Em grande medida, o Tribunal

---

[13] Cf., respectivamente, arts. 164.º e 167.º da versão originária da Constituição de 1976 e arts. 161.º, 164.º e 165.º da versão actual da Constituição.

Constitucional acaba sequestrado por tarefas substancialmente estranhas às suas funções essenciais de defesa da Constituição e dos direitos fundamentais.

Chegamos assim ao absurdo de um sistema de fiscalização, o nosso, que não permite que um cidadão possa recorrer para o Tribunal Constitucional de um acto da Administração ou de uma intervenção restritiva de um juiz que violam séria e inapelavelmente um seu direito verdadeiramente fundamental, mas permite que um particular recorra ao Tribunal Constitucional porque uma norma há vinte anos em vigor foi aprovada na especialidade por uma Comissão da Assembleia da República em vez de, como devia, o ter sido pelo Plenário, ainda que a lei de onde essa norma conste tivesse sido aprovada por unanimidade em votação final global; ou permite que um particular recorra para o Tribunal Constitucional porque um decreto-lei aprovado por um Governo há dezenas de anos tinha normas que deveriam ter sido aprovadas pela Assembleia da República onde esse Governo dispunha de apoio largamente maioritário, não obstante nenhum grupo parlamentar ter, na altura, chamado o diploma a apreciação parlamentar nem ninguém ter ao longo dessas décadas tomado qualquer iniciativa parlamentar de alteração desse decreto.

## 4. Um sistema de fronteiras móveis, difusas e manipuláveis

Já atrás aludimos à forma como, para compensar o défice de protecção do nosso sistema no que se refere às possibilidades de os particulares recorrerem à justiça constitucional para defesa dos seus direitos fundamentais, o Tribunal Constitucional alargou extraordinariamente essas possibilidades de acesso quando passou a admitir, não apenas o recurso das decisões judiciais com fundamento em aplicação de normas inconstitucionais, mas também o recurso com fundamento na inconstitucionalidade dessas normas quando interpretadas com o sentido que lhes deu o juiz comum.

Assim, no espírito originário do nosso regime de fiscalização concreta a ideia era limitar o julgamento do Tribunal Constitucional às decisões judiciais de (in)constitucionalidade incidindo sobre normas em vigor. Isto é, reconhecia-se ao juiz comum um acesso directo à Constituição – ele decide se uma norma é ou não inconstitucional e consequentemente recusa aplicá-la ou aplica-a –, mas chama-se o Tribunal Constitucional a validar essa decisão de (in)constitucionalidade. Tudo o mais, designadamente a bondade ou até a própria inconstitucionalidade da decisão do juiz comum na questão de fundo, ficaria excluído do controlo do Tribunal Constitucional.

Porém, a partir do momento em que o Tribunal Constitucional passa a arrogar-se o poder de julgar da inconstitucionalidade da norma na concreta interpretação que dela fez o juiz comum, enquanto questão de inconstitucionalidade da norma nessa interpretação[14], começa a dissipar-se a linha de fronteira entre controlo da inconstitucionalidade da norma e controlo da inconstitucionalidade da decisão judicial, isto é, o nosso sistema de fiscalização começa de alguma forma a admitir na prática, mas ao arrepio das regras estabelecidas, queixas constitucionais (recursos de amparo)[15] relativamente a decisões dos tribunais comuns. Esta deslocação/dissipação tendencial de fronteiras fica ainda mais descontrolada quando o Tribunal Constitucional dá mais um passo e admite apreciar, não apenas a inconstitucionalidade de uma dada interpretação de uma norma positivada, mas também a inconstitucionalidade de normas construídas (interpretativamente, por analogia, por integração de lacunas) ou, até, supostamente construídas pelo juiz comum quando decide casos concretos[16].

Este desenvolvimento jurisprudencial teve uma significativa consequência positiva e que é a que se traduz, ainda que sem apoio no sistema de fiscalização constitucionalmente instituído, na possibilidade de recurso contra decisões judiciais claramente violadoras de direitos fundamentais que, de outra forma, seriam irrecorríveis para o Tribunal Constitucional[17]. Em contrapartida inevitável a que já fizemos referência, aumentou significativamente as possibilidades de recurso com fins meramente dilatórios. O particular passa a poder recorrer com fundamento, não apenas na pretensa inconstitucionalidade de uma norma aplicada pelo juiz, mas também na inconstitucionalidade dessa mesma norma, não em si mesma, mas na interpretação particular, efectiva ou pressuposta, que dela terá feito o juiz. Mais ainda, este *quase-recurso de amparo* acaba, na prática, por ir mais longe que o autêntico recurso de amparo na generalidade dos países que o admitem, na medida em que permite a invocação de um qualquer fundamento de inconstitucionalidade[18] e não apenas a de uma violação séria e relevante de um direito fundamental.

---

[14] Cf. J. M. CARDOSO DA COSTA, *A Jurisdição Constitucional em Portugal*, Coimbra, 1992, p. 50.

[15] Naquilo que VITAL MOREIRA chama uma «espécie de *quase-recurso de amparo*» (cf. «A fiscalização concreta no quadro do sistema misto de justiça constitucional» in Boletim da Faculdade de Direito, Volume Comemorativo, Coimbra, 2003, p. 846).

[16] Cf. Acórdãos n.ºs 141/92 (*Acórdãos*, 21.º Vol., pp. 599 ss), 205/99 (*Acórdãos*, 43.º vol., pp. 225 ss), 285/99 (*Acórdãos*, 43.º vol., pp. 477 ss), 122/2000 (*Acórdãos*, 46.º vol., pp. 449 ss).

[17] Cf., em sentido afim, JORGE MIRANDA, *Manual* ..., cit, pp. 158 s; VITAL MOREIRA, *loc. cit.*; BLANCO DE MORAIS, *loc. cit.*

[18] Permite, por exemplo, a invocação de inconstitucionalidade orgânica cometida pelo poder judicial quando este extravasa das suas competências interpretativas – por consequente

Mas, para além disso, teve um outro resultado negativo, que foi o de instaurar a imprecisão e a insegurança num domínio que devia ser transparente, claro e perceptível pelos interessados. Essa imprecisão acaba por deixar nas mãos dos juízes do Tribunal Constitucional, praticamente sem limites objectivos pré-definidos, o saber quando é ou não possível recorrer. A insegurança jurídica, o subjectivismo, os riscos de tratamento desigual dos cidadãos[19] e o potenciar dos conflitos entre jurisdição constitucional e tribunais comuns são as consequências inevitáveis de um tal estado de coisas.

Com este desenvolvimento jurisprudencial, tudo fica inseguro, difuso, indeterminado[20]. Em princípio, a uma decisão judicial está subjacente uma interpretação da norma aplicada e, obviamente, essa interpretação pode resultar em violação das normas constitucionais. Mas como saber qual a interpretação pressuposta na aplicação da norma? Como saber se foi a interpretação que determinou a aplicação inconstitucional ou se a interpretação da norma foi correcta, mas a sua aplicação é que é errónea e, por isso, inconstitucional? E quando o juiz interpreta a norma de forma não inconstitucional, mas entende que, no caso concreto, ela deve ceder perante uma outra norma ou princípio jurídico; é a avaliação/ponderação do juiz, isto é, a sua decisão, que é inconstitucional ou é a interpretação da norma porque deveria, eventualmente, ter sido interpretada com a atribuição de uma força que lhe permitisse superar, na ponderação, o princípio contrário? E quando o juiz faz, anuncia e fundamenta a sua decisão numa interpretação não inconstitucional, mas quando aplica a norma assim interpretada o faz em desconformidade com essa interpretação, qual é a interpretação que o Tribunal Constitucional deve considerar: a efectivamente anunciada ou a porventura implícita e em conformidade objectiva com o teor da decisão?

Em grande parte dos casos não é possível responder com segurança a estas questões pelo que o esclarecimento das dúvidas sobre a admissibilidade do

---

violação do princípio da legalidade ou do princípio da proibição da analogia em matéria penal ou fiscal – ou até ainda, em caso extremo mas logicamente aí implicado, a invocação de inconstitucionalidade, por violação do princípio da separação de poderes por parte do juiz, em caso de simples interpretação errónea da norma positiva, já que, com essa interpretação, estaria o juiz, afinal, a criar nova norma jurídica sem ter competência constitucional para tanto. Quando muito, exigir-se-ia que nessa decisão judicial estivesse pressuposto um critério normativo susceptível de ser aplicável com generalidade e abstracção; porém, em qualquer decisão judicial vem sempre pressuposto um critério normativo, pelo menos aquele que, por imperativo de justiça, é suposto ser igualmente aplicável a todos os casos em que se reproduzam exactamente as mesmas circunstâncias do caso *sub judicio*.

[19] Cf., assim, voto de vencido do Conselheiro J. M. Cardoso da Costa no citado Acórdão n.º 205/99.

[20] Cf. RUI MEDEIROS, *A Decisão de Inconstitucionalidade*, Lisboa, 1999, pp. 336 ss.

recurso de inconstitucionalidade num caso concreto permanecerá sempre um mistério até que o Tribunal Constitucional se pronuncie. Em rigor, há uma impossibilidade objectiva de traçar fronteiras rigorosas entre o que é interpretação e o que é decisão judicial, pelo que resta inevitavelmente a impressão de que o Tribunal Constitucional acaba por tomar, sobre a questão da admissibilidade, uma decisão não verdadeiramente determinada por critérios objectivos.

A intenção do Tribunal Constitucional quando se arroga estes novos poderes é compreensível e aceitável à luz das necessidades de garantia dos direitos fundamentais, mas o problema é que o regime actual estabelece limites rígidos (só prevê apreciação da constitucionalidade de normas e não de actos ou decisões) e, quando, para resolver os défices de protecção do sistema, o Tribunal Constitucional força esses limites tudo passa a ser incerto, móvel, manipulável.

De resto, basta percorrer as decisões do Tribunal Constitucional em sede de fiscalização concreta para confirmar que em inúmeras situações as decisões de não admissibilidade de um recurso por não estar em causa a inconstitucionalidade de uma norma, mas sim de uma decisão, podiam facilmente, com um pequeno esforço de reformulação argumentativa, ser reconvertidas em decisões de admissibilidade. Noutras ocasiões, a discussão e a divisão entre os juízes no próprio seio do Tribunal Constitucional sobre a simples questão da admissibilidade é já tão sofisticada e especiosa que, sem ironia, se poderia concluir que um curso semestral numa Faculdade de Direito não chegaria para se perceber essa questão particular de saber quando uma decisão judicial, entre nós, é ou não recorrível para o Tribunal Constitucional... [21]

Considere-se, a propósito das contradições do nosso sistema um exemplo académico com o único fim de ilustrar o défice de protecção e a *pressão* que, para o resolver, se coloca sobre o Tribunal Constitucional. Imagine-se que um tribunal superior, sem aplicar qualquer norma que lhe permitisse fazê-lo, mas recorrendo simplesmente ao seu sentido de justiça ou aos princípios gerais de direito, condena um cidadão à morte ou a prisão perpétua. A decisão é ostensivamente inconstitucional até aos limites do absurdo, mas com essa particularidade curiosa de que, no quadro do nosso regime de fiscalização, não é, à partida, em si mesma recorrível para o Tribunal Constitucional.

---

[21] Cf., por último, neste sentido, as decisões do Tribunal Constitucional de sentido contrário, com os correspondentes votos de vencido, no Acórdão n.º 674/99 (*Acórdãos*, 45.º vol., pp. 559 ss), no Acórdão n.º 196/2003 (DR, II.ª, de 16 de Outubro de 2003) e no Acórdão n.º 412/2003 (DR, II.ª, de 5 de Fevereiro de 2004). A intensa discussão e divisão entre os juízes do Tribunal Constitucional que, a propósito deste tema, se percebe nesses acórdãos iliba a afirmação do texto de qualquer laivo de hipotética ironia.

Não consagrando o nosso regime a possibilidade de o particular invocar directamente no Tribunal Constitucional a violação do seu direito fundamental pela decisão judicial, qual será o caminho que resta ao Tribunal Constitucional? Ou tolerar a violação do direito fundamental ou considerar inconstitucional, não a decisão do tribunal – porque não poderia fazê-lo –, mas uma pretensa norma que teria sido *construída* pelo tribunal como pressuposto da sua decisão de condenação à morte. O problema prático resolvia-se, mas, afinal, aquilo que o Tribunal Constitucional apreciara efectivamente fôra a decisão judicial em si e não qualquer norma, até porque não existia norma que efectivamente permitisse a condenação à morte nem o tribunal a invocou. Pode sempre dizer-se que à decisão judicial de condenação à morte estava subjacente uma norma, um critério normativo, que foi o que o tribunal construiu mentalmente em ordem a justificar a decisão. Mas, nessa altura, não há decisão judicial a que não esteja igualmente subjacente uma norma, pelo que a conclusão logicamente inevitável é a de que toda a decisão judicial é recorrível para o Tribunal Constitucional se essa pretensa norma ou critério normativos forem arguíveis de inconstitucionalidade[22].

Teremos, então, entre nós, muito mais que recurso de amparo, ou seja, teremos recurso de inconstitucionalidade de todas as decisões judiciais eventualmente violadoras da Constituição, haja ou não possibilidades de alegar violação de direitos fundamentais.

Se se substituir o exemplo académico da condenação à morte por um outro bem mais provável e conhecido de decisão judicial de prisão preventiva com violação dos direitos fundamentais de um arguido – que a seguir abordaremos – perceberemos a importância, não apenas académica, mas prática, daquilo que está em jogo.

Ora, uma situação deste tipo não só distorce o que deveriam ser os poderes do Tribunal Constitucional, como gera a maior incerteza jurídica entre os

---

[22] Considere-se o exemplo de um juiz que está obrigado a responder a um recurso da prisão preventiva de um detido num prazo de trinta dias e que, decorridos mais de três meses, não toma qualquer posição. Trata-se de uma omissão que constitui clara intervenção restritiva no direito fundamental do preso. É ela recorrível para o Tribunal Constitucional? Aparentemente não, pois não há aí, tanto mais que se trata de uma omissão ilegal, qualquer norma que esteja a ser aplicada. Vimos no início, precisamente, que uma das lacunas do nosso sistema é essa de não permitir a fiscalização, por parte do Tribunal Constitucional, das intervenções restritivas nos direitos fundamentais que resultam, não de actos ou de normas, mas pura e simplesmente da omissão dos poderes públicos. Porém, se o Tribunal Constitucional *quiser*, o recurso é possível: basta sustentar que subjacente à omissão do juiz comum está o critério normativo – que ele estará objectiva e implicitamente a aplicar, por mais erróneo que se afigure – segundo o qual a concreta norma processual em vigor o não obriga a tomar posição sobre o recurso de prisão preventiva no prazo estabelecido.

cidadãos e os operadores judiciais sobre as possibilidades de acederem ao Tribunal Constitucional, e potencia a ocorrência de conflitos e o acumular de tensões entre tribunais comuns e Tribunal Constitucional. Nestas condições, o que por vezes admira é como não são maiores as reacções do poder judicial «comum» à intervenção do Tribunal Constitucional.

Dir-se-ia que a passividade como em muitas ocasiões os juízes dos tribunais comuns aceitam a jurisprudência do Tribunal Constitucional só é explicável por uma particular má consciência que afecta os nossos magistrados quanto à ausência de domínio das questões constitucionais e de direitos fundamentais. O recente processo *Casa Pia* ilustra eloquentemente o que é, entre nós, uma quase ausência prática de critérios sobre o que pode ou não o Tribunal Constitucional fazer em sede de fiscalização concreta. Os acórdãos tirados pelo Tribunal Constitucional nesse processo são particularmente elucidativos a vários títulos.

Em primeiro lugar, ilustram a importância que tem o acesso ao Tribunal Constitucional em matéria de direitos fundamentais violados por decisões do poder judicial e a necessidade prática, para o regular funcionamento do Estado de Direito, de institucionalização de uma queixa constitucional directa que permita atalhar também esse tipo de inconstitucionalidades. Sem a intervenção do Tribunal Constitucional teria havido sérias violações de direitos fundamentais por parte do poder judicial que permaneceriam sem sanção.

Em segundo lugar, patenteiam as deficiências de formação no domínio dos direitos fundamentais e do direito constitucional que afectam grande parte da nossa magistratura judicial, o que torna ainda mais surpreendente a forma como o sistema de fiscalização *entrega* toda a protecção dos direitos fundamentais contra intervenções restritivas aos juízes comuns com exclusão do Tribunal Constitucional.

Em terceiro lugar, e para o que aqui nos interessa, demonstram à evidência como o Tribunal Constitucional, face ao défice de protecção jusfundamental do nosso sistema de fiscalização, acaba por decidir da admissibilidade dos recursos segundo critérios que ele próprio constrói caso a caso. Com efeito, em nosso entender, as decisões de fundo que o Tribunal Constitucional tomou neste processo são, de um ponto de vista material, inestimáveis na perspectiva da defesa dos direitos fundamentais e do Estado de Direito, mas, face ao sistema de fiscalização em vigor, não poderiam ter sido tomadas ou, no mínimo, são de legitimidade processual mais que duvidosa.

Por exemplo, quando o Tribunal Constitucional decidiu no Acórdão n.º 416/2003 sobre a invalidade da prisão preventiva de um dos arguidos, o que foi considerado pelo Tribunal Constitucional desconforme à Constituição foi a decisão do juiz que havia ordenado ou mantido a prisão preventiva ou foi alguma norma do Código de Processo Penal? Se fosse a decisão do juiz o Tribunal Constitucional não poderia, à luz do nosso sistema de fiscalização ter sequer admitido o recurso, já que só aprecia inconstitucionalidade de normas. Mas como também não se verificou qualquer decisão de inconstitucionalidade relativamente às normas aplicáveis do Código de Processo Penal, como pôde, então, o Tribunal Constitucional ter admitido o recurso e invalidado a decisão do juiz comum?

No caso, o recurso de inconstitucionalidade vinha interposto da decisão do Tribunal da Relação que havia indeferido o recurso do despacho do Juiz de Instrução que ordenara a prisão preventiva do arguido. A final, o Tribunal Constitucional veio a considerar que subjacente à decisão judicial de manutenção da prisão preventiva pelo Tribunal da Relação estava uma norma, construída pelo próprio juiz comum, segundo a qual «no decurso do interrogatório de arguido detido, a *exposição dos factos que lhe são imputados* pode consistir na formulação de perguntas gerais e abstractas, sem concretização das circunstâncias de tempo, modo e lugar em que ocorreram os factos que integram a prática desses crimes, nem comunicação ao arguido dos elementos de prova que sustentam aquelas imputações e na ausência da apreciação em concreto da existência de inconveniente grave naquela concretização e na comunicação dos específicos elementos probatórios em causa».

Imagina-se que dos autos a que o Tribunal Constitucional teve acesso se conclua que no interrogatório o juiz de instrução só formulou ao arguido perguntas de carácter genérico e abstracto. Mas onde é que estava a peça processual onde o juiz comum tenha construído ou admitido sequer a existência de uma norma com o conteúdo que o Tribunal Constitucional vem a considerar inconstitucional? Em parte alguma. Pelo contrário, a única fundamentação que resulta da decisão recorrida do Tribunal da Relação transcrita integralmente pelo Tribunal Constitucional é a de que o juiz comum considera que à determinação da quantidade da informação a prestar ao arguido no interrogatório não é alheio o confronto entre os interesses de defesa do arguido e os interesses do segredo de justiça e da protecção das crianças vítimas. A determinação concreta de não fornecimento da totalidade da informação ao arguido há-de, no entender do Tribunal da Relação, ser o resultado de uma ponderação adequada ou uma concordância prática entre aqueles interesses que no caso concreto se apresentavam como de sentido contrário. Essa é a única norma construída e assumida pelo Tribunal da Relação e não se vê como é que, à luz da Constituição, tal norma possa ser considerada inconstitucional.

Depreende-se, também, uma vez que o Tribunal da Relação confirmou a decisão tomada pelo Juiz de Instrução, que no entender do Tribunal da Relação a ponderação concreta a propósito levada a cabo pelo Juiz de Instrução quando não forneceu a identidade das vítimas e o acesso do arguido aos depoimentos das testemunhas de onde se pudesse inferir essa identidade não foi ilícita. Já no entender do Tribunal Constitucional, e porventura sustentado no teor dos autos do interrogatório a que teve acesso, a aplicação do critério normativo de ponderação enunciado pelo Tribunal da Relação foi erroneamente aplicado pelo juiz comum e, como essa aplicação errónea desrespeitou os direitos do arguido, a decisão do juiz foi inconstitucional e claramente violadora dos direitos fundamentais. Mas pode o Tribunal Constitucional no nosso sistema de fiscalização apreciar a constitucionalidade de decisões judiciais por mais erróneas ou inconstitucionais que estas se lhe afigurem? Não está o Tribunal Constitucional restringido à apreciação da constitucionalidade de normas? Mas onde estava aqui a norma ou o sentido interpretativo ou o critério normativo inconstitucionais?

Por mais que se releiam as transcrições das peças processuais no Acórdão n.º 416/2003 não se vislumbra essa norma, a não ser, precisamente, nas alegações do recorrente, no entender de quem o juiz de instrução e o Tribunal da Relação interpretavam as normas do Código de Processo Penal como bastando-se com a formulação das tais perguntas genéricas e não referidas a factos concretos e respectivos elementos de prova.

E, muito simplesmente, como havia uma peça processual em que o arguido imputava uma tal concepção ao Juiz de Instrução e o Tribunal da Relação não tomou posição expressa sobre tal imputação, então para o Tribunal Constitucional isso parece provar que para o juiz comum não apenas tal norma existia, como, mais ainda, fôra nela que o juiz baseara a sua decisão. É o próprio Tribunal Constitucional que na síntese da fundamentação da admissibilidade do recurso de inconstitucionalidade considera expressamente que «[c]umpre, assim, concluir ter o acórdão recorrido acolhido, ao menos implicitamente, a interpretação normativa arguida de inconstitucional pelo recorrente, no sentido de que a exposição, pelo juiz ao arguido, dos factos que lhe são imputados, prevista no n.º 4 do artigo 141.º do Código de Processo Penal, se basta com a formulação de perguntas genéricas e abstractas, sem concretização das circunstâncias de tempo, local e modo em que tais factos terão ocorrido».

Na prática, com base neste pretenso *acolhimento implícito*, acabou por ser o Tribunal Constitucional que *construiu* a *construção* de uma norma por parte do juiz comum para, a partir da suposta existência de uma tal norma, admitir o recurso e, considerando inconstitucional uma tal suposta norma, partir para a invalidação da decisão do juiz no que ela constituiria de aplicação dessa norma. Logo, supostamente, o Tribunal Constitucional não se pronunciou sobre a constitucionalidade da decisão judicial, porque não o pode fazer no nosso sistema de fiscalização, mas apenas julgou inconstitucional a pretensa norma cuja existência decorreria do silêncio do juiz.

Mas será que num próximo processo em que uma das partes acuse a decisão do juiz de injusta e este nada responda a propósito, limitando-se a fundamentar a sua decisão numa norma ou princípio jurídico, vai o Tribunal Constitucional considerar que o juiz baseou a sua decisão numa norma segundo a qual os juízes podem tomar decisões injustas e, como tal, invalidar por inconstitucional a respectiva decisão? Obviamente é uma caricatura, mas que ilustra a forma como na ausência de um sistema de fiscalização que proporcione a defesa adequada dos direitos fundamentais o Tribunal Constitucional se vê obrigado a enveredar por construções puramente artificiosas.

Num outro exemplo do mesmo processo, que deu origem ao Acórdão n.º 607/2003, o Tribunal Constitucional foi colocado perante recurso de arguido que invocava a ilicitude constitucional da valoração dos diários íntimos, que lhe haviam sido regularmente apreendidos, como meio de prova da existência de indícios da prática de crimes que lhe eram imputados. Noticiaram os jornais na altura, e o Tribunal Constitucional não desmentiu, que o Tribunal Constitucional pediu ao tribunal comum, para apreciação, a junção desses diários. Mas se o Tribunal Constitucional só pode apreciar a constitucionalidade de normas ordinárias, avaliando a sua conformidade ou desconformidade relativamente às regras e princípios constitucionais, por que razão e para que fins necessitaria o Tribunal Constitucional de conhecer o conteúdo concreto desses diários?

Percebe-se que o Tribunal Constitucional alemão (citado longamente no Acórdão n.º 607/2003) necessite de conhecer o conteúdo dos diários íntimos quando colocado, em recurso de amparo, perante uma situação análoga, já que o Tribunal Constitucional alemão vai apreciar a decisão judicial enquanto tal e tem poderes para a invalidar no quadro do recurso de amparo. Ora, para apreciar a questão de eventual violação de direitos fundamentais por parte da decisão judicial exige-se uma ponderação entre os interesses em conflito, pelo que o Tribunal Constitucional alemão precisa de conhecer a intensidade com que a intimidade da vida privada foi concretamente afectada e avaliar da proporcionalidade dessa afectação em função do interesse comunitário na prevenção e punição de crimes graves; o conhecimento dos diários íntimos para ponderar esses factores tem aí toda a justificação. Mas para que necessitará o nosso Tribunal Constitucional de ter acesso aos diários do arguido se a única questão que está teoricamente em causa no nosso sistema de fiscalização é *apenas* uma apreciação da constitucionalidade de normas?

A resposta reside no facto de que, na realidade, o que estava em causa no julgamento do Tribunal Constitucional era, não qualquer norma, mas sim a decisão do juiz que admitira no processo a valoração dos diários como prova de indício de factos integrantes de crimes. Só para avaliar da constitucionalidade dessa decisão judicial é que se admite que o Tribunal Constitucional precise de conhecer a natureza dos diários apreendidos ao arguido. Para julgar da constitucionalidade ou inconstitucionalidade de normas aplicadas pelo juiz, o conteúdo do diário é absolutamente irrelevante. No pedido de junção dos diários pelo Tribunal Constitucional vinha, afinal, a confissão implícita que era o conteúdo da decisão judicial e a sua bondade e não quaisquer pretensas inconstitucionalidades de normas aquilo que o Tribunal Constitucional estava, de facto, a apreciar.

Serve este excurso para concluirmos que uma protecção adequada dos direitos fundamentais exigiria uma reformulação global do sistema de fiscalização concreta e do regime de acesso directo dos particulares ao Tribunal Constitucional. Sem essa reformulação o sistema continuará a funcionar, é certo, e, como dissemos, de forma globalmente positiva. No entanto, as exigências crescentes de protecção contra quaisquer violações significativas dos direitos fundamentais continuarão, em parte, frustradas e, noutra parte, a exigir um *forçar* dos limites do sistema de fiscalização por parte do Tribunal Constitucional que, para além dos riscos de subjectivismo, insegurança, desigualdade e conflito que arrastam, induzem ainda novos factores de perturbação ou bloqueio[23].

No referido caso *Casa Pia* a importância do que estava em jogo e a pressão mediática levaram o Tribunal Constitucional a alargar extraordinaria-

---

[23] Não concordamos, assim, com VITAL MOREIRA quando, num contexto de escrita menos constrangido em que polemizava contra a sugestão de acolhimento do recurso de amparo entre nós, escrevia a propósito: «Aproveito para acrescentar que não vejo razão premente para levantar de novo esta questão, pois não se tem sentido uma manifesta falta desse mecanismo de protecção. Pelo contrário, os recursos que recentemente chegaram ao TC no caso do processo da Casa Pia, e que tinham a ver com decisões que punham em causa direitos constitucionais dos arguidos, mostraram uma razoável agilidade do actual «recurso de constitucionalidade», se inteligentemente utilizado, para responder às necessidades de protecção geralmente associadas ao «recurso de amparo» contra decisões judiciais inconstitucionais» (*in* http://causa-nossa.blogspot.com/2004/01/contra-o-recurso-de-amparo.html). Descontados os eufemismos, a razão do nosso desacordo está precisamente aí, ou seja, no facto de que hoje, com o nosso sistema de fiscalização, o particular só não sente a falta do recurso de amparo se, para além de contar com a benevolência do Tribunal Constitucional, puder *pagar* a um corpo de advogados que dominem a verdadeira e complexa arte de utilização *inteligente* da *agilidade* do actual recurso de constitucionalidade. É verdade que os arguidos do processo Casa Pia não sentiram a falta do recurso de amparo, mas não é essa desigualdade fáctica no acesso dos particulares ao Tribunal Constitucional – institucionalizada e estimulada pelo actual sistema – radicalmente incompatível com o que devia ser a justiça constitucional em Estado de Direito democrático?

mente a malha de filtragem do acesso dos particulares na fiscalização concreta, dando um derradeiro passo no caminho para a admissibilidade prática de um recurso de constitucionalidade equivalente a *recurso de amparo*.

Fá-lo, porém, com riscos enormes. Por um lado, é evidente que, pelo menos no domínio da justiça penal, o exemplo frutificará e a consequência será o aumento significativo de recursos neste domínio à medida que o acesso à justiça constitucional deixar de ser *feudo* reservado de um grupo de advogados *entendidos* e passe a generalizar-se a todos quantos, tendo acompanhado o processo *Casa Pia*, assistem igualmente a análogas violações dos direitos fundamentais dos seus constituintes sem que o sistema de fiscalização lhes garanta o acesso ao Tribunal Constitucional. É certo que o Tribunal Constitucional pode inverter o curso e deixar de admitir tais recursos, mas, aí, com prejuízo inadmissível do princípio da igualdade. Em alternativa, se o Tribunal Constitucional não detém o fluxo assim estimulado, então, na prática, aquilo que teremos é, de algum modo, a junção de um recurso de amparo ao actual sistema de fiscalização concreta com todos os riscos de bloqueio e de distorções inerentes a uma tal junção que, diga-se, é tão inconveniente quanto desnecessária.

## II

Face a este estado de coisas, abstraindo agora de tudo quanto ele tem de igualmente positivo, que se caracteriza negativamente por um défice sensível de protecção dos direitos fundamentais e por evidentes distorções, disfuncionalidades e instrumentalizações espúrias do sistema de fiscalização concreta da constitucionalidade, as alterações que propomos não são uma revolução, mas apenas um *aggiornamento* racional do nosso sistema como consequência do retirar das lições de trinta anos de justiça constitucional em Estado de Direito.

Em primeiro lugar, não há razões de peso que justifiquem que, entre nós, os cidadãos continuem sem possibilidade de acesso directo ao Tribunal Constitucional contra violações sérias e constitucionalmente relevantes dos seus direitos fundamentais praticadas, por quaisquer ramos do poder público, através de actos ou omissões dos titulares do poder político, da Administração e dos tribunais. Em Estado de Direito o Tribunal Constitucional deveria ter a possibilidade de defesa dos direitos fundamentais contra todas as intervenções restritivas inconstitucionais e não apenas contra as restrições aos direitos fundamentais actuadas pelo legislador e/ou consubstanciadas em normas.

O instituto do *amparo* ou da *queixa constitucional*, experimentado com sucesso em vários outros países, seria a resposta adequada a esta deficiência, com a vantagem de podermos colher, agora, as lições das experiências desses outros países, desde logo dos que nos são mais próximos, como a Espanha, ou daqueles em que ele tem sido mais estudado e testado, como na Alemanha. Obviamente, uma regulamentação cuidada do instituto deve fixar as condições precisas da sua utilização num quadro de razoabilidade em que os particulares só possam aceder ao Tribunal Constitucional após esgotarem as vias judiciais comuns existentes, se as houver, e em que ao Tribunal Constitucional seja concedida a possibilidade de verificar do preenchimento dos requisitos de admissibilidade do recurso, designadamente a intensidade da lesão jusfundamental sofrida e a relevância constitucional da questão concreta.

Os argumentos normalmente invocados contra esta sugestão não colhem[24]. Um deles é o de que o nosso sistema já garante tudo o que o recurso de amparo podia acrescentar. Como vimos, não é verdade. Todas as intervenções restritivas inconstitucionais nos direitos fundamentais praticadas pela Administração, pelos tribunais, pelos titulares do poder político permanecem, entre nós, sem tutela do Tribunal Constitucional ou, quando muito, como no caso das intervenções restritivas praticadas pelos tribunais, só com tutela à custa de entorses, significativas e com consequências negativas, às normas do próprio sistema actual de fiscalização.

Um outro argumento é o de que a admissão da queixa constitucional bloquearia o funcionamento do Tribunal Constitucional. É um argumento que só pode fazer sentido se se defendesse, pura e simplesmente, a junção do recurso do amparo a todas as outras possibilidades de acesso que já existem. Como vimos, não é o caso, já que a introdução deste instituto só faz sentido com uma reformulação e depuração global do sistema actual de fiscalização concreta. Nesse quadro, não há razões que justifiquem que o instituto do *amparo* funcione na Alemanha ou na Espanha e não possa funcionar entre nós. Tendo em conta o número de juízes no Tribunal Constitucional e a população dos respectivos países[25], o argumento só faria sentido no pressuposto infundado de uma muito menor *produtividade* dos nossos juízes constitucionais...

---

[24] Entre vários, cf. ALVES CORREIA, «A justiça constitucional em Portugal e em Espanha. Encontros e divergências» in Revista de Legislação e de Jurisprudência, Ano 131.º, n.º 3893, pp. 238 s.

[25] Na Alemanha há dezasseis juízes para mais de oitenta e quatro milhões de habitantes e na Espanha doze para mais de quarenta milhões. É verdade que também nesses países se discute e previne a possibilidade de bloqueios provocados por uma crescente utilização do instituto. Em qualquer caso, e mesmo considerando a desproporção da população desses países relativamente a Portugal, nunca aí está em causa a indispensabilidade do *recurso de amparo* para uma adequada protecção dos direitos fundamentais, mas apenas a necessidade de aperfeiçoar e ajustar a respectiva regulamentação às necessidades do momento.

Como se disse, e na lógica do balanço crítico formulado relativamente à fiscalização concreta, esta teria de sofrer uma reformulação global, sem o que o recurso de amparo apenas serviria para introduzir novos factores de disfuncionamento. Assim, garantida aos cidadãos a possibilidade efectiva de acesso ao Tribunal Constitucional para defesa dos seus direitos fundamentais – que é, de facto, aquilo que em Estado de Direito importa garantir aos particulares com a fiscalização da constitucionalidade –, desapareceria a necessidade de poder recorrer para o Tribunal Constitucional das decisões dos tribunais ordinários nos moldes actualmente vigentes.

A possibilidade de existirem na ordem jurídica normas inconstitucionais em vigor não se eliminaria por decreto e, como tal, não desapareceria a necessidade pontual e excepcional de confrontar a questão da sua inconstitucionalidade, seja por iniciativa dos próprios juízes, seja por iniciativa das partes. Porém, isso só deveria ser feito em termos de reenvio prejudicial: suscitada num processo uma questão relevante e pertinente de constitucionalidade de uma norma aplicável, o juiz comum pode suspender a instância até que o Tribunal Constitucional, chamado a intervir, se pronuncie[26]. Evitar-se-ia, dessa forma, a principal razão de ser da utilização do instituto por meras razões dilatórias e, como é tradição entre nós desde a Constituição republicana de 1911, os juízes continuariam a ter acesso à Constituição, com a vantagem de não correrem o risco de verem as suas decisões de constitucionalidade invalidadas posteriormente pelo Tribunal Constitucional[27].

De facto, ao contrário do que às vezes se sugere, a substituição do modelo actual de fiscalização concreta por um regime de reenvio prejudicial não constituiria uma alegada degradação da posição relativa da magistratura judi-

---

[26] Sobre as inúmeras modalidades de racionalização deste instituto praticadas na Europa, cf. o *Rapport génerale* à XII Conferência dos Tribunais Constitucionais Europeus, Bruxelas, 2002, sobre *As relações entre os Tribunais Constitucionais e as outras jurisdições nacionais, incluindo a interferência, nesta matéria, da acção das jurisdições europeias*.

[27] Uma vez que os cidadãos têm sempre garantido o *recurso de amparo* contra verdadeiras violações dos seus direitos fundamentais, desaparece inteiramente qualquer inibição em filtrar todas as eventuais tentações dilatórias. Assim, na linha do que acontece em alguns países, como na Alemanha, o juiz só deveria estar obrigado a suscitar a questão prejudicial junto do Tribunal Constitucional quando, para além da relevância da decisão para o caso concreto, estivesse ele próprio convencido – e não apenas com dúvidas – da inconstitucionalidade da norma e da impossibilidade de a interpretar em conformidade à Constituição. Tal poder de filtragem em nada prejudica a defesa objectiva da Constituição contra aquelas eventuais inconstitucionalidades que não tenham sido reconhecidas como tal pelo juiz comum. É que, para além da já mencionada garantia subjectiva proporcionada pelo *recurso de amparo*, a garantia objectiva da Constituição contra normas ordinárias inconstitucionais é sempre assegurada, como já acontece entre nós, através da fiscalização sucessiva abstracta.

cial no plano do acesso à Constituição, na medida em que só aparentemente ela perderia os poderes que lhe têm sido continuamente reconhecidos desde a Constituição de 1911.

É certo que, formalmente, os juízes deixariam de *decidir* questões de constitucionalidade, mas, aquilo que hoje sucede é, se se quiser, um presente envenenado para os juízes comuns, já que todas as suas decisões no domínio da constitucionalidade são recorríveis – ou obrigatoriamente ou por vontade das partes – para o Tribunal Constitucional. Mais, os juízes comuns sujeitam-se, dessa forma, à situação frequente e comum de, vendo as suas decisões revogadas pelo Tribunal Constitucional, serem posteriormente obrigados a reformá-las, sem outro sentido útil que não seja a dilação do processo e a erosão da imagem dos tribunais[28]. Por outro lado, como resulta de outras experiências e depende do concreto regime de reenvio prejudicial instituído, o acesso dos juízes à Constituição, embora não se traduza em decisões próprias de inconstitucionalidade, continua a poder constituir, aí, um poder real e de importantes consequências práticas no processo em causa[29].

Por último, a invocação de inconstitucionalidades orgânicas e formais deveria ser eliminada em sede de fiscalização concreta[30], por falta notória de justificação racional, e, mesmo em fiscalização sucessiva abstracta, essas inconstitucionalidades só deveriam poder ser arguíveis num prazo razoavelmente limitado após a publicação da norma, com o que, em nada ficando prejudicada a vinculatividade da distribuição constitucional de competências legislativas e a efectiva garantia objectiva da Constituição, se compatibilizaria o interesse da segurança jurídica com a protecção dos outros bens e valores constitucionais e se adequaria o sentido da utilização do recurso de inconstitucionalidade aos seus fins de garantia num Estado de Direito dos nossos dias.

Com tais alterações, pensamos ser razoável prever que não haveria um incremento do número de processos a decidir pelo Tribunal Constitucional, podendo mesmo verificar-se uma redução. Basta considerar, por um lado, a

---

[28] Não há também razões para temer que o acolhimento do recurso de amparo estimulasse os conflitos entre Tribunal Constitucional e jurisdição comum, pois, nesse plano, o nosso actual sistema suscita exactamente o mesmo tipo de atritos, para além de que nada é potencialmente mais conflituoso que o regime actual onde, não apenas os juízes comuns vêem as suas decisões reformadas pelo Tribunal Constitucional, como se permite que um juiz possa aplicar uma norma e ver o Tribunal Constitucional revogar-lhe a decisão, enquanto na comarca vizinha um outro juiz toma idêntica decisão, mas aí eventualmente sem censura do Tribunal Constitucional.

[29] Cf. MIGUEL GALVÃO TELES, «A competência da competência do Tribunal Constitucional» in (AAVV), *Legitimidade e Legitimação da Justiça Constitucional*, Coimbra, 1995, pp. 112 s.

[30] Neste mesmo sentido, cf. VIEIRA DE ANDRADE, *Os Direitos Fundamentais na Constituição Portuguesa de 1976*, 2.ª ed., Coimbra, 2001, p. 210, n. 34.

drástica diminuição que ocorreria na fiscalização concreta se substituída pelo *reenvio prejudicial* com (i) a eliminação da possibilidade de utilização abusiva do instituto para fins dilatórios, (ii) com a limitação dos fundamentos invocáveis à inconstitucionalidade material, (iii) com a necessidade de convicção da inconstitucionalidade da norma por parte do juiz comum e (iv) com o objecto da fiscalização a incidir exclusivamente sobre normas positivas em vigor e não sobre interpretação ou a construção autêntica ou presumida de normas pelo juiz comum.

Por outro lado, sem prejuízo da plenitude de acesso à justiça constitucional para garantia efectiva dos direitos fundamentais, a regulação do *recurso de amparo* deveria aproveitar de toda a experiência já acumulada entre nós em termos de fiscalização concreta, bem como a dos países que nos são próximos e adoptaram aquele instituto. Assim, seria possível identificar quer os fundamentos das pretensas inconstitucionalidades que mais sistematicamente têm sido utilizadas entre nós com intuitos meramente dilatórios, quer as fontes de maiores dificuldades nos países que adoptaram o *recurso de amparo* e ajustar correspondentemente os mecanismos de filtragem de utilização do novo instituto à realidade da nossa vida jurídica. Nesses termos, o *recurso de amparo* em conjunto com o *reenvio prejudicial* dariam origem, bem provavelmente, a um volume de processos menor que o verificado na actual fiscalização concreta, na medida em que, desde logo, se restringiam substancialmente os fundamentos do *recurso de amparo* quando comparado com aquela (só violação de direitos fundamentais e, ainda assim, com uma adequada regulação e filtragem de questões irrelevantes e intenções dilatórias).

Pensamos ser assim possível, sem outros custos que os de uma cuidada alteração da Constituição e da Lei Orgânica do Tribunal Constitucional, suprir as lacunas e défices significativos que afectam a nossa justiça constitucional no domínio da protecção jusfundamental dos cidadãos e fazer do Tribunal Constitucional um tribunal de defesa da Constituição – que já é – e tribunal, por excelência, dos direitos fundamentais, libertando simultaneamente a justiça constitucional dos processos materialmente irrelevantes ou manipulatórios que instrumentalizam, actualmente, grande parte do seu labor.

Lisboa, Outubro de 2004

# Comentários

# Código do Trabalho e a Constituição*

## José João Abrantes**

NOTA PRÉVIA: *Depois da publicação, no n.º 6 desta revista, de um parecer sobre o anteprojecto do Código do Trabalho, da autoria do regente de Direito do Trabalho na FDUNL, procede-se agora à publicação de mais dois textos do referido professor, desta vez incidentes sobre a proposta de lei n.º 29/IX, apresentada à Assembleia da República em Novembro de 2002 e por esta aprovada em Abril de 2003.*

*Como é sabido, o decreto daí resultante foi remetido pelo Presidente da República para o Tribunal Constitucional, em sede de fiscalização preventiva da constitucionalidade. Os textos agora dados à estampa são, pois, anteriores à decisão deste tribunal, consubstanciada no seu acórdão n.º 306/2003.*

*No próximo número, publicar-se-á um artigo relativo à versão final do diploma, isto é, ao Código do Trabalho, aprovado pela Lei n.º 99/2003, de 27.08.*

*Proporciona-se, assim, aos leitores alguns textos sobre as diversas fases do procedimento legislativo que veio a culminar com a aprovação deste diploma.*

## I. Introdução – objectivos e principais linhas de força do Código do Trabalho.

1. O *Código do Trabalho* (CT) recentemente aprovado pela Assembleia da República assume dois objectivos fundamentais.

O primeiro, que corresponde a algo que se impunha que fosse feito no nosso ordenamento com carácter de urgência (dada a necessidade, há muito sentida, de se dispor de um quadro claro e coerente de soluções legais, como forma de se garantir o cumprimento da sua função e a sua efectividade), é o da sistematização do direito laboral[1].

---

* Texto que serviu de base à comunicação apresentada pelo autor ao seminário de discussão sobre o *"Código do Trabalho"*, organizado pela CGTP-IN e realizado em Lisboa em 16 de Abril de 2003.

** Professor da Faculdade de Direito da Universidade Nova de Lisboa

[1] Não se discute aqui em que medida, e em que termos, esse objectivo foi – ou não – alcançado. Cumpre, todavia, deixar registada a diferença de metodologia seguida pelo actual Governo e aquela que se vinha consubstanciando na actuação da Comissão de Análise e Sistematização da Legislação Laboral, nomeada pelo anterior Executivo, sobre cuja primeira fase dos respectivos trabalhos tivemos, aliás, oportunidade de emitir parecer [cfr. José João ABRANTES, "Parecer sobre o relatório da 1ª fase dos trabalhos da Comissão de Análise e Sistematização da

O segundo objectivo é a *reforma de fundo* da legislação laboral, sob o lema da sua *flexibilização*, sendo a melhoria da produtividade e da competitividade da economia portuguesa a principal justificação invocada para as mudanças propostas.

É sobre este segundo objectivo – no fundo, aquele que determina as principais linhas de força do diploma – que iremos debruçar a nossa atenção, centrando-nos principalmente sobre o problema da compatibilidade, ou não, de algumas das suas soluções com a Lei Fundamental.

De facto, é precisamente o tema da flexibilidade da legislação do trabalho que, encarado sob uma certa perspectiva, surge, em nosso entender, como susceptível de conduzir à adopção de soluções normativas que podem eventualmente vir a revelar-se conflituantes com uma Constituição que, centrando claramente as questões do trabalho na ideia de respeito pelos direitos dos trabalhadores, impõe àquela legislação uma função social que, segundo julgamos, implicará necessariamente o repúdio de algumas das ideias-chave normalmente associadas a tal tema.

2. Essa questão da flexibilização do Direito do Trabalho foi lançada na ordem do dia pela crise económica e social que se seguiu ao chamado "choque petrolífero" dos inícios dos anos 70 e que desde então tem abalado as sociedades ocidentais.

A feição proteccionista que desde sempre caracterizou tal ramo do Direito tem desde aí vindo a ser posta em causa por certas correntes de pensamento, que entendem que ela não teria hoje razão de ser e seria, não só um dos responsáveis pela crise da economia e pelo deficiente funcionamento do sistema produtivo, como inclusivamente um elemento de bloqueio à sua ultrapassagem[2].

---

Legislação Laboral", *in* Ministério do Trabalho e da Solidariedade (organ.), *Revisão da legislação laboral* (2002), p. 129 ss. = *in* Themis – Rev. da FDUNL, ano III, n.º 5, 2002, p. 223-254].

[2] Sustenta-se mesmo que tal feição proteccionista, enfatizando os direitos dos trabalhadores empregados, esqueceria os desempregados e os jovens à procura do primeiro emprego e que, ao pôr em risco a própria sobrevivência das empresas, nem sequer serviria, a não ser no imediato, aqueles primeiros.

O tema tem merecido uma justificada atenção dos juslaboralistas. V., por ex., em França, a colectânea de estudos, dirigida por Antoine LYON-CAEN e Antoine JEAMMAUD, *Droit du Travail, Démocratie et Crise* (1986), e, em Portugal, *Temas de Direito do Trabalho. IV Jornadas Luso--Hispano-Brasileiras de Direito do Trabalho* (1990), bem como, mais recentemente, as intervenções que lhe foram dedicadas em vários congressos, nomeadamente no II e no III Congressos Nacionais de Direito do Trabalho (cfr. respectivas *Memórias*, publicadas pela Livraria Almedina) e nas X Jornadas Luso-Hispano-Brasileiras de Direito do Trabalho (cfr. *Anais*, também publicados pela Almedina).

De acordo com essas teses, a necessidade de rápidas respostas das empresas às exigências, cada vez maiores, do mercado e à introdução de novas tecnologias e processos de fabrico pressuporia uma maior mobilidade da mão de obra e, daí, uma maior flexibilidade do regime jurídico do contrato de trabalho, considerado demasiado rígido e, por isso mesmo, incapaz de se adaptar àquelas exigências.

Partindo-se da ideia de que o intervencionismo estadual e a autonomia colectiva limitam o bom funcionamento do aparelho produtivo, na medida em que levam à retracção da oferta do emprego e à falta de mobilidade da mão-de-obra, defende-se a abolição do *status quo* vigente em matéria de leis do trabalho – ou seja, o abandono do proteccionismo e o regresso à plena autonomia da vontade – e apela-se, por conseguinte, à criação de um "*novo*" Direito do Trabalho[3], revalorizador do contrato individual, numa óptica liberal, e cuja maior preocupação já não seria, como antes, a *segurança no emprego*, mas sim o próprio *emprego* e a competitividade das empresas: competir-lhe-ia, com efeito, contribuir para assegurar a funcionalidade da gestão e a solidez das empresas, garantindo a *flexibilização* e a diminuição dos custos do trabalho, se necessário à custa (da supressão ou, pelo menos, da atenuação) das garantias dos trabalhadores, valores (antes intangíveis) agora arvorados em causas da crise ou pelo menos da impossibilidade de a superar.

É isso que, de uma forma geral, tem caracterizado o discurso em torno de um certo conceito de flexibilidade[4]; o que se defende é, ao fim e ao cabo, a subversão do sistema tradicional das relações laborais, como parte integrante, aliás, da defesa de uma política económica que, caracterizada pelo seu individualismo e pela fidelidade ao dogma do mercado como único regulador da vida económica e social, assenta na atenuação do intervencionismo do Estado e na desregulação da economia.

A lógica subjacente a uma tal concepção da flexibilidade responsabiliza a legislação do trabalho pelas deficiências da economia e, por conseguinte, pretende atenuar – ou até, se necessário, suprimir – as suas características mais marcantes, nomeadamente a sua feição proteccionista[5].

Em consequência, reduzindo-se a flexibilidade a uma mera prerrogativa de gestão das empresas, à precarização do emprego, à adaptabilidade do tempo de trabalho, à mobilidade, geográfica e ocupacional, dos trabalhado-

---

[3] Sugestivamente chamado «*da crise*».

[4] É, porém, possível encará-la de outro modo. Sobre os diversos conceitos de flexibilidade(s), v., por todos, José Rodríguez de la Borbolla, *De la rigidez al equilibrio flexible*, Madrid, 1994, p. 15 e ss.

[5] Que – relembre-se – não teria hoje, segundo essas teses, razão de ser.

res, etc., propõe-se o reforço dos poderes do empregador, ao mesmo tempo que se desvaloriza a dimensão colectiva da relação de trabalho.

Invocando-se, em síntese, a *desnecessidade de protecção do trabalhador* e a *rigidez da legislação laboral,* o que se preconiza é a necessidade de um *"novo" Direito do Trabalho,* caracterizado, no essencial, pelo enfraquecimento dos direitos individuais e colectivos dos trabalhadores – com o que, cremos, se põe em causa a essência e a função social próprias deste ramo do direito.

3. Ora, parece ser essa, basicamente, a orientação do *Código* recentemente aprovado, que, com alguns benefícios pontuais para o trabalhador, contém uma alteração estrutural das leis do trabalho a favor do empregador.

Com efeito, em muitos aspectos da relação individual de trabalho, *maxime* em matérias como a da mobilidade ou a dos despedimentos, o diploma aumenta os poderes do empregador e acentua a dependência jurídica do trabalhador; por outro lado, conduz ao enfraquecimento da dimensão colectiva da relação laboral, desconhecendo a importante função de regulação social que tem o direito de contratação colectiva, ao substituir o poder contratual do trabalhador individual pelo poder colectivo organizado no sindicato[6].

## II. O Código do Trabalho visto à luz das relações entre o Direito do Trabalho e a Constituição.

1. Em nosso entender, não só não é correcto responsabilizar a legislação do trabalho pelo deficiente funcionamento do aparelho produtivo como também não é verdade que a essência e a função social deste ramo do Direito tenham perdido a sua razão de ser.

a) A melhoria da produtividade e da competitividade das empresas corresponde, sem dúvida, a uma preocupação justa.

O que, porém, já não é correcto é que se pretenda fazer da legislação laboral ré (única ou sequer principal) dessa baixa produtividade; isso mais não representa, no fundo, do que tomar a parte pelo todo, deixando de fora da explicação para essa falta de competitividade muitos outros (e mais decisivos) factores, *v.g.* a forma como as empresas se encontram organizadas e são geridas, a falta de capacidade e de formação de empresários e gestores, o facto de

---

[6] Sobre o ponto, v. Gomes Canotilho e Vital Moreira, *Constituição da República Portuguesa, anotada,* 3ª ed., Coimbra (1993), p. 307.

não serem feitas apostas firmes e consequentes na educação e na formação profissional, na inovação e nas novas tecnologias, etc.

Para melhorar a competitividade, a aposta não deverá incidir num modelo de flexibilidade identificada, no essencial, com a ideia de compressão de custos sociais e, consequentemente, reduzida à precarização dos vínculos laborais, à adaptabilidade dos horários de trabalho e à mobilidade da mão-de-obra.

Factores verdadeiramente decisivos para o aumento da produtividade são, sim, a organização e a gestão das empresas, o progresso tecnológico, a formação e a valorização profissional, não podendo, obviamente, a importância do factor humano, v.g. da motivação dos trabalhadores e do respeito pelos seus direitos[7], ser menosprezada enquanto elemento essencial para o bem-estar e o dinamismo das empresas[8].

A legislação do trabalho não é, pois, responsável – nem exclusiva nem sequer principal – pela baixa produtividade.

b) Por outro lado, o facto de o absentismo não merecer protecção[9] e de também a não merecer a excessiva rigidez funcional de algumas disposições legais não pode funcionar como pretexto para que se proceda ao desmantelamento de toda a estrutura juslaboral actual.

Se não se pode deixar de estar de acordo com aquilo que represente uma mera rectificação desses dispositivos desnecessariamente rígidos ou uma mera adaptação de algumas normas legais a novos condicionalismos, que são em si perfeitamente compatíveis com a filosofia tradicional deste ramo do Direito, já merecerá censura, segundo cremos, tudo o que conduza a uma subversão dos princípios e valores fundamentais da sua regulamentação jurídica tradicional, nomeadamente, tendo em conta aquela que, hoje, face à Constituição, deve ser a sua função social.

---

[7] Não pode, aliás, haver *motivação* dos trabalhadores sem o respeito dos seus direitos.

[8] Sobretudo se se atender ao papel que hoje em dia as novas formas de organização do trabalho atribuem aos trabalhadores, valorizando a sua criatividade. Sobre o ponto, Wolfgang DÄUBLER, *Arbeitsrecht I*, 14ª ed. (1995), p. 79.

[9] Estamos, evidentemente, a referir-nos ao absentismo fraudulento – e não a outras realidades, muitas vezes com aquela confundidas. Basta darmos um pequeno exemplo: as licenças de maternidade e de paternidade correspondem ao exercício de direitos fundamentais de cidadania, sendo que, porém, muitas vezes tem sido possível assistir a manifestações de interesses empresariais de contestação a tais direitos, em que já se tem chegado ao ponto de se referir o seu exercício como configurando casos de absentismo.

Prescindimos igualmente de discutir aqui as razões que muitas vezes levam a tal absentismo, v.g. a ausência de condições sociais ou até a já aludida falta de motivação dos trabalhadores, etc.

Não só a legislação laboral não pode, nem deve, ser transformada em bode expiatório dos problemas da economia, como é absolutamente inadmissível que se defenda que a produtividade e a rentabilidade económica devem prevalecer sobre os direitos e interesses dos trabalhadores[10].

Vamos, de seguida, procurar precisamente demonstrar que a essência garantística daquela legislação continua a ter razão de ser e que a função social, que, nomeadamente à luz dos preceitos constitucionais, lhe deve ser assinalada aponta para o repúdio das teses que pretendem submeter esses direitos aos valores empresariais.

2. A feição proteccionista e as características próprias deste ramo do Direito continuam, com efeito, a ter justificação, porque os pressupostos de promoção da igualdade material e protecção do contraente débil que estiveram na sua génese[11] ainda hoje se mantêm.

a) É sabido que a história do Direito do Trabalho é a história da progressiva protecção jurídica dos trabalhadores face aos empregadores.

Para os códigos civis liberais do séc. XIX (*v.g.*, o *Code Napoléon*), o contrato de trabalho era uma troca realizada entre duas pessoas livres e juridicamente iguais, que, como tal, negociavam, voluntária e autonomamente, em perfeita igualdade, as condições de trabalho. O trabalho assalariado era encarado como o *aluguer* de uma mercadoria (a força de trabalho) como as outras e regia-se exclusivamente pelo Direito Comum, o Direito Civil, onde os dogmas da *autonomia da vontade* e da *liberdade contratual* tinham carácter absoluto.

A proibição de associações e coligações, bem como de quaisquer formas de lutas laborais, colocavam frente a frente, isolados, o empregador e o trabalhador, de acordo com o funcionamento livre das leis do mercado, o que conduzia directamente a um contrato em que o trabalhador, despojado de meios de produção e necessitado de meios de sobrevivência, mais não fazia do que aceitar condições pré-fixadas pelo outro contraente, economicamente mais forte.

---

[10] Aliás, dever-se-á talvez perguntar como é que a legislação laboral é tão rígida se, de facto, em Portugal, se batem recordes de precarização; e como é tão protectora, se os contratos a termo, os recibos verdes e todas as modalidades de contratação atípica dos trabalhadores anulam esse potencial proteccionismo? Segundo cremos, não se verifica, na realidade, essa rigidez da referida legislação, acontecendo isso, desde logo, porque, pura e simplesmente, a mesma *não é cumprida*.

[11] Pressupostos tão bem traduzidos no aforismo de que *"entre o fraco e o forte é a lei que liberta e a liberdade que oprime"*.

A desigualdade de facto entre patrões e operários e a diferente natureza das razões que os levam a contratar fazem o contrato *"perder o aspecto contratual"*[12], transmudando-se a liberdade contratual do trabalhador na sujeição à *"ditadura contratual"* do empregador[13].

O Direito do Trabalho nasceu porque a igualdade entre o empregador e o trabalhador não passava de uma *ficção*. O facto de o trabalhador aparecer como a parte mais fraca e a possibilidade real de o empregador abusar dos poderes que o próprio quadro contratual lhe confere justificaram desde cedo a intervenção do legislador no domínio das relações de trabalho e estiveram na génese deste ramo do Direito do Trabalho enquanto segmento do ordenamento jurídico de fortíssima feição *proteccionista*[14].

Instrumento fulcral dessa feição *proteccionista* é a *autonomia colectiva*, isto é, a *determinação colectiva das condições de trabalho*, contra-poder necessário para se atingir um nível no qual as questões individuais sejam o fruto de decisões *efectivas*. É fundamentalmente a partir dela que o Direito do Trabalho se vai autonomizar do Direito Civil[15], com cujos esquemas tal protecção se não compadecia – nem compadece –, permitindo-se que o sindicato *se substitua* ao indivíduo isolado na definição dos seus direitos e obrigações por ocasião do trabalho, «*assim alterando a favor do trabalhador a relação de força contratual que, nas relações individuais com o empregador, é manifestamente desigual e desfavorável àquele*»[16].

Com ela, dá-se a "transferência da responsabilidade das negociações do plano individual para o dos grupos, sem que tal provoque o eclipse do contrato individual"[17]; aliás, se a convenção colectiva determina as condições globais de trabalho e de salário, não o faz senão para corrigir a situação em que o empregador impunha sozinho as suas condições. A conven-

---

[12] Ruy ENNES ULRICH, *Legislação operária portuguesa*, Coimbra (1906), p. 444.

[13] Cfr. Vital MOREIRA, *A ordem jurídica do capitalismo*, Coimbra (1973), p. 77.

[14] Para HANAU/ADOMEIT, *Arbeitsrecht*, 11ª ed. (1994), p. 47, o Direito do Trabalho – ramo do Direito que «desconfia do contrato individual» – pode mesmo ser concebido como um sistema muito amplo de controlo da liberdade contratual, inspirado no princípio do *favor laboratoris*.

[15] Ideia que pode ser constatada logo desde as primeiras tentativas de elaboração dogmática autónoma da disciplina, por exemplo (e para nos limitarmos ao ordenamento alemão), nas obras de Philipp Lotmar, Heinz Potthoff, Erich Molitor e Hugo Sinzheimer.

Sobre o ponto, pode ainda ver-se, por todos, Gérard LYON-CAEN, "Défense et illustration du contrat de travail", Archives de Philosophie du Droit 1968, p. 59 ss. (69).

[16] BARROS MOURA, *Notas para uma introdução ao Direito do Trabalho*, p. 203. Cfr., também, Gérard LYON-CAEN, "Défense et illustration …", p. 62 ss.

[17] Gérard Lyon-Caen, «Défense et illustration …», p. 69.

ção colectiva representa, no fundo, "*um regresso à bilateralidade, à paridade, logo ao contrato*"[18].

De facto, o Direito do Trabalho nasceu e desenvolveu-se com uma feição garantística, que se foi afirmando fundamentalmente através da conjugação entre a *autonomia colectiva* e a lei de cariz proteccionista, pois só essa conjugação pode compensar a superioridade fáctica do empregador e ser, desse modo, capaz de impor travões a eventuais abusos dos seus poderes.

A valorização da autonomia colectiva e a imposição de limitações aos poderes do empregador conduziram ao quadro juslaboral actual – de que fazem parte, por exemplo, a segurança no emprego, a limitação do tempo de trabalho, o descanso semanal e as férias, o reconhecimento da actividade sindical e do direito à greve, o direito à contratação colectiva, a protecção social no desemprego, o salário mínimo garantido, etc. – e à própria constitucionalização do direito do trabalho, isto é, à elevação à dignidade constitucional dos grandes temas do Direito do Trabalho e dos seus princípios fundamentais.

b) Ora, hoje como ontem, a fisionomia da relação de trabalho é ainda a de uma *relação de poder-sujeição*, em que a liberdade de uma das partes aparece susceptível de ser feita perigar pelo maior poder económico e social da outra.

No contrato de trabalho, os sujeitos não dispõem de igual liberdade quanto à celebração do negócio, nem detêm iguais possibilidades quanto à estipulação das cláusulas negociais ou quanto à exigência do seu cumprimento. O trabalhador tem desde logo uma absoluta necessidade de outorgar, uma vez que para ele é indispensável a alienação da disponibilidade da sua força de trabalho como meio (por vezes único) de auferir o sustento, seu e da sua família.

Existe, de facto, um manifesto desequilíbrio entre os poderes patronais e os do trabalhador, sendo precisamente o reconhecimento da inferioridade substancial da situação dos trabalhadores que está na base, não só do ordenamento legislativo actual, como ainda da relevância dada pela Constituição aos seus direitos.

3. A Constituição contém, na verdade, os princípios fundamentais do Direito do Trabalho, é a fonte suprema (também) deste ramo do Direito[19].

---

[18] Gérard Lyon-Caen, «Défense et illustration ...», p. 62.

[19] A *constitucionalização do Direito do Trabalho* foi, precisamente, uma das primeiras manifestações da intervenção constitucional no âmbito privado.
Com o advento do Estado Social de Direito, o trabalho passou a ser também um *problema constitucional*. Sobre o ponto, v. HÄBERLE, "Arbeit als Verfassungsproblem", JZ 1984, 345 ss., que

Designadamente, na sequência natural da feição proteccionista que sempre caracterizou este sector do ordenamento, é por ela conferida aos trabalhadores uma especial tutela, a qual se deve, sem dúvida, ao reconhecimento da situação de inferioridade substancial em que estes se encontram e à verificação de que essa situação os coloca em condições muito deficientes no que respeita "à plena expansão da personalidade humana"[20], isto é, em condições em que o pleno exercício dos seus direitos fundamentais se encontra sob ameaça[21].

É, pois, na linha dos princípios fundamentais consagrados na Constituição que é preciso descobrir o *sentido* e a *função social* do Direito do Trabalho hodierno.

Ora, coerentemente com a filosofia que globalmente preside a todo o texto constitucional, a Constituição laboral portuguesa aponta a necessidade de recolocar a pessoa humana no centro do ordenamento jurídico e coloca indiscutivelmente como questão central do Direito do Trabalho o respeito pelos direitos dos trabalhadores, repudiando, assim, de forma inequívoca, a lógica de que as exigências económicas devam prevalecer sobre esses direitos.

O sentido que hoje, em nosso entender, há-de ser exigido ao Direito do Trabalho[22] é, pois, outro – e completamente oposto.

---

escreve, p. 355, que „*nicht nur* Eigentum (wie im 19. und auch im 20. Jahrhundert), *auch* Arbeit macht den Bürger (heute) zum Aktiv Bürger. Wie das 19. Jahrhundert das Problem der Selbstverwirklichkung des Menschen über und durch Eigentum lösen musste und zu lösen versuchte, so muss dies im 20. Jahrhundert für die Arbeit geschehen: Die Arbeit ist auf dieser Zeitachse das soziale Äquivalent des Eigentums".

É com a Constituição alemã de Weimar, de 1919, que passam, pela primeira vez, a ter assento constitucional diversos princípios laborais. A partir daí, a maioria dos textos constitucionais procedem a um enquadramento próprio das relações de trabalho, caracterizado, designadamente, pela admissão de um certo número de direitos colectivos dos trabalhadores (liberdade sindical, negociação colectiva e greve), bem como de direitos a prestações do Estado, que traduzem um compromisso por parte deste de estabelecer mecanismos de protecção social.

A uma segunda fase da constitucionalização do Direito do Trabalho corresponde, como é sabido, a garantia dos direitos de cidadania no âmbito do contrato de trabalho.

Sobre o conceito de *Constituição do Trabalho*, o qual já aparece, aliás, referido por Hugo SINZHEIMER, *Grundzüge des Arbeitsrechts*, p. 207 ss., cfr. Jorge MIRANDA, *A constituição portuguesa de 1976*, p. 520.

[20] SCOGNAMIGLIO, *Il lavoro nella giurisprudenza costituzionale*, Milano (1978), p. 32.
[21] Cfr. RAMM, «Grundrechte und Arbeitsrecht», JZ 1991, p. 1 ss. (4).
[22] O debate sobre o futuro do Direito do Trabalho tem dado origem a numerosos trabalhos. V., por exemplo, e para só referirmos alguns deles, publicados nos últimos anos, Wolfgang DÄUBLER, "Das deutsche Arbeitsrecht – ein Standortnachteil?", DB 1993, p. 781 ss., AAVV, *Arbeit 2000* (1994), Franz BYDLINSKI e Theo MAYER-MALY (Organ.), *Die Arbeit: ihre Ordnung, ihre Zukunft, ihr Sinn* (1995), Spiros SIMITIS, "Le droit du travail a-t-il encore un avenir?", DS 1997, p. 655 ss., AAVV, *Le travail en perspectives* (1998), Rolf BIRK, "Le droit du travail au seuil du

A Constituição não acolheu essa ideia do primado do económico; para ela, a *questão central* do Direito do Trabalho é o respeito pelos direitos dos trabalhadores.

A Lei Fundamental não menospreza a importância de valores como a rentabilidade e a racionalidade económica, mas acima desses valores coloca indiscutivelmente o respeito pelos direitos, liberdades e garantias dos trabalhadores – os quais implicam uma concepção de empresa como um espaço de relações humanas, entre pessoas portadoras dos seus direitos e interesses autónomos, tantas vezes contrapostos, e em que os trabalhadores não são meros sujeitos passivos de uma organização alheia[23].

O conceito constitucional da relação de trabalho assenta na ideia de que o trabalhador é uma pessoa, cuja liberdade e cujos direitos não podem ser totalmente sacrificados aos interesses empresariais, havendo, antes, que encontrar soluções que garantam tanto a liberdade de empresa como aqueles direitos dos trabalhadores[24].

Estes direitos, enquanto garantias da dignidade e da liberdade dos trabalhadores, terão que ser devidamente acautelados, devendo, pois, ser tidos em conta como limites ao exercício dos poderes patronais[25].

O grande desafio que hoje se coloca ao Direito do Trabalho é encontrar a fórmula para compatibilizar a competitividade das empresas com os direitos de cidadania e a dignidade de quem trabalha, é procurar o equilíbrio entre a eficácia empresarial e a tutela dos direitos individuais e colectivos dos trabalhadores.

---

21ème siècle", in *X Jornadas Luso-Hispano-Brasileiras. Anais* (1999), p. 25 ss., e sobretudo o célebre Relatório Supiot, *Transformations du travail et devenir du droit du travail en Europe* (1998), o qual, por seu turno, tem provocado imensas reacções e comentários. Para o direito português, v. A. Monteiro Fernandes, "Os sentidos de uma revisão *flexibilizante* das leis do trabalho", Questões Laborais n.º 13 (1999), p. 45 ss. [in *III Congresso Nacional de Direito do Trabalho. Memórias* (2001), p. 309 ss.].

[23] Sobre o significado e alcance dos direitos que a Constituição reconhece aos trabalhadores, v. o nosso «Direito do Trabalho e Constituição», in *Direito do Trabalho. Ensaios* (1995), p. 39.

[24] Sobre o ponto, por todos, José João Abrantes, "O Direito do Trabalho e a Constituição", *cit.*, p. 39 ss.

[25] Esses poderes só devem ser exercidos com respeito pelos respectivos limites legais e constitucionais – limites legais e constitucionais aos direitos de propriedade e de empresa, à autonomia da vontade e à liberdade contratual. Hoje, ao contrário do que era a concepção liberal, não só a liberdade constitucionalmente tutelada não se reduz a esses valores, como, antes, eles é que são funcionalizados pela Lei Fundamental ao projecto económico e social nela desenhado, projecto assente na dignidade da pessoa humana, verdadeira pedra angular da unidade do sistema jurídico, que tem a sua principal concretização no respeito pelos direitos fundamentais. Sobre o conceito constitucional de liberdade e de autonomia privada, v. Ana Prata, *A tutela constitucional da autonomia privada*, Coimbra (1982), p. 214 ss.

A Constituição impõe ao Direito do Trabalho um reencontro com as suas origens, enquanto ramo do Direito em que o *"social"* se impõe como limite do *"económico"* e em que o lugar central é o da pessoa humana, em todas as suas facetas, como indivíduo, cidadão e trabalhador[26]. Impõe-lhe, no fundo, que reencontre aquela que, ainda hoje, tal como ontem, é *a sua questão fundamental*: a *emancipação dos trabalhadores*, rumo a uma *cidadania* plena, uma cidadania, não apenas civil e política, mas também económica, social e cultural – e, também, na empresa, *"porque, ao cabo e ao resto, não há eficácia produtiva sem promoção do mundo do trabalho, sem reconhecimento das suas aspirações e dos seus direitos. Porque não há liberdade* de empresa <u>sem</u> *liberdade* na *empresa"*[27].

4. Os princípios fundamentais do Direito do Trabalho, tal como se encontram constitucionalizados, recolhem em si o legado histórico – ou, noutras palavras, o património genético – definidor deste ramo do Direito, traduzindo-se, no fundo, na ideia de que o Direito Laboral tem no seu cerne a *pessoa* do trabalhador e os seus direitos, quer individuais quer colectivos.

É sabido que, se, historicamente, numa primeira fase da constitucionalização deste Direito[28], a necessidade de actuação dos direitos fundamentais no âmbito do contrato de trabalho[29] conduziu à consagração dos *direitos fundamentais específicos* dos trabalhadores, *maxime* dos seus *direitos colectivos*[30], hoje em dia – e, aliás, paralelamente à consagração desses direitos fundamentais especificamente laborais – a importância daqueles direitos no quadro da referida relação deve ter sobretudo uma atenção crescente à chamada *cidada-*

---

[26] É essa, nas palavras de GOMES CANOTILHO e Vital MOREIRA, *Constituição*, cit., p. 112, a base antropológica da Constituição de 1976.

[27] Michel ROCARD, então Primeiro Ministro francês (*Le Monde*, 12.10.88).

[28] Sobre o ponto, v. José João ABRANTES, *Contrat de travail et droits fondamentaux* (2000), p. 48 ss.

[29] Necessidade que reside na própria estrutura deste contrato.

São a sua própria estrutura e as suas características que contêm implicitamente uma ameaça para a liberdade e para os direitos fundamentais do trabalhador, conferindo, assim, um carácter «*natural*» à eficácia desses direitos. O *poder de direcção* do empregador e o correlativo *dever de obediência* do trabalhador, exercendo-se em relação a uma prestação que implica directamente a própria pessoa deste, as suas energias físicas e intelectuais, representam um potencial perigo para o livre desenvolvimento da personalidade e para a dignidade de quem trabalha. Para maiores desenvolvimentos, v. José João ABRANTES, *Contrat de travail ...*, cit., p. 42 ss.

[30] O conjunto destes (liberdade sindical, direito de negociação colectiva e greve) é, com efeito, condição necessária de todas as outras liberdades dos trabalhadores. Sobre o ponto, v., da nossa autoria, *Contrat de travail ...*, cit., p. 48 ss.

*nia na empresa*[31], isto é, ao valor que a condição de cidadão do trabalhador traz à estrutura clássica do contrato de trabalho, com o reconhecimento da relevância dos direitos fundamentais *não especificamente laborais*, isto é, dos direitos do cidadão, que os exercita, enquanto trabalhador, na empresa[32].

São esses, por conseguinte, os grandes temas do Direito do Trabalho, os seus princípios fundamentais, que, tendo dignidade constitucional, não podem obviamente ser contrariados pela legislação ordinária[33].

Face à Constituição, o Direito do Trabalho não pode, entre outros importantes aspectos, ignorar que o conjunto dos direitos fundamentais especificamente laborais – ou seja, o direito à segurança no emprego (art. 53.º da CRP) e os direitos colectivos (*v.g.*, os direitos à constituição de comissões de trabalhadores, à liberdade sindical, à contratação colectiva e à greve, garantidos nos artigos 54.º a 57.º) – é condição necessária de todas as outras suas liberdades e que, por outro lado, encontrando-se a *pessoa* do trabalhador intrinsecamente envolvida na troca contratual[34] e sendo o trabalho um valor essencial

---

[31] Curiosamente, a epígrafe sob a qual foram publicadas, em França, as chamadas *leis Auroux* (assim conhecidas em referência ao então Ministro do Trabalho, Jean Auroux), de 4.08.82 e de 27.12.82. Tais leis foram precedidas pela elaboração de um relatório [v. Jean AUROUX, *Les droits des travailleurs – rapport au Président de la République et au Premier ministre* (1981)], cuja leitura vivamente se aconselha. V., ainda, o nosso *Contrat de travail et droits fondamentaux*, p. 173 ss.

[32] ALONSO OLEA, *Las fuentes del Derecho, en especial del Derecho del Trabajo* (1982), p. 28.

Já não estamos apenas no terreno meramente contratual, mas no plano da pessoa, existente em cada trabalhador.

Na empresa, o trabalhador mantém, em princípio, todos os direitos de que são titulares todas as outras pessoas.

Para os operários do séc. XIX e da primeira metade do século XX, o problema não fazia praticamente sentido, uma vez que as longas jornadas de trabalho e as precárias condições de vida e de trabalho, não deixando qualquer espaço para uma vida extraprofissional, social ou cultural, a isso desde logo se opunham [neste sentido, Thilo RAMM, «Grundrechte und Arbeitsrecht», JZ 1991, p. 1 ss. (2), e DÄUBLER, *Arbeitsrecht II*, 10ª ed. (1995), p. 267].

Por outro lado, é evidente que os meios de produção modernos requerem trabalhadores criativos, o que, conjugadamente com o facto de os poderes patronais terem perdido grande parte da legitimidade de que anteriormente dispunham, levou a inegáveis progressos em matéria de aceitação dos direitos dos trabalhadores no interior da empresa.

A verdade é que o impulso de todos estes (e outros) factores desencadeou efeitos evidentes nas relações de trabalho, revalorizando-se gradualmente a própria estrutura do contrato sob a influência desses direitos, que o trabalhador, enquanto pessoa, mantém, quando celebra o contrato e entra na empresa.

[33] E pelas outras fontes de direito.

[34] A característica principal do contrato de trabalho é a de que, como escreve Kurt BALLERSTEDT, «Probleme einer Dogmatik des Arbeitsrechts», RdA 1976, p. 5 ss. (8), "*er in die Persönlichkeitssphäre des Arbeitnehmers einwirkt*". O mesmo autor (p. 7) define o trabalhador

para a dignidade do homem e para o livre desenvolvimento da sua personalidade, os direitos fundamentais – tanto aqueles direitos fundamentais específicos dos trabalhadores como os direitos fundamentais não especificamente laborais – devem ser encarados como componentes estruturais básicas do contrato de trabalho.

Tal contrato é, pois, e provavelmente como nenhum outro, constitucionalmente condicionado, por valores assentes na ideia de dignidade humana[35].

A Constituição, no seu todo, estabelece, com efeito, uma *ordem de valores*, que tem o seu cerne nessa dignidade da pessoa humana, garantida pelos direitos fundamentais[36], e que, como tal, tem de valer como estatuição fundamental para *todos* os ramos de direito, designadamente para o Direito do Trabalho.

A dignidade da pessoa humana é o primeiro e o mais imprescritível dos valores do ordenamento jurídico[37]. Como tal, os direitos fundamentais, em que essa dignidade se traduz[38], não podem deixar de prevalecer sobre outros bens, por exemplo, sobre bens como a racionalidade económica e a rentabilidade das empresas.

Por isso, como já se disse atrás, entendemos que a Constituição laboral portuguesa, sem menosprezar a importância que um mínimo de flexibilidade tem em qualquer sistema produtivo, repudia de forma clara a lógica de que as exigências económicas devam obter resposta, se necessário, à custa dos direitos dos trabalhadores e coloca indiscutivelmente como questão central do juslaboralismo o respeito por estes direitos.

---

como "eine Person, die sich einem andern aufgrund eines privatrechtlichen Vertrages in einem Verhältnis *persönlicher Abhängigkeit* Arbeit zu leisten verpflichtet". Cfr., em sentido idêntico, Otfried WLOTZKE, «Leistungspflicht und Person des Arbeitnehmers in der Dogmatik des Arbeitsvertrages», RdA 1965, p. 180 ss., Alfred HUECK/Hans Carl NIPPERDEY, *Lehrbuch des Arbeitsrechts*, 1. Vol., 7. ed., Berlin (1963), p. 34 ss., e Arthur NIKISCH, *Arbeitsrecht*, Vol. I, 3. ed., Tübingen (1961), p. 91 ss., e, já em 1922, Heinz POTTHOFF, "Ist das Arbeitsverhältnis ein Schuldverhältnis?", ArbR 1922, p. 267 ss. (275).

[35] Salvador del REY GUANTER «Diritti fondamentali della persona e contratto di lavoro: appunti per una teoria generale», in *Quaderni di Diritto del Lavoro e delle Relazioni Industriali. Diritti della persona e contratto di lavoro*, 1994, p. 9 ss. (31).

[36] Jean-Maurice VERDIER, "Travail et libertés", DS 1982, p. 418 ss. (419).

[37] Orlando de CARVALHO, *A teoria geral da relação jurídica – seu sentido e limites* (1981), p. 91. Como lapidarmente dispunha o art. 1.º do Projecto (de Lei Fundamental) de Herrenchiemsee [apud Thilo RAMM, «Grundrechte und Arbeitsrecht», JZ 1991, p. 1 ss. (5)], «*der Staat ist um des Menschen willen da, nicht der Mensch um des Staates willen*».

[38] Em geral, sobre a dignidade humana como fundamento dos direitos fundamentais, v. Klaus STERN, *Das Staatsrecht der Bundesrepublik Deutschland*, Vol. III, 1. Tomo (*Allgemeine Lehren der Grundrechte*) (1988), § 58.

A preocupação essencial do Direito do Trabalho – a função principal a exigir-lhe hoje – deve ser, por isso, a tutela desses direitos: quer dos direitos fundamentais específicos dos trabalhadores, *maxime* dos seus direitos colectivos – como a liberdade sindical, o direito de contratação colectiva e a greve –, no fundo, aqueles direitos que configuram a vertente colectiva deste ramo do Direito, sem a qual, aliás, ele não existiria como ramo autónomo, pois não preencheria a sua própria função social, quer dos direitos de cidadania, que o trabalhador conserva, como pessoa e como cidadão, quando conclui o contrato e entra na empresa[39].

O grande tema do Direito do Trabalho há-de, por isso, reconduzir-se à necessidade de serem introduzidos limites aos poderes empresariais, em defesa destes valores.

A sua *função social* é a *função de garantir* esses direitos, introduzindo nessa medida limites aos poderes patronais.

---

[39] José João ABRANTES, *Contrat de travail* ..., cit., p. 173 ss.

Esta democratização do sistema de relações laborais é reforçada com a admissão generalizada de uma *eficácia horizontal dos direitos fundamentais* [*"Drittwirkung* (ou *Horizontalwirkung) der Grundrechte"*], tema que, até há pouco, era praticamente ignorado fora do espaço jurídico alemão, onde teve origem – ainda no domínio da Constituição de Weimar [v., por todos, Rudolf SMEND, «Mitbericht», in *Das Recht der freien Meinungsäusserung*, VVDStRL 1928, p. 44 ss. (73 s.)] – e onde veio mesmo a transformar-se num "tema-paradigma" do Direito Constitucional e do Direito do Trabalho no decurso dos anos 50 e 60, sobretudo devido ao labor de autores como Hans Carl NIPPERDEY [v., por exemplo, «Grundrechte und Privatrecht», in *Festschrift für Erich Molitor zum 75. Geburtstag* (1962), p. 17 ss.], Günter DÜRIG [por exemplo, «Grundrechte und Zivilrechtsprechung», in Theodor MAUNZ (Org.), *Vom Bonner Grundgesetz zur gesamtdeutschen Verfassung. Festschrift zum 75. Geburtstag von Hans Nawiasky* (1956), p. 157 ss., bem como as anotações (respectivamente, de 1958 e de 1973) aos artigos 1 e 3.I da Lei Fundamental, in MAUNZ-DÜRIG, *Grundgesetz. Kommentar* (1989)] e Walter LEISNER [que lhe dedicou a sua dissertação de doutoramento, *Grundrechte und Privatrecht* (1960)].

Para uma apresentação das diversas posições doutrinárias, com particular incidência no debate realizado nos primeiros anos do após-guerra, v. LEISNER, cit., p. 306 ss. (309 ss.), e Klaus STERN, *Das Staatsrecht der Bundesrepublik Deutschland*, Vol. III, 1. Tomo (*Allgemeine Lehren der Grundrechte*) (1988), p. 1522 ss.

É sabido que o contrato de trabalho, assente na subordinação jurídica e sócio-económica de uma das parte em relação à outra, representou, desde sempre, por toda a parte, nos ordenamentos democráticos, o âmbito natural para o nascimento e o desenvolvimento de uma tal eficácia dos preceitos e valores constitucionais, tornando-se necessário responder à questão de saber *se* – e *até que ponto* – os interesses que estão na base da situação de poder do empregador exigem e justificam, no caso concreto, a limitação da liberdade individual do trabalhador. Pode mesmo dizer-se que os países do nosso espaço jurídico-cultural despertaram para a questão através de casos suscitados por violações desses preceitos no âmbito laboral. Para maiores desenvolvimentos, José João ABRANTES, *Contrat de travail* ..., cit., p. 59 ss. (*maxime*, 67 ss., 118 ss. e 124 ss.).

5. A relação de trabalho é, pois, condicionada por valores que elevam à dignidade constitucional aqueles vectores que são as grandes questões do Direito Laboral enquanto direito de protecção do trabalhador, isto é, o respeito pelos direitos fundamentais especificamente laborais, com destaque para os direitos colectivos, que consubstanciam a dimensão colectiva da relação de trabalho, e a imposição de limites aos poderes patronais em nome dos direitos fundamentais da pessoa humana.

São estes os vectores por que há-de ser aferida a conformidade das leis do trabalho à Lei Fundamental.

Ora, ao afastar-se desses vectores, o novo *Código* corre riscos sérios de conflituar com a Lei Fundamental, pelo menos na medida em que possa conduzir a situações em que não se encontre salvaguardado o equilíbrio entre as partes contratuais ou em que se menospreze – ou desconheça mesmo – aquela vertente colectiva da relação laboral, pondo-se assim, em causa, de certo modo, a própria essência deste ramo do direito e a sua função social.

Conforme já se deixou vincado, o diploma contém uma alteração estrutural das leis laborais em favor do empregador.

Pode até dizer-se que, em muitos aspectos, acaba por seguir uma direcção oposta àquela que resultaria das exigências dos preceitos constitucionais: impondo estes, por um lado, a salvaguarda da dimensão colectiva da relação de trabalho, com o reconhecimento das funções de regulação social da actividade sindical, da contratação colectiva e da greve, e, por outro, a limitação dos poderes patronais em defesa de valores que lhes são considerados superiores, porque concretizações do próprio princípio da dignidade da pessoa humana, o diploma agora aprovado pela Assembleia da República procede a um aumento generalizado dos poderes do empregador e à correlativa acentuação da dependência jurídica do trabalhador, bem como a uma desvalorização daquela dimensão colectiva, o que não pode deixar de traduzir-se (também) na colocação do trabalhador, isolado, sem protecção face ao maior poder económico e social do outro contraente.

Por outras palavras, é a própria essência do Direito do Trabalho que pode, assim, de certo modo, ser posta em causa.

Se o combate ao absentismo deve ser aplaudido ou se, noutra perspectiva, é possível encontrar no diploma alguns benefícios pontuais para o trabalhador – *v.g.*, o reconhecimento da pluralidade de empregadores[40] ou a afirmação expressa da aplicabilidade ao contrato de trabalho do regime das cláusu-

---

[40] Art. 92.º. Permite-se agora que, numa situação de crise, o trabalhador já possa accionar judicialmente, não só a empresa a quem está ligado contratualmente, mas também aquela outra de quem, no fundo, depende economicamente.

las contratuais gerais[41], a verdade é que, em nossa opinião, a própria filosofia que está subjacente a esta proposta merece censura, uma vez que parece radicar numa concepção da pessoa humana, da sociedade e do Estado que ignora, ao fim e ao cabo, que "as liberdades colectivas dos assalariados e o estatuto de protecção do trabalhador são (...) parte integrante da democracia moderna[42].

De facto, é isso que, para nós, está verdadeiramente em causa. A filosofia-base do diploma é susceptível de conduzir a soluções normativas que podem colidir com a função social deste ramo do Direito, tal como ela é recortada pela Constituição.

Por isso, é natural que, *de jure condendo*, discordemos de muitas das medidas nele consagradas.

Cremos mesmo que o parecer oportunamente dado pelo signatário, a pedido do próprio Governo, sobre o *anteprojecto* de Código aprovado em Conselho de Ministros de 18.07 do ano passado – e ao qual se sucedeu a *proposta de lei* n.º 29/IX, de 15.11, agora aprovada na Assembleia da República –, mantém toda a actualidade, não só porque a filosofia-base do diploma se manteve a mesma (não obstante o Governo e a maioria parlamentar respectiva terem deixado já cair alguns aspectos mais gravosos), como ainda porque muitas das soluções normativas concretas nele abordadas não foram modificadas pelo diploma agora aprovado em sede parlamentar[43].

6. Vamos, pois, proceder a uma breve análise na especialidade de algumas dessas soluções, passíveis, em nosso entender, de um eventual juízo de inconstitucionalidade.

A) **Contrato de trabalho**

Comecemos pelo Direito individual do Trabalho, em relação ao qual se pode dizer que, de uma forma geral, a proposta reforça os poderes do empregador, dentro de uma concepção de flexibilidade, que, como dissemos atrás, a encara apenas como mera prerrogativa de gestão das empresas, reduzida à precarização dos vínculos, à adaptabilidade dos horários, à mobilidade (geográfica e funcional) dos trabalhadores, etc.

---

[41] Art. 96.º.
[42] Gérard LYON-CAEN, num artigo publicado no jornal "*Le Monde*" do dia 31.10.1978.
[43] V. o referido "Parecer sobre o anteprojecto de Código do Trabalho" in Themis – Rev. da FDUNL, ano IV, n.º 6, 2003, p. 197-234.

Nalguns desses importantes domínios (*v.g.*, mobilidade), em que mais se impõe que a lei funcione como meio de fixação de mínimos de protecção, permite-se inclusivamente que aquela possa ser afastada por estipulação individual.

Desvirtua-se, assim, segundo cremos, a função própria deste ramo do Direito, que, partindo do reconhecimento da desigualdade económica e social entre as partes da relação laboral e da consequente necessidade de tutela do contraente débil, visa contrabalançar essa desigualdade, fazendo a disciplina contratual corresponder, tanto quanto for possível, a um ponto de equilíbrio entre os poderes dos contraentes.

Nas relações laborais, aquele ponto de equilíbrio entre os poderes dos contraentes só pode ser conseguido pela conjugação entre a *autonomia colectiva* e a lei, entre a determinação colectiva das condições de trabalho e a intervenção legislativa de cariz proteccionista, a qual vai subtrair ao domínio da autonomia da vontade e definir imperativamente matérias cada vez mais extensas do conteúdo do contrato de trabalho, procurando no essencial assegurar a igualdade substancial dos contraentes e a tutela do trabalhador.

Só essa conjugação pode compensar a superioridade fáctica do empregador e ser, desse modo, capaz de impor travões a eventuais abusos dos poderes patronais – sendo por isso que a função normal das fontes inferiores de direito do trabalho (tal como a do próprio contrato individual de trabalho) corresponde à introdução de condições mais favoráveis, a partir de mínimos pré-fixados.

Ora, como já se disse, em muitos domínios importantes da relação individual de trabalho, nalguns dos quais, aliás, mais se imporia que a lei fixasse mínimos de protecção, *maxime* em matérias como a mobilidade ou os despedimentos, o diploma aumenta de forma substancial os poderes do empregador e acentua a dependência jurídica do trabalhador, permitindo-se até, em certas situações, que aquela possa ser afastada por estipulação individual[44].

*aa*) É o que sucede com a matéria relativa à mobilidade.

O CT (cfr. art.ºs 111.º e 151.º-152.º) define agora o objecto do contrato independentemente da noção de categoria e integra nele – de forma automática – as funções "afins ou funcionalmente ligadas" à actividade contratada,

---

[44] Chame-se, aliás, a atenção para que, como se verá adiante, a propósito da relação entre lei e convenção colectiva, o art.º 4.º do código dá uma nova redacção ao princípio actualmente formulado no art.º 13.º, n.º 1, da LCT, que nos parece altamente criticável.

"para as quais o trabalhador detenha a qualificação profissional adequada e que não impliquem desvalorização profissional".

O objecto do contrato de trabalho – a prestação devida pelo trabalhador – é agora a "*actividade contratada*", alargada *ope legis* às funções "afins ou funcionalmente ligadas". Estas passam agora a fazer *automaticamente* parte desse objecto, que se vê, assim, ampliado de forma a abranger, já não apenas um núcleo essencial de funções, como também, e por mera força da lei, todas as funções afins ou funcionalmente ligadas a esse núcleo fundamental da actividade devida.

Deixando a "categoria" e a "função normal" de definir o objecto do contrato, desaparecem no CT algumas exigências constantes da lei ainda vigente, mais concretamente do art.º 22.º da LCT, como a relativa à *acessoriedade* das funções afins ou funcionalmente ligadas à função normal ou a de que esta se mantenha como principal, a necessidade de não diminuição da retribuição, a articulação com a formação e a qualificação profissional e o direito à reclassificação.

No que toca ao *ius variandi* (agora designado por "*mobilidade funcional*"), o CT (art.º 313.º) traz como principal modificação de regime a supletividade da figura, alteração, em nosso entender, criticável.

Como é sabido, a jurisprudência tem quase unanimemente defendido que a "*estipulação em contrário*", admitida pelo actual n.º 7 do art.º 22.º da LCT, deve ser entendida no sentido de as partes poderem convencionar a proibição do exercício do *ius variandi*, mesmo que se verifiquem os demais requisitos, e não no sentido de permitir o exercício desta faculdade sem respeitar as condições estabelecidas nesse artigo[45].

Com o novo CT, o *ius variandi* pode agora ser *alargado* a outras situações – mesmo que nelas não exista um interesse da empresa ou seja modificada substancialmente a posição do trabalhador. Prevê-se, com efeito, no art.º 313.º, n.º 2, que, *por estipulação contratual,* as partes possam "*alargar* ou restringir" tal faculdade – acrescendo, aliás, que, nos termos do n.º 3 – conjugado com o n.º 2 – do mesmo artigo, pode agora haver diminuição da retribuição.

Segundo o nosso entendimento, tal possibilidade de alargamento das condições de recurso ao *ius variandi* merece censura, precisamente por não ser respeitado o carácter de absoluta excepcionalidade de que o recurso a este ins-

---

[45] Face ao disposto nos n.ºs 7 e 8 do art. 22.º da LCT, o exercício do *jus variandi* obedece actualmente a cinco requisitos: não haver estipulação em contrário, ser tal exercício exigido pelo interesse da empresa, ter carácter temporário e não implicar diminuição na retribuição nem modificação substancial da posição do trabalhador.

tituto – dado tratar-se de um poder do empregador que excepciona o princípio do art. 406.º do C. Civil (*princípio da invariabilidade da prestação contratual*) – se deverá revestir[46].

Ainda que se trate de uma faculdade cujo exercício é necessariamente temporário, cremos poder – também aqui, em sede de mobilidade funcional – dizer que a aposta no princípio da liberdade contratual contraria o desígnio natural do Direito do Trabalho, enquanto instrumento regulador de uma relação "essencialmente coercitiva e altamente assimétrica"[47], de uma relação que, hoje como ontem, é uma *relação de poder-sujeição*, em que a liberdade de uma das partes aparece susceptível de ser feita perigar pelo maior poder económico e social da outra.

Também a possibilidade de recurso à mobilidade geográfica (transferência do local de trabalho) pode agora ser *alargada* por contrato individual[48], nos termos tanto do n.º 3 do art. 314.º (para a transferência definitiva do local de trabalho) como do n.º 2 do art. 315.º (transferência temporária) do decreto. Tal medida, sobretudo se vista em conjugação com algumas das novas regras sobre a flexibilização dos horários de trabalho, pode, segundo cremos, colidir com o conteúdo essencial de certos direitos fundamentais, por exemplo, com o direito a uma vida extraprofissional ou o direito à conciliação da vida profissional com a vida pessoal e familiar.

*ab*) Verificam-se igualmente alterações significativas no que concerne à matéria do despedimento com justa causa.

As soluções consagradas no n.º 2 do art. 436.º – possibilidade de reabertura do processo disciplinar no caso de despedimento ilícito por nulidade do

---

[46] Note-se que o direito de variação temporária da actividade contratada, a que se reporta o art.º 313.º, não confere acesso a nova categoria, contrariamente ao que vinha sendo o entendimento da jurisprudência. É o que diz o n.º 2 do art.º 312.º, de acordo com o qual, "salvo disposição em contrário, o trabalhador não adquire a categoria correspondente às funções que exerça temporariamente".

O que significa que restará agora a sanção contraordenacional prevista no art.º 674.º.

[47] Na expressão de POGGI, citado por Bernardo LOBO XAVIER, "A matriz constitucional do Direito do Trabalho", in *III Congresso Nacional de Direito do Trabalho. Memórias*, 2001, p. 95 ss. [p. 100 e nota (7)].

[48] Refira-se que, segundo a doutrina que temos sustentado, o art. 24.º da LCT tem um carácter imperativo mínimo, o que significa que a "estipulação em contrário" nele admitida apenas poderá restringir – ou até mesmo eliminar – a possibilidade de transferência do trabalhador para outro local de trabalho. Entendemos ser esta a única solução consentânea com a atribuição de um sentido útil à garantia de inamovibilidade, da alínea *e*) do n.º 1 do art. 21.º daquele mesmo diploma legal.

Agora o regime da mobilidade geográfica fica definido como meramente supletivo.

procedimento – e nos n.ºs 2 e 3 do art. 438.º e 4 e 5 do art. 439.º – quebra parcial do princípio da reintegração do trabalhador, no caso de o despedimento ser considerado ilícito pelo tribunal – são, sem dúvida, controversas, nomeadamente do ponto de vista constitucional, sendo, em nosso entender, susceptíveis de conflituar com a garantia constitucional da segurança no emprego, que implica, com efeito, a nulidade dos despedimentos sem justa causa e o consequente direito do trabalhador a ser reintegrado no posto de trabalho.

Vejamos cada uma delas.

A *possibilidade de reabertura do processo disciplinar*, "*até ao termo do prazo para contestar*" a acção de impugnação do despedimento, dando-se de novo ao empregador a hipótese de punir, no caso de essa acção ter sido instaurada "*com base em invalidade do procedimento disciplinar*", terá sido sem dúvida motivada pela preocupação de evitar que fiquem por sancionar infracções disciplinares graves, apenas por razões de ordem puramente formal[49].

Cremos, porém, que ela conflitua com a Lei Fundamental.

Essa faculdade de iniciar novo procedimento disciplinar viola, em nosso entender, o *princípio constitucional do Estado de direito democrático*, consagrado no art. 2.º da Constituição, do qual poderão ser colhidas normas que, não tendo expressão directa em qualquer outro dispositivo constitucional, "se apresentem como consequência imediata e irrecusável daquilo que constitui o cerne do Estado do direito democrático"[50].

Na sua vertente de Estado de direito, integra ele um amplo conjunto de regras que densificam a ideia de sujeição do poder a princípios jurídicos, que visam garantir aos cidadãos liberdade, igualdade e segurança.

Um dos seus corolários é, sem dúvida, a *segurança jurídica*.

Se a entidade patronal pudesse, com base nos mesmos factos, iniciar um novo processo e proferir uma nova sanção, tal afectaria essa segurança jurídica, valor inerente à cláusula do Estado de direito democrático, que, nesta sede, concretamente, é essencial com vista a evitar que a ambiguidade da lei potencie ainda mais as tensões e os conflitos que a perda do emprego é susceptível de gerar[51].

Pode dizer-se que há aqui alguma analogia com os pressupostos de aplicação do princípio "*ne bis in idem*".

---

[49] No anteprojecto (art.º 399.º, n.º 2), bem como na versão originária da proposta de lei n.º 29/IX (art.º 425.º, n.º 2), admitia-se um regime ainda mais gravoso para o trabalhador, isto é, que o empregador pudesse reabrir o processo disciplinar após o trânsito em julgado da sentença que viesse a declarar ilícito o despedimento por nulidade do procedimento.

[50] GOMES CANOTILHO/Vital MOREIRA, *Constituição anotada*, p. 63.

[51] Jorge LEITE/Coutinho de Almeida, *cit.*, nota III ao art. 4.º do Dec.-Lei n.º 372-A/75, p. 239.

Mas a impossibilidade de reabertura do processo disciplinar é também a solução que está de acordo com o regime de invalidade, tal como ele tem vindo a ser construído pela doutrina.

Esse valor jurídico negativo (*invalidade*) do despedimento radica, não só na regra geral dos art.ºs 294.º e 295.º do Código Civil, como na própria contrariedade a um preceito constitucional, mais concretamente, ao art. 53.º da Lei Fundamental, preceito que se insere no título relativo a "*direitos, liberdades e garantias*" e, por isso, de aplicação imediata, nos termos do art. 18.º do mesmo diploma[52].

Como dizem Jorge Leite e Coutinho de Almeida[53], "as normas sobre a cessação do contrato são de interesse e ordem pública social, tendo mesmo o legislador constitucional erigido a segurança do emprego (...) em princípio fundamental da ordem jurídica portuguesa"; é a partir dessa ideia que grande parte da doutrina tem construído um regime particular de invalidade, de que se destacam, por exemplo, os seguintes aspectos: além de só poder ser arguida pelo trabalhador despedido[54], essa invalidade, enquanto valor jurídico negativo do acto extintivo da relação, não é susceptível de confirmação[55].

Cremos, pois, que a solução normativa consagrada no n.º 2 do art. 436.º contraria a Constituição, mais concretamente, é violadora do princípio constitucional do Estado de direito democrático, consagrado no art. 2.º da Constituição, bem como da garantia fundamental da segurança no emprego, consagrada no art. 53.º do mesmo diploma.

Por seu turno, nos termos dos n.ºs 2 e 3 do art. 438.º, quebra-se parcialmente o princípio da reintegração do trabalhador, no caso de o despedimento ser considerado ilícito pelo tribunal.

Dispõe o n.º 2 do art. 438.º que, "em caso de microempresa ou relativamente a trabalhadores que ocupem cargos de administração ou de direcção, o empregador pode opor-se à reintegração se justificar que o regresso do trabalhador é *gravemente prejudicial e perturbador* para a prossecução da actividade empresarial"; o n.º 3 estatui, por seu turno, que é o tribunal que aprecia e decide "o fundamento invocado pelo empregador".

Não obstante o cuidado havido, quer com a própria redacção daquele n.º 2, quer, neste último número, no sentido de se deixar bem claro que a última palavra do caso será sempre do tribunal, traduzindo-se aí, sem qual-

---

[52] Cfr. Jorge Leite/Coutinho de Almeida, *cit.*, nota III ao art. 12.º do Dec.-Lei n.º 372-A/75.
[53] *Cit.*, nota III ao art. 12.º do Dec.-Lei n.º 372-A/75.
[54] Não a todo o tempo, mas, obviamente, dentro de um prazo razoável.
[55] O empregador, para além de carecer de legitimidade para a arguir, incorreria desse modo num autêntico *venire contra factum proprio*.

quer dúvida, o intuito do autor do projecto de afastar a possibilidade de se invocar a inconstitucionalidade do preceituado, não obstante isso, julgamos ser a solução contrária ao art. 53.º da Constituição.

Nos casos aí previstos, a não reintegração do trabalhador pode, pois, ser decretada por decisão judicial, mediante solicitação do empregador, quando no entender deste a reintegração afecte gravemente o funcionamento da empresa.

Ora, em nosso entender, ao permitir-se que a empresa se oponha à reintegração do trabalhador despedido ilicitamente, ainda que nestes casos aumente a indemnização (n.ºs 4 e 5 do art. 439.º), o legislador adopta uma medida de duvidosa constitucionalidade.

Em primeiro lugar, porque se está, no fundo, a admitir que o empregador passe a poder assim despedir sem justa causa, desde que pague. Tal "*monetarização*" do despedimento é absolutamente inadmissível.

Estar-se-ia desse modo a legitimar um despedimento eventualmente ilícito, mediante uma contrapartida pecuniária, o que, indubitavelmente, não pode deixar de ser considerado contrário à garantia constitucional da segurança no emprego (art. 53.º da CRP), a qual exige sempre a necessidade de uma razão objectiva, socialmente válida, para legitimar a cessação do contrato por acto unilateral do empregador ou por motivos ligados à empresa.

Por outro lado, ao admitir a recusa de reintegração, a lei está, no fundo, a conferir tutela a um acto *ilícito* (como tal, declarado pelo próprio tribunal – e, ainda por cima, por contrariedade a uma *norma constitucional*, consagradora de um *direito fundamental*). Tal é contrário às mais elementares regras de um *Estado de direito*, à Constituição e a vectores fundamentais do ordenamento, *v.g.* à própria boa fé.

Admitindo-se, com efeito, que um despedimento sem justa causa tenha a tutela da ordem jurídica, é desde logo violada a ideia de que esta prossegue soluções materialmente justas e não deseja que, pelo contrário, quem infrinja a lei ainda venha a ser beneficiado por tal infracção. O resultado absolutamente chocante a que se chegaria – e que, como tal, não pode ter sido querido pelo legislador (ou, pelo menos, pelo legislador constituinte) – traduzir-se-ia precisamente nesse benefício ao infractor, ou seja, àquele que, tendo cometido um acto ilícito – e, note-se bem, ilícito, por contrariedade a uma norma de dignidade constitucional, consagradora de um direito fundamental –, acabaria por vir a obter o resultado por si na realidade pretendido (o afastamento do trabalhador).

Para além disso, criar-se-ia uma lei *dual* sobre a matéria, do que resultaria que, para uma mesma infracção, um trabalhador – de uma microempresa – pode não ser reintegrado e outro – de uma empresa de tipo diferente – pode.

Convirá, aliás, chamar a atenção para o facto de que esta dualidade da lei acabaria por vir a traduzir-se em que o regime que deve ser a regra – isto é, o direito à reintegração – ver-se-ia, na prática, convertido na excepção; de facto, no caso português, as microempresas, isto é, de acordo com o critério da lei[56], as empresas com menos de 10 trabalhadores, representam uma percentagem importante do mundo empresarial e empregam um número substancial de trabalhadores[57].

Não podemos concluir este ponto sem referir que o Tribunal Constitucional já se pronunciou, em sede de fiscalização preventiva da constitucionalidade, sobre uma norma de conteúdo muito semelhante – para não dizer praticamente idêntico – ao do preceito agora em causa.

O caso foi objecto do acórdão n.º 107/88, de 31.05, daquele Tribunal, publicado no "*Diário da República*", I série, n.º 141, de 21.06.88, que, entre outros aspectos, apreciou a conformidade à Constituição da norma do art. 2.º, alínea *d*), do decreto da Assembleia da República n.º 81/V, que admitia a substituição *judicial* da reintegração do trabalhador, em caso de despedimento declarado ilícito, por *indemnização*, quando, após *pedido da entidade empregadora*, o tribunal crie a *convicção da impossibilidade do reatamento de normais relações de trabalho*.

Cremos ser bem claro que, no fundo, se encontravam aí os mesmos elementos da *fattispecie* que agora é possível detectar no preceituado dos artigos 438.º, n.ºs 2 e 3, e 439.º, n.ºs 4 e 5, do CT. Em qualquer das previsões normativas, está-se face a uma decisão judicial, que, a pedido do empregador, pode determinar a não reintegração do trabalhador cujo despedimento foi declarado ilícito, desde que, nas palavras do diploma de 1988, "crie a *convicção da impossibilidade do reatamento de normais relações de trabalho*" ou, na formulação do novo código, julgue procedente o fundamento, invocado pelo empregador, de que "o regresso do trabalhador é *gravemente prejudicial e perturbador* para a prossecução da actividade empresarial". Julgamos poder dizer que as expressões "*impossibilidade do reatamento de normais relações de tra-*

---

[56] Quanto à classificação das empresas, cfr. o art. 91.º, curiosamente com um critério diferente do que foi seguido pelo actual regime jurídico das contra-ordenações laborais, constante da Lei n.º 116/99, de 4.08.

[57] Acresce ainda que, como escrevem Jorge Leite e Coutinho de Almeida, *cit.*, anotação II ao art. 9.º do Decreto-Lei n.º 372-A/75, de 16 de Julho, a justa causa de despedimento tem desde sempre sido entendida como dizendo respeito a motivos da esfera do trabalhador, pelo que fazer aí incluir razões empresariais traduzir-se-ia numa subversão do próprio conceito de justa causa. A propósito do direito à reintegração, os mesmos autores acrescentam que a ordem jurídica não pode nem deve estimular obstáculos de natureza subjectiva à realização de direitos fundamentais, antes os deve contrariar (p. 264).

*balho*" e "*regresso do trabalhador gravemente prejudicial e perturbador para a prosecução da actividade empresarial*" poderão, sem grande esforço, ser consideradas como praticamente sinónimas.

Ora, o Tribunal Constitucional pronunciou-se pela inconstitucionalidade da norma então em causa, utilizando uma argumentação que nos parece valer igualmente para a situação actual. Por isso, com a devida vénia, deixamos aqui transcritas algumas passagens do referido acórdão:

> "*O acto que extingue o contrato de trabalho, no regime da norma em apreço, vem a revelar-se ilícito, antijurídico, e, não obstante isso, pode vir a ocasionar o despedimento quando o juiz criar a convicção da impossibilidade de reatamento das normais condições de trabalho.*
>
> *Quer isto dizer que a entidade patronal, ao desencadear um despedimento ilícito, originou uma situação de conflito e tensão na relação laboral, acabando o clima de perturbação a ela devido servir para levar o juiz a substituir a reintegração por indemnização.*
>
> *Não existe aqui lugar para o apelo a qualquer princípio de tu quoque, de compensação de culpas, pois que, ao menos no recorte abstracto da situação normativa, apenas à entidade empregadora pertence responsabilidade na degradação da relação de trabalho, por efectuar um despedimento ilícito em termos de assim ser reconhecido pelo tribunal.*
>
> *A culpa do empregador, através do mecanismo instituído nesta norma, volta-se, não contra ele próprio, mas sim contra o trabalhador, que acaba despedido, em última análise por força de um acto judicialmente declarado ilícito e situado na esfera de exclusiva responsabilidade da entidade patronal. É que a eventual impossibilidade do reatamento de normais relações de trabalho dever-se-á, em direitas contas, ao menos na generalidade das situações, ao próprio despedimento ilícito e às tensões que se lhe seguiram e o acompanharam.*
>
> *A substituição da reintegração pela indemnização, em semelhante quadro, permitiria que a entidade patronal sempre pudessse despedir o trabalhador à margem de qualquer "causa constitucionalmente lícita", bastando-lhe para tanto criar, mesmo que artificialmente, as condições objectivas (despedimento ilícito + perturbações da relação laboral = impossibilidade do reatamento de normais relações de trabalho) conducentes à cessação do contrato de trabalho.*
>
> *É patente a violação do disposto no artigo 53.º da Constituição*".

B) **Direito colectivo**

No que toca ao Direito colectivo, a proposta enfraquece a dimensão colectiva da relação de trabalho, nomeadamente na medida em que nos parece que fragiliza os poderes sindicais, aumenta as restrições ao objecto das convenções colectivas e desvirtua a sua função como instrumento de progresso social, impõe em determinados termos a caducidade dessas convenções, aumenta a intervenção administrativa nos conflitos colectivos, como pode ser visto, desde logo, mas não só[58], nos regimes da arbitragem obrigatória ou da prestação dos serviços mínimos em caso de greve, etc.

É assim que, por exemplo, o novo regime temporal das convenções colectivas (*v.g.*, art.ºs 556.º-561.º), alterando substancialmente as regras quanto à vigência (e denúncia) dos IRCs[59] e permitindo que a vigência da contratação colectiva possa, em certos casos, ser feita cessar mediante um simples contrato de trabalho, coloca em causa a função social do direito de contratação colectiva, no fundo, o próprio cerne do Direito do Trabalho[60].

Esta é apenas uma das eventuais inconstitucionalidades detectáveis; poder-se-ão, porém, referir as regras sobre arbitragem obrigatória, sobre definição dos serviços mínimos, sobre limitação convencional de direitos fundamentais (na chamada cláusula de paz social), etc., como contendo igualmente alguns aspectos de duvidosa conformidade com a Lei Fundamental[61].

Limitaremos, contudo, a nossa atenção ao art.º 4.º do diploma, norma-chave, que dá nova formulação ao princípio do tratamento mais favorável do trabalhador, de acordo com a qual, contrariamente ao regime legal actualmente (ainda) vigente, constante do art.º 13.º, n.º 1, da LCT, se permite o afas-

---

[58] É assim que, para dar mais um exemplo, em relação ao agora chamado *regulamento de condições mínimas*, parece não haver dúvidas, face ao art. 579.º, que a margem de discricionariedade deixada à Administração para a elaboração de tais regulamentos é muito mais ampla do que aquela que actualmente resulta do art. 36.º da LRCT.

[59] Até agora, a lei prevê (no n.º 2 do art. 11.º da LRCT) que uma convenção colectiva se mantenha em vigor até ser substituída por outro IRC.

[60] O Código parece, com efeito, jogar no vazio contratual, através desta caducidade das convenções – ao que acresce ainda a previsão, pelo diploma preambular, de alguns mecanismos, *maxime* o denominado "*regime transitório de uniformização*" do artigo 15.º, que também reforça essa ideia.

Ora, este não parece ser o caminho para a revitalização da contratação colectiva, que, como já muito bem foi salientado por Monteiro Fernandes, numa entrevista que recentemente concedeu a um jornal, não pode ter sucesso quando uma das partes (os sindicatos) é colocada em estado de necessidade. Nem nos parece que tal solução respeite os parâmetros impostos pelo conceito de ordem pública social, a que, de seguida, se fará referência.

[61] Limitar-nos-emos a remeter para o que escrevemos no nosso parecer atrás mencionado (v., *supra*, nota 43), "Parecer sobre o anteprojecto de Código do Trabalho" in *Themis*, *cit.*, p. 224 ss., *maxime* p. 230-232, a propósito dos serviços mínimos [matéria na qual o CT recupera o regime da Lei n.º 30/92, de 20.10, que, por razões formais, foi declarado inconstitucional pelo Acórdão n.º 868/96, de 4.07, publicado no "*Diário da República*", I Série–A, de 16.10.1996. Ainda antes desta declaração de inconstitucionalidade, tivemos oportunidade de nos pronunciar, em termos bastante críticos, sobre tal regime, *in* Revista do Ministério Público, n.º 53 (1993), e hoje mantemos, no essencial, essa nossa posição].

tamento de normas legais, desde que delas não resulte o contrário, por instrumentos de regulamentação colectiva de trabalho, sem explicitar que esse afastamento só é consentido quando se estabeleçam condições mais favoráveis para o trabalhador.

Este novo preceito suscita-nos muitas dúvidas quanto à sua constitucionalidade. Cremos que, ao fazer com que as normas legais de regulamentação do trabalho deixem de ser, por regra, dotadas de uma *imperatividade mínima* em relação à regulamentação colectiva, passando agora a ter um valor meramente supletivo, dificilmente poderá ser considerado como respeitador dos parâmetros constitucionais.

É certo que a Lei Fundamental garante o direito de contratação colectiva apenas *"nos termos da lei"*, mas esta "não pode deixar de delimitá-lo de modo a garantir-lhe um mínimo de eficácia constitucionalmente relevante"[62]. Qualquer lei regulamentadora desse direito tem, nos termos do art. 18.º da Constituição, que respeitar o seu conteúdo essencial, que é intangível. A lei não pode, nomeadamente, "aniquilar esse direito ocupando-se ela mesma da regulamentação das relações de trabalho em termos inderrogáveis por convenção colectiva"[63].

Ora, pensamos que o direito de contratação colectiva só faz verdadeiramente sentido, só preenche a sua função social e económica – que se traduz, no fundo, em assegurar que a disciplina contratual corresponda a um *ponto de equilíbrio* entre os poderes das partes –, se forem mantidos determinados princípios como, entre outros, o do *tratamento mais favorável do trabalhador* ou o da *maior favorabilidade global na sucessão entre convenções*, que são princípios fundamentais de uma *ordem pública social*[64], que, no caso português, não pode deixar de levar em conta uma Lei Fundamental para a qual, não só a promoção do bem-estar e da qualidade de vida do povo e da igualdade real entre os portugueses, "bem como a efectivação dos direitos económicos,

---

[62] GOMES CANOTILHO e Vital MOREIRA, *Constituição da República Portuguesa. Anotada*, 3ª ed. (1993), p. 307.

[63] GOMES CANOTILHO e VITAL MOREIRA, *ob. cit.*, p. 307 s.

Os mesmos autores escrevem ainda (p. 307) que um dos aspectos em que se analisa materialmente o direito de contratação colectiva é o *"direito à autonomia contratual colectiva*, não podendo deixar de haver um espaço aberto à disciplina contratual colectiva, o qual não pode ser aniquilado por via normativo-estadual".

[64] Os princípios fundamentais que formam a ordem pública – aqueles que correspondem a "superiores interesses da comunidade" – podem adquirir expressão positiva quer nas Constituições quer nas leis imperativas, contra as quais não podem prevalecer os interesses individuais ou os interesses particulares de certas classes através da auto-regulamentação privada, individual ou colectiva. Sobre o ponto, J. BARROS MOURA, *A convenção colectiva entre as fontes de Direito do Trabalho*, Coimbra (1984), p. 169.

sociais, culturais e ambientais, mediante a transformação e modernização das estruturas económicas e sociais" fazem parte das "tarefas fundamentais do Estado" [al. *d*) do art. 9.º da CRP], como ainda os direitos trabalhadores se encontram ao abrigo do próprio poder de revisão constitucional [alíneas *d*) e *e*) do art. 288.º da CRP][65].

É, com efeito, por referência à Constituição que deverá ser determinado o âmbito da ordem pública social. Ora, face ao que acabámos de referir, julgamos que, na nossa ordem jurídico-constitucional, a possibilidade de melhoria da situação dos trabalhadores relativamente ao que dispõe a lei depara com limitações menores do que na generalidade dos outros Estados, dado serem a igualdade real entre os portugueses e a efectivação dos direitos económicos, sociais e culturais um dos objectivos do Estado.

A ordem pública social significa, no essencial (e desde que se respeitem outros – eventuais – limites fixados pela ordem jurídica), a admissibilidade de uma melhoria das condições de trabalho e dos direitos dos trabalhadores em medida e em qualidade apenas dependentes da autonomia colectiva, no fundo, da correlação das forças sociais em presença[66].

Essa ordem pública social caracteriza-se pelo reconhecimento, por um lado, da existência de uma desigualdade económica e social entre as partes da relação de trabalho e, por outro, dos conflitos colectivos entre trabalhadores e empregadores e dos meios de acção colectiva dos trabalhadores tendentes a influenciar a determinação das condições de trabalho.

Tal é assim porque o fundamento geral do direito de contratação colectiva é contrabalançar a desigualdade real entre as partes da relação de trabalho. A disciplina contratual deve corresponder a um equilíbrio entre os poderes dos contraentes: ora, nas relações laborais tal só pode ser conseguido pela conjugação entre a *autonomia colectiva* e a lei de cariz proteccionista, a primeira a determinar as condições globais de trabalho e de salário, não o fazendo senão para corrigir a situação em que o empregador impunha sozinho as suas condições e representando, no fundo, como atrás foi dito, "*um regresso (...) à paridade*"[67], e a segunda a subtrair ao domínio da autonomia da vontade e a definir imperativamente matérias do conteúdo do contrato de trabalho, procurando no essencial assegurar a igualdade substancial dos contraentes e a protecção do trabalhador.

Face à natureza desse direito fundamental dos trabalhadores, inerente ao Estado de direito democrático, só acompanhado de certas regras, como a do

---

[65] V., igualmente, o art. 2.º, *in fine*, da CRP.
[66] J. Barros Moura, *A convenção colectiva* ..., p. 173.
[67] Gérard Lyon-Caen, «Défense et illustration ...», p. 62.

artigo 13.º, n.º 1, da LCT[68] é que ele desempenha cabalmente a sua função económica e social, enquanto instrumento apto a promover o progresso das condições de trabalho.

Pelo contrário, o enfraquecimento da dimensão colectiva da relação de trabalho, em que o art.º 4.º do novo código se traduz, colide, segundo cremos, com a função social deste ramo do direito, tal como ela é recortada pela Constituição – a qual eleva à dignidade constitucional o respeito pela *pessoa* do trabalhador e pelos seus direitos, quer individuais quer colectivos, estes consubstanciando essa dimensão colectiva, que reequilibra uma relação originariamente desequilibrada em favor do empregador.

É essa a razão por que, em nosso entender, o art.º 4.º do *Código do Trabalho* – isto é, a nova formulação por ele dada ao princípio do tratamento mais favorável, que faz com que as normas legais de regulamentação do trabalho deixem de ser, por regra, normas *imperativas mínimas* em relação à regulamentação colectiva, passando a ter um valor meramente supletivo – é inconstitucional.

## III. Conclusões

Chegados aqui, limitar-me-ei a uma breve síntese do meu pensamento sobre a matéria.

O Direito do Trabalho afasta-se de certos dogmas contratualistas, de modo a proteger a parte contratual económica e socialmente mais débil, e tem como técnica específica a promoção da desigualdade jurídica em favor daquele contraente, princípio basilar que se verifica desde logo com a própria determinação colectiva das condições de trabalho, precisamente porque só assim pode, nas relações laborais, ser conseguido o equilíbrio entre os poderes dos contraentes, ao qual deve corresponder a disciplina contratual.

A relação de trabalho é condicionada por valores que elevam à dignidade constitucional as grandes questões do Direito Laboral enquanto direito de protecção do trabalhador, isto é, o respeito pelos direitos fundamentais especificamente laborais, *maxime* os direitos colectivos, que consubstanciam a dimensão colectiva da relação de trabalho, e a imposição de limites aos poderes patronais em nome dos direitos fundamentais da pessoa humana.

São estes os vectores por que há-de ser aferida a conformidade das leis do trabalho à Lei Fundamental.

---

[68] E como aquela que actualmente consta do art. 15.º/1 da LRCT (e muitas outras).

Ao afastar-se desses vectores, o CT – que contém uma alteração estrutural das leis laborais em favor do empregador – corre riscos sérios de conflituar com a Lei Fundamental, pelo menos na medida em que possa conduzir a situações em que não se encontre salvaguardado o equilíbrio entre as partes contratuais ou em que se menospreze – ou desconheça mesmo – aquela vertente colectiva da relação laboral, pondo-se assim, em causa, de certo modo, a própria essência deste ramo do direito e a sua função social.

Viu-se, por exemplo, que o enfraquecimento dessa dimensão colectiva não faz sentido, porque é ela que reequilibra uma relação originariamente desequilibrada em favor do empregador. E isto é tutelado, nestes precisos termos, pela Constituição. Daí que seja possível encontrar no texto deste projecto normas de muito duvidosa constitucionalidade.

É isso que, para nós, está verdadeiramente em causa. A filosofia-base do diploma em discussão é susceptível de conduzir a soluções normativas que podem colidir com a função social deste ramo do Direito, tal como ela é recortada pela Constituição.

Por isso, discordamos de muitas das medidas do código e somos de parecer que algumas das suas normas merecem as maiores reservas, nomeadamente do ponto de vista da sua eventual não conformidade com a Constituição.

Esta eleva à dignidade constitucional o respeito pelos direitos fundamentais da pessoa humana no trabalho.

É à garantia desses direitos fundamentais da pessoa humana que se reconduzem basicamente os valores do Direito do Trabalho, a grande "invenção jurídica" do séc. XX, como lhe chamou Alain Supiot. O que, de facto, nele se encontra em causa, a sua questão fundamental, é a pessoa humana, a *pessoa do trabalhador* e os seus direitos.

Ora, um jurista não pode, nem deve, esquecer nem a sua qualidade de cidadão nem o facto de que a tarefa de colocação da pessoa humana – não o homem abstracto, mas sim os homens concretos – no centro da ordem jurídica corresponde a um dever de qualquer jurista, tendo hoje um espaço privilegiado na área juslaboral, com a necessidade, cada vez mais sentida, de acentuação dessa sua ligação com a pessoa humana e os seus direitos.

Essa tarefa é parte da luta pela construção de um mundo melhor e mais fraterno, baseado na solidariedade e na autêntica liberdade de todos[69].

Lisboa, 16 de Abril de 2003

---

[69] V. o que escrevi, há já alguns anos, num texto em que procurava sintetizar aquilo que, para mim, existe de essencial no direito laboral [*Direito do Trabalho. Ensaios*, Lisboa, 1995, p. 16].

# FLEXIBILIDADE FUNCIONAL[*]

## José João Abrantes[**]

1. Até ao início da vigência da Lei n.º 21/96, de 23.07, exceptuando o caso do *ius variandi*, era vedado ao empregador cometer ao trabalhador quaisquer actividades não compreendidas na sua categoria.

O trabalhador deveria, em princípio, e de acordo com o n.º 1 do art.º 22.º da LCT (*princípio da correspondência entre a actividade a exercer e a categoria contratualmente estabelecida*), «exercer uma actividade correspondente à categoria para que foi contratado».

Aquela lei introduziu novas regras sobre as tarefas ou actividades que o empregador pode exigir ao trabalhador, prevendo – ao lado daquele *ius variandi*, condicionado à verificação de circunstâncias de excepcionalidade empresarial – um novo desvio aos princípios da contratualidade e da correspondência entre a actividade a exercer e a categoria contratualmente estabelecida.

Atribuíu, com efeito, ao empregador um poder de ampliação da prestação devida, um poder de modificar unilateralmente, *em circunstâncias de normalidade empresarial*, as tarefas do trabalhador, que passou a ficar obrigado a disponibilizar "outras actividades para as quais tenha qualificação e capacidade e que tenham afinidade ou ligação funcional com as que correspondem à sua função normal, ainda que não compreendidas na definição da categoria respectiva" (nova redacção dada ao n.º 2 do art.º 22.º da LCT).

---

[*] Texto que serviu de base à comunicação apresentada ao Encontro Iberoamericano de Direito do Trabalho sobre "*O Direito do Trabalho nos grandes espaços. Entre a codificação e a flexibilidade*", realizado na Faculdade de Direito da Universidade Católica, em Lisboa, em 23 e 24 de Abril de 2003.

Cumpre agradecer à Academia Iberoamericana de Direito do Trabalho e da Segurança Social, ao Gabinete de Estudos do Trabalho da Faculdade de Direito de Universidade Católica Portuguesa e, muito em especial, ao Senhor Professor Doutor Bernardo da Gama Lobo Xavier, Secretário-Geral da AIADT, o honroso convite para a participação e a apresentação de uma comunicação a este Encontro.

O autor associa-se também à justa homenagem rendida pelo Encontro ao Professor Manuel Alonso Olea, um dos mais elevados cultores deste ramo do direito, recentemente falecido.

[**] Professor da Faculdade de Direito da Universidade Nova de Lisboa.

Redefiniu-se, assim, o objecto do contrato de trabalho, de modo a nele compreender *ope legis* actividades conexas ou ligadas à categoria, a qual delimita, em princípio, esse mesmo objecto[1].

O critério de delimitação do objecto contratual, continuando, como até então, centrado no conceito de categoria, passou a ser complementado com o de afinidade ou ligação funcional com as actividades correspondentes à função normal do trabalhador[2].

Consagrou-se a possibilidade de alargamento do objecto do contrato de trabalho mediante a nova figura da *polivalência*, que constitui, a par do *ius variandi*, outra excepção ao princípio contido no n.º 1 do art.º 22.º da LCT, analisando-se, aliás, tal como aquele, num *direito potestativo* na titularidade do empregador, numa "faculdade do empregador, condicionada nos termos legais e que exige uma manifestação inequívoca da vontade deste"[3].

A *polivalência*, "referindo-se a actividades que se encontram originalmente fora do objecto do contrato (caso contrário estas normas seriam desnecessárias, dado que tais tarefas seriam sempre exigíveis com fundamento no contrato), parece passar a incluí-las no mesmo, mediante uma manifestação de vontade nesse sentido do empregador, desde que sejam observados os requisitos legais"[4].

Trata-se de um poder de variação do objecto contratual que, para o seu exercício, não obriga o empregador a ter de sair do seu normal poder de direcção[5], de um poder que prescinde da natureza de excepcionalidade das situações que justificam o recurso ao *ius variandi*.

A ampliação da prestação devida, permitida por esse poder do empregador nos termos da nova redacção dada pela Lei n.º 21/96 ao art.º 22.º da LCT, só é regular se o trabalhador mantiver como actividade principal o desempenho da sua função normal, ou seja, se as novas actividades cometidas ao trabalhador forem exercidas com carácter de acessoriedade relativamente à actividade que corresponde à sua função normal; as novas actividades a desempenhar não o podem ser em regime de exclusividade, mas antes em

---

[1] Cfr. Bernardo LOBO XAVIER, "Polivalência e mobilidade", in *I Congresso Nacional de Direito do Trabalho. Memórias*, p. 103 ss. (121) [v. também o importante estudo do mesmo Professor incluído no volume correspondente aos n.ºs 1, 2 e 3 de 1997 da Revista de Direito e de Estudos Sociais].

[2] Jorge LEITE, "Flexibilidade funcional", in Questões Laborais 1997, p. 5 ss. (26).

[3] Catarina CARVALHO, "O exercício do *ius variandi* no âmbito das relações individuais de trabalho e a plivalência funcional", in *Juris et de jure* – Nos vinte anos da Faculdade de Direito da Universidade Católica Portuguesa – Porto, p. 1031 ss. (1037).

[4] Catarina CARVALHO, cit., p. 1036 s.

[5] Manuela MAIA, "Mobilidade funcional", in Questões Laborais 1997, p. 61 ss. (67).

regime de cumulação e com carácter de acessoriedade relativamente ao exercício das funções normais do trabalhador, isto é, das funções correspondentes ao núcleo essencial da categoria do trabalhador (n.º 3 do citado art.º 22.º)[6].

2. A proposta de lei de *Código do Trabalho* (Proposta de Lei n.º 29/IX), recentemente aprovada na Assembleia da República, vai mais longe, definindo o objecto do contrato independentemente da noção de categoria e integrando nele – de forma automática – essas funções "afins ou funcionalmente ligadas" à actividade contratada, "para as quais o trabalhador detenha a qualificação profissional adequada e que não impliquem desvalorização profissional".

De acordo com o art.º 111.º do CT, "cabe às partes definir a actividade para que o trabalhador é contratado" (n.º 1), podendo tal definição ser feita "por remissão constante do instrumento de regulamentação colectiva de trabalho aplicável ou de regulamento interno da empresa" (n.º 2).

Dispõe, por seu turno, o art.º 151.º que "o trabalhador deve, em princípio, exercer funções correspondentes à actividade para que foi contratado" (n.º 1) e que "a actividade contratada, ainda que descrita por remissão para categoria profissional constante de instrumento de regulamentação colectiva de trabalho ou regulamento interno de empresa, compreende as funções que lhe sejam afins ou funcionalmente ligadas, para as quais o trabalhador detenha a qualificação profissional adequada e que não impliquem desvalorização profissional" (n.º 2).

Ao estender automaticamente o objecto do contrato, isto é, a actividade devida pelo trabalhador, às tarefas afins ou funcionalmente ligadas, o CT aproximou-se assim da redacção que o Acordo de Concertação Social de Curto Prazo de 1996 e a Proposta de Lei n.º 14/VII[7] tinham inicialmente destinado para o n.º 2 do art.º 22.º da LCT ("*O objecto do contrato abrange ainda as actividades ...*").

O objecto do contrato de trabalho – a prestação devida pelo trabalhador – é agora a "*actividade contratada*", alargada *ope legis* às funções "afins ou funcionalmente ligadas". Estas passam agora a fazer *automaticamente* parte desse objecto, que se vê, assim, ampliado de forma a abranger, já não apenas um núcleo essencial de funções, como também, e por mera força da lei, todas as funções afins ou funcionalmente ligadas a esse núcleo fundamental da actividade devida.

---

[6] Sobre o conceito de função normal, e nomeadamente sobre a sua relação com o de categoria, v. Jorge LEITE, cit., p. 29, nota 36., e Bernardo LOBO XAVIER, cit., p. 122.

[7] Que, modificada nesse ponto, viria a dar origem à Lei n.º 21/96.

Parece, por conseguinte, ter ficado definitivamente clarificada a consagração pelo legislador da orientação que concebe o instituto em causa, não como *um outro modo de variabilidade do objecto contratual*, isto é, como uma outra excepção ao princípio da invariabilidade da prestação (analisando-se num *direito potestativo* do empregador, sujeito à verificação de determinados requisitos), mas sim como *extensão legal ao objecto do contrato de trabalho*[8].

3. Deixando a "categoria" e a "função normal" de definir o objecto do contrato, desaparecem no CT algumas exigências constantes da lei ainda vigente, mais concretamente do art.° 22.° da LCT, como a relativa à *acessoriedade* das funções afins ou funcionalmente ligadas à função normal ou a de que esta se mantenha como principal, a necessidade de não diminuição da retribuição, a articulação com a formação e a qualificação profissional e o direito à reclassificação.

O artigo 151.° do CT mantém, porém, os restantes requisitos actualmente constantes do referido preceito da LCT, aos quais se fará de seguida breve referência.

a) Requisito da *afinidade* ou *ligação funcional*.

Este requisito é bastante amplo, até por se referir a condições colocadas em alternativa. Em nosso entender, poder-se-á dizer que duas actividades são *afins* "quando ambas têm um mínimo denominador comum de conhecimentos técnicos e capacidade prática, isto é, exigem conteúdos formativos e bases científicas idênticas ou próximas"; e que são *funcionalmente ligadas* "quando se inserem num mesmo processo produtivo, havendo entre elas uma relação de instrumentalidade ou complementaridade"[9].

---

[8] Sobre o ponto, Luís Miguel MONTEIRO, "Polivalência funcional", in *Estudos do Instituto de Direito do Trabalho* – vol. I, p. 295 ss. (313 s.).

[9] José João ABRANTES, "Flexibilidade e polivalência", in *I Congresso Nacional de Direito do Trabalho. Memórias*, p. 133 ss. (140). Cfr. também Jorge LEITE, cit., p. 33, e Manuela MAIA, cit., p. 68 [esta autora faz interessantes considerações (p. 65) acerca do conceito, mais restrito, de «equivalência», preferido pelas legislações italiana e espanhola].

O n.° 3 do art.° 151.° do CT estipula, por seu turno, que, "para efeitos do número anterior, e salvo regime em contrário constante de instrumento de regulamentação colectiva de trabalho, consideram-se afins ou funcionalmente ligadas, designadamente, as actividades compreendidas no mesmo grupo ou carreira profissional". Diga-se, a propósito, que, em nosso entender, a definição da actividade contratada "por remissão constante do instrumento de regulamentação colectiva de trabalho aplicável ou de regulamento interno da empresa" funciona como mera presunção *juris tantum*, que não prejudica a aplicação da regra geral de deli-

b) *"Qualificação profissional adequada"* para as actividades em questão.

Este requisito corresponde às aptidões e preparação profissional do trabalhador, isto é, aos conhecimentos teóricos, práticos, escolares e profissionais, indispensáveis à realização da função ou da actividade em causa, aferidas naturalmente no momento em que realiza ou lhe é dada ordem para realizar uma determinada actividade[10].

---

mitação da afinidade ou ligação funcional das funções. Ou seja, mesmo quando o objecto do contrato é definido por remissão para uma categoria, funcionará o critério geral, já hoje usado na interpretação desses conceitos (sob pena de o preceito poder dar azo a manipulação, *v.g.* nos regulamentos internos, que, para alargar o mais possível o objecto do contrato, poderão incluir num grupo ou carreira profissional um leque mais extenso de categorias).

Sobre a questão de saber se, à luz da Lei n.º 21/96, as partes podem, contratualmente, afastar o poder de ampliação das actividades exigíveis ao trabalhador, cfr. Jorge Leite, cit., p. 20, para quem o silêncio da lei não pode ser interpretado contra o princípio da liberdade contratual, invocando em seu apoio, designadamente, a alteração introduzida pela AR à redacção, acentuadamente anti-contratualista, que a Proposta de Lei n.º 14/VII tinha destinado para o n.º 2 do art.º 22.º («*O objecto do contrato abrange ainda as actividades ...*») e que agora aparece retomada pelo CT. Sustentando uma posição oposta sobre a mesma questão, cfr. Amadeu Dias, "Polivalência funcional", in Questões Laborais 1997, p. 38 ss. (50).

[10] O requisito tem aqui um sentido idêntico ao do Dec.-Lei n.º 358/84, de 13.11 (cfr. Jorge Leite, cit., p. 31). O que se exige é a habilitação escolar e/ou profissional legalmente exigida, é a posse de um título certificador de determinados conhecimentos escolares e/ou profissionais e/ou da ausência de impedimentos ao exercício de certas profissões (que exigem qualificações especiais).

Mas o título certificador é apenas condição necessária, não suficiente, é apenas mera presunção dessa capacidade, mas não constitui uma sua prova irrefutável (Jorge Leite, cit., p. 32). Ou seja, a capacidade, além de estar titulada, tem também que existir, na realidade. Sobre o ponto, José João Abrantes, cit., p. 138 s.

Pode na verdade suceder que a pessoa credenciada para o exercício de certa actividade se não encontre em condições de a desempenhar, seja porque, posteriormente à obtenção do título de habilitação, perdeu, por qualquer causa (acidente, doença, etc.), as capacidades correspondentes, seja porque delas nunca tenha sido dotado (Jorge Leite, cit., p. 32).

Por isso, pensamos que, não obstante o facto de o Código não fazer referência expressa à exigência da capacidade para o exercício das funções afins ou funcionalmente ligadas, hoje constante do art.º 22.º da LCT, os aspectos em que tal requisito se traduz – *maxime*, a verificação das aptidões reais (*v.g.*, de condições físicas e psíquicas necessárias ao exercício da actividade) de que o trabalhador é dotado no momento em que realiza a actividade – têm que ser efectivamente ponderados aquando da atribuição das funções: tal o exige ainda, segundo cremos, o n.º 5 do seu art.º 151.º, que refere expressamente as aptidões do trabalhador, ao dispor que "o empregador deve procurar atribuir a cada trabalhador, no âmbito da actividade para que foi contratado, as funções mais adequadas às suas aptidões e qualificação profissional".

Terão, pois, que ser ponderados, não apenas os conhecimentos profissionais adquiridos, como ainda, e sobretudo, as aptidões reais do trabalhador – ou, para utilizarmos uma expressão do art.º 20.º/2 do Dec.Lei n.º 401/91, de 16.10, o «conjunto de competências, atitudes

c) Requisito de que as funções em questão não impliquem *desvalorização profissional*.

Por outro lado, as funções afins ou funcionalmente ligadas para as quais o trabalhador detenha a qualificação profissional adequada não integram o objecto devido do contrato de trabalho, sempre que impliquem *desvalorização profissional*[11]. Trata-se de um outro importante limite negativo, que tem directamente a ver com as perspectivas de carreira e com a preparação do trabalhador para as mutações tecnológicas e organizacionais, com as alterações do mercado de emprego e dos perfis profissionais. Recorrendo, uma vez mais, ao método de aproximação às leis sobre formação profissional, poderá dizer-se que determinam desvalorização as actividades que se mostrem contrárias à promoção profissional, à melhoria da qualidade no emprego e ao desenvolvimento cultural, económico e social do trabalhador (cfr. art.º 3.º/3 do Dec.Lei n.º 401/91, de 16.10), podendo utilizar-se critérios indicativos como, por exemplo, a representação social de determinadas actividades ou a respectiva retribuição[12].

No que respeita aos *efeitos* da realização dessas actividades afins ou funcionalmente ligadas à actividade contratada, dispõe o art.º 152.º do CT que o trabalhador tem *direito à retribuição mais elevada* correspondente às funções afins ou funcionalmente ligadas, ainda que exercidas acessoriamente, enquanto esse exercício se mantiver.

4. No que toca ao *ius variandi* (agora designado por "*mobilidade funcional*"), o CT (art.º 313.º) traz duas grandes modificações de regime.

Em primeiro lugar, a supletividade da figura (n.º 2 do art.º 313.º); em segundo lugar, a previsão expressa do dever do empregador de fundamentar a ordem do *ius variandi* e de indicar o tempo previsível (n.º 4)[13].

---

e comportamentos» indispensáveis ao exercício das funções ou da actividade em causa –, aferidas naturalmente no momento em que realiza ou lhe é dada ordem para realizar uma determinada actividade (Jorge LEITE, cit., p. 32).

[11] Sobre a diferença entre este conceito e o utilizado para delimitação (negativa) do *ius variandi* (modificação substancial da posição do trabalhador), v. Amadeu DIAS, cit., p. 57.

Este requisito da não modificação substancial da posição do trabalhador faz apelo, segundo Luís Miguel MONTEIRO, cit., p. 308, "à protecção do estatuto hierárquico do trabalhador, do seu prestígio ou dignidade profissional, do seu posicionamento no processo produtivo, impedindo ainda o acréscimo significativo do risco, responsabilidade ou onerosidade na realização da prestação".

[12] José João ABRANTES, cit., p. 141. Cfr. ainda Jorge LEITE, cit., p. 35, e Manuela MAIA, cit., p. 65 ss.

[13] Diga-se, a propósito, que, também para o exercício do poder a que se refere o art.º 151.º, a boa fé no cumprimento dos contratos e o dever de informação, previsto nos art.ºs 97.º e 98.º

A primeira das referidas alterações é, em nosso entender, criticável.

Como é sabido, a jurisprudência tem quase unanimente defendido que a *"estipulação em contrário"*, admitida pelo actual n.º 7 do art.º 22.º da LCT, deve ser entendida no sentido de as partes poderem convencionar a proibição do exercício do *ius variandi*, mesmo que se verifiquem os demais requisitos, e não no sentido de permitir o exercício desta faculdade sem respeitar as condições estabelecidas nesse artigo.

Com o novo CT, o *ius variandi* pode agora ser *alargado* a outras situações – mesmo que nelas não exista um interesse da empresa ou seja modificada substancialmente a posição do trabalhador. Prevê-se, com efeito, no art.º 313.º, n.º 2, que, *por estipulação contratual*, as partes possam *"alargar* ou restringir" tal faculdade – acrescendo, aliás, que, nos termos do n.º 3 – conjugado com o n.º 2 – do mesmo artigo, pode agora haver diminuição da retribuição.

Segundo o nosso entendimento, tal possibilidade de alargamento das condições de recurso ao *ius variandi* merece censura, precisamente por não ser respeitado o carácter de absoluta excepcionalidade de que o recurso a este instituto – dado tratar-se de um poder do empregador que excepciona o princípio do art. 406.º do C. Civil (*princípio da invariabilidade da prestação contratual*) – se deverá revestir[14].

Ainda que se trate de uma faculdade cujo exercício é necessariamente temporário, cremos poder – também aqui, em sede de mobilidade funcional – dizer que a aposta no princípio da liberdade contratual contraria o desígnio natural do Direito do Trabalho, enquanto instrumento regulador de uma

---

do CT (tal como, hoje, no Dec.-Lei n.º 5/94, de 11.01), obrigam o empregador a comunicar e a fundamentar o exercício da polivalência.

Com o Código do Trabalho, aliás, a polivalência já não consubstancia um exercício extraordinário mas normal do poder de direcção, pelo que tudo se passará, afinal, dentro do dever geral de informação relativo ao contrato de trabalho (artigo 98.º, n.º 1, al. *c*). – sendo necessária a referência expressa à inclusão no objecto do contrato das funções afins ou funcionalmente ligadas.

Para Catarina CARVALHO, cit., p. 1048, caso falte tal fundamentação, será legítima a recusa do trabalhador em exercer as novas funções, pois, em princípio, a prestação laboral deve permanecer inalterável.

[14] Note-se que o direito de variação temporária da actividade contratada, a que se reporta o art.º 313.º, não confere acesso a nova categoria, contrariamente ao que vinha sendo o entendimento da jurisprudência. É o que diz o n.º 2 do art.º 312.º, de acordo com o qual, "salvo disposição em contrário, o trabalhador não adquire a categoria correspondente às funções que exerça temporariamente".

O que significa que restará agora a sanção contraordenacional prevista no art.º 674.º.

relação "essencialmente coercitiva e altamente assimétrica"[15], de uma relação que, hoje como ontem, é uma *relação de poder-sujeição*, em que a liberdade de uma das partes aparece susceptível de ser feita perigar pelo maior poder económico e social da outra.

O Direito do Trabalho, com a sua feição proteccionista e as suas características próprias, que lhe conferem um conteúdo profundamente humanista, continua a ter razão de ser e, tal como sustenta Bernardo Lobo Xavier, a sua autonomia "deve ser exaltada, relativamente ao direito comum dos contratos"[16].

O sentido dessa autonomia do Direito do Trabalho tem de ser visto "em função da maneira de ser da própria relação laboral", que, apresentando "manifestas afinidades com as relações obrigacionais sinalagmáticas e onerosas", não pode, porém, "explicar-se apenas através destas notas, nem ser vista como uma simples relação de troca, trabalho-salário"[17]. Como acrescenta o autor que vimos citando, "vários elementos contribuem para a autonomia dessa relação", que, desde logo, "sofre marcada interferência dos interesses colectivos que dominam as relações colectivas de trabalho", sendo que, "por outro lado, o trabalho, enquanto bem instrumental da personalidade, exige uma tutela específica, que impede o seu tratamento como simples meio de troca"[18].

É isso que, de facto, se encontra em causa neste ramo do direito: é a pessoa humana, a *pessoa* do trabalhador e os seus direitos, quer individuais quer colectivos. É essa a sua questão fundamental, a sua problemática central[19].

---

[15] Na expressão de POGGI, citado por Bernardo LOBO XAVIER, "A matriz constitucional do Direito do Trabalho", in *III Congresso Nacional de Direito do Trabalho. Memórias*, 2001, p. 95 ss. [p. 100 e nota (7)].

[16] "A matriz constitucional do Direito do Trabalho", cit., p. 100 e nota (7).

Nesta mesma nota, citando Radbruch, Bernardo LOBO XAVIER acrescenta que "o direito do trabalho focaliza (as relações económicas) segundo o critério da protecção do economicamente mais débil contra o economicamente forte. (...) (O direito civil) reconhece só "pessoas", sujeitos jurídicos iguais, que contratam entre si mediante livres decisões de ambas as partes: nada sabe do trabalhador, situado numa posição de inferioridade perante o empresário. Nada sabe também da solidariedade do conjunto dos trabalhadores, que compensa esta inferioridade de poder do trabalhador individual relativamente ao patrão; nem sabe das grandes associações profissionais que, mediante as convenções colectivas de trabalho, são quem realmente conclui os contratos de trabalho. (...) A essência do direito do trabalho (é precisamente) a sua maior proximidade à vida. Não vê só pessoas, como o abstracto direito civil, mas empresários, operários, empregados; não só pessoas individuais, mas associações e empresas; não apenas contratos livres, mas também as duras lutas económicas de poder que constituem o pano de fundo destes supostos contratos livres".

[17] Luís CARVALHO FERNANDES, *Teoria Geral do Direito Civil*, 3ª ed., 2001, p. 28.

[18] Luís CARVALHO FERNANDES, *ibidem*.

[19] O objecto do contrato de trabalho é a própria *pessoa* do trabalhador, que se encontra intrinsecamente envolvida na troca contratual.

A característica principal desse contrato é a de que, como escreve Kurt BALLERSTEDT, «Pro-

Por isso, porque a disciplina da relação contratual deve corresponder a um *ponto de equilíbrio* entre os poderes dos contraentes, este ramo do Direito possui regras e princípios especiais, afastando-se de certos dogmas contratualistas, de modo a proteger a parte contratual económica e socialmente mais débil, e tendo como técnica específica a promoção da desigualdade jurídica em favor desse contraente.

Daí que a aposta no princípio da liberdade contratual nos pareça – também aqui, em sede de mobilidade funcional – contrariar o desígnio natural e a própria função social do Direito do Trabalho

5. As alterações introduzidas são reflexo das novas tendências para a identificação mais genérica do objecto do contrato de trabalho, perdendo-se o valor garantístico antes atribuído à categoria[20].

A prestação de trabalho, a actividade contratada, embora tenha que ser *determinável* (art.º 280.º do Cód. Civil), pois a disponibilidade do trabalhador tem de resultar, de algum modo, funcionalmente delimitada, é por natureza *indeterminada*, porque as exigências relativas à execução do próprio contrato pelo trabalhador não permitem descortinar à partida todos os actos ou tarefas que lhe podem ser exigidas.

Essa execução deve, pois, ser moldada a cada momento no interesse das várias necessidades da empresa, implicando, assim, uma ampliação do poder directivo do empregador[21].

Remetido ou não para uma categoria, o objecto do contrato de trabalho abrange, não apenas as funções indicadas pelas partes, mas todas as que resultem dos ditames impostos pela *boa fé*, a qual impõe uma obrigação emergente da previsibilidade do desenvolvimento contratual – a chamada "*ginástica de*

---

bleme einer Dogmatik des Arbeitsrechts», RdA 1976, p. 5 ss. (8), "*er in die Persönlichkeitssphäre des Arbeitnehmers einwirkt*". O mesmo autor (p. 7) define o trabalhador como "eine Person, die sich einem andern aufgrund eines privatrechtlichen Vertrages in einem Verhältnis *persönlicher Abhängigkeit* Arbeit zu leisten verpflichtet". Cfr., em sentido idêntico, Otfried WLOTZKE, «Leistungspflicht und Person des Arbeitnehmers in der Dogmatik des Arbeitsvertrages», RdA 1965, p. 180 ss., Alfred HUECK/Hans Carl NIPPERDEY, *Lehrbuch des Arbeitsrechts*, 1. Vol., 7. ed., Berlin (1963), p. 34 ss., e Arthur NIKISCH, *Arbeitsrecht*, Vol. I, 3. ed., Tübingen (1961), p. 91 ss., e, já em 1922, Heinz POTTHOFF, "Ist das Arbeitsverhältnis ein Schuldverhältnis?", ArbR 1922, p. 267 ss. (275).

[20] José João ABRANTES, cit., p. 142.

[21] Como escreve Bernardo LOBO XAVIER, cit., p. 107, "o contrato de trabalho lança as bases de uma *relação duradoura, mas especialmente evolutiva*, já que as prestações das partes, na sua economia, se têm de adaptar a um quadro de constante mudança e de crescente expectativa".

*adaptação técnica*" de que fala Lega[22] –, de modo a dar resposta a novas tarefas, impostas pela evolução, nomeadamente tecnológica.

O objecto do contrato de trabalho tem, por conseguinte, um "conteúdo elástico", de amplitude variável. Nele existe um conjunto principal de funções, que representa a essencialidade do género do trabalho contratado e forma um espécie de núcleo duro da actividade devida. A variação das exigências do empregador que justifique a necessidade do cumprimento pelo trabalhador de funções afins ou funcionalmente ligadas a esse núcleo é conforme à boa fé contratual, de acordo com a "geometria variável" do contrato, de que fala Bernardo Xavier[23].

Aceita-se hoje pacificamente que esse objecto do contrato integra naturalmente as funções equivalentes ou semelhantes, numa zona periférica de actividades complementares, da actividade contratada.

É esse, de certo modo, o sentido das alterações introduzidas, primeiro com a Lei n.º 21/96 e agora com o CT, em matéria deste poder de determinação pelo empregador do exercício das funções afins ou funcionalmente ligadas à actividade contratada.

Pode mesmo dizer-se que, no fundo, em matéria de definição do objecto contratual, a proposta de lei de Código do Trabalho mais não representa do que alguns ajustamentos, ou, melhor dizendo, acomodações da lei actualmente vigente sobre a matéria.

A finalidade da consagração desta figura pelo legislador será "actualizar a vontade das partes, adaptando o objecto contratual ao que teria sido convencionado se os contraentes tivessem previsto o sentido da evolução das suas necessidades" ou, noutras palavras, "suprir deficiências e lacunas na disciplina contratual e adequar esta à alteração das circunstâncias"[24].

Procura-se "ultrapassar a rigidez e a imutabilidade em que os esquemas das categorias, sobretudo as previstas em IRC, encerraram o objecto do contrato de trabalho, (...) recuperar certas áreas ocultas omissas ou implícitas na expressão da vontade contratual", para que a rigidez daqueles esquemas "não fornece resposta adequada"[25].

6. No caso do art.º 151.º, que se refere à determinação pelo empregador do exercício das funções afins ou funcionalmente ligadas à actividade contra-

---

[22] Cit. por Bernardo LOBO XAVIER, cit., p. 116, autor que, por seu turno, se refere a "um compromisso de adaptação técnica", assumido pelo trabalhador com a inserção na empresa (p. 115).
[23] Bernardo LOBO XAVIER, cit., p. 114.
[24] Luís Miguel MONTEIRO, cit., p. 313.
[25] Luís Miguel MONTEIRO, cit., p. 313.

tada, "para as quais o trabalhador detenha a qualificação profissional adequada e que não impliquem desvalorização profissional", a sua aplicação prescinde da natureza de excepcionalidade das situações que justificam o recurso ao *ius variandi*.

Mas, também aí, tal como no *ius variandi*, não é obviamente de um poder de exercício arbitrário que se trata, havendo, nomeadamente, que garantir o controlo do possível arbítrio do empregador[26].

A chamada flexibilidade não pode, com efeito, ser encarada como mera questão de eficácia empresarial. Os direitos dos trabalhadores – que são o primeiro motor do direito do trabalho, tal como é moldado pela Constituição[27] – terão que ser devidamente acautelados, constituindo limites a ser tidos em conta no exercício dos poderes patronais[28].

Como acertadamente sustenta Mozart Victor Russomano, a flexibilização das leis do trabalho não deve chegar ao núcleo de "princípios e normas essenciais à dignidade humana do trabalhador, sem os quais a classe operária é jogada à luta selvagem do mercado de trabalho sem armas que os defendam".

O novo Código, ainda que sem introduzir grandes rupturas face à legislação vigente, virá, todavia, reforçar um pouco mais os poderes patronais, também nesta sede da flexibilidade funcional, parecendo-nos particularmente gravoso – como já se teve oportunidade de acentuar – o disposto no art.º 313.º, n.º 2.

Torna-se, por isso, necessário ter presente que quer o poder de determinação pelo empregador do exercício das funções afins ou funcionalmente ligadas à actividade contratada, previsto no art.º 151.º, quer a mobilidade funcional, a que se refere o art.º 313.º do CT, deverão ser exercidos segundo os princípios gerais da boa-fé e do respeito pela dignidade, pessoal e profissional, e pelos direitos fundamentais do trabalhador, aí se incluindo designadamente a sua profissionalidade, evitando-se também, sempre que possível, o

---

[26] Manuela MAIA, cit., p. 79.

[27] Sobre o significado e alcance dos direitos que a Constituição reconhece aos trabalhadores, v. o nosso «Direito do Trabalho e Constituição», in *Direito do Trabalho – Ensaios*, Lisboa, 1995, p. 39.

[28] É hoje incontornável – e a Lei Fundamental não permite dúvidas sobre o ponto – que, face ao maior poder económico do outro contraente, coloca-se claramente a necessidade de fazer actuar de forma directa os direitos fundamentais enquanto garantias da liberdade e da dignidade do trabalhador.

Sobre o problema da eficácia entre privados dos direitos fundamentais, cfr. a nossa monografia *A vinculação das entidades privadas aos direitos fundamentais*, Lisboa, 1990, e, especificamente a nível da relação de trabalho, igualmente da nossa autoria, a dissertação *Contrat de travail et droits fondamentaux*, Frankfurt am Main, 2000.

desrespeito pela prestação convencionada[29]. Nomeadamente, esses poderes só deverão ser exercido desde que, e na medida em que, razões objectivas o justifiquem[30].

Lisboa, 24 de Abril de 2003

---

[29] Cfr. José João ABRANTES, cit., p. 143, Jorge LEITE, cit., p. 30, Manuela MAIA, cit., p. 67, e Catarina CARVALHO, cit., p. 1059.

[30] Aliás, o requisito do interesse da empresa tem de se considerar implícito, visto que deve presidir ao desenvolvimento de todo o relacionamento que, no seio dela, se desenrola entre o empregador e os trabalhadores.

Como escreve Catarina CARVALHO, cit., p. 1042, "a desvalorização dos princípios civilísticos (pois, também aqui, há uma excepção ao princípio do art.º 406.º do CC) só se justifica no sentido de acentuar ou os interesses sociais ligados à situação do trabalhador, ou os interesses" decorrentes da função económico-social da empresa.

Resulta tal imposição, nomeadamente, dos limites legais e constitucionais aos direitos de propriedade e de empresa, à autonomia da vontade e à liberdade contratual. Sobre o conceito constitucional de liberdade e de autonomia privada, v. Ana PRATA, *A tutela constitucional da autonomia privada*, Coimbra, 1982, p. 214 e ss.

# Estado da questão

# Tempos de Estabilidade e Tempos de Mudança em Modelos de Organização Mundial

Paula Escarameia[*]

Introdução

Hoje vou começar por falar do conceito de tempo, um dado que tanta importância adquire em conjunturas como aquela que vivemos; tentarei depois estabelecer a conexão subjacente entre o tempo presente e o actual Direito Internacional Público; finalmente, procurarei ligar esta ordem normativa com a vida de cada um de nós e com aquilo que aprendi serem as maiores lições que a nossa existência nos pode dar como guias para um futuro melhor. Estou hoje convicta de que, em termos pragmáticos, elas são a defesa da verdade para connosco próprios e o alívio do sofrimento através do combate ao abuso do poder.

O Tempo que Vivemos

Os tempos históricos são profundamente diferentes na sua essência e originam consequências muito diversas. O que me interessa sobretudo nesta análise é a dicotomia "tempos de estabilidade v. tempos de mudança de modelos de organização mundial". Um tempo de estabilidade caracteriza-se pela fortaleza das suas instituições orgânico-conceptuais, pelas possibilidades de aprofundamento e aperfeiçoamento de estruturas que são aceites dentro do paradigma estabelecido e pelo interesse maioritário das forças políticas e sociais na defesa da manutenção das ditas estruturas, por vezes à custa de uma rigidez intelectual que se recusa a admitir alterações na realidade social. Um tempo de mudança, de intervalo entre modelos estabelecidos, pelo contrário, é caracterizado pelo reconhecimento generalizado da crise do modelo predominante e pela falta de consenso quanto à construção de um modelo que o substitua. É esse o tempo que vivemos, um tempo de transição entre paradigmas da nossa ordem mundial.

---

[*] Professora da Faculdade de Direito da Universidade Nova de Lisboa.

Charles Dickens começou a sua "História de Duas Cidades" com a frase: "Era o melhor dos tempos, era o pior dos tempos". São assim os tempos de mudança: acarretam as angústias próprias do desconhecido (são o "pior dos tempos") mas encerram em si a maravilha do poder criador na sua essência, a possibilidade de construção só conseguida quando um sistema concepto--orgânico foi reconhecido como insuficiente face a uma realidade que já não consegue retratar e perante instituições que já não produzem soluções credíveis (são, por isso, "o melhor dos tempos").

Para mais, o tempo como aquele que vivemos tem uma característica muito particular, que reside em que tudo aquilo que é escolhido como linha de acção tem um potencial acrescido para se tornar no modelo futuro, de tal modo que as marcas deixadas e que são, inevitavelmente, contraditórias, já que numerosas forças contrárias ou, pelo menos, divergentes, se fazem sentir, têm possibilidades de influência profundas porque moldam o que será um paradigma que está para vir. É um tempo iminentemente criador (por isso, o "melhor" dos tempos), mas também um tempo de responsabilidade acrescida, em que cada pegada fica impressa muito mais profundamente e influencia mais decisivamente o caminho que irá ser seguido (daí, ser o "pior" dos tempos).

Claro que todo o tempo, mesmo aquele da maior solidez paradigmática, apresenta sempre desvios face ao modelo reinante, conceitos ou soluções que não combinam com o paradigma imperante, mas essas marginalidades são mantidas com esse estatuto e as forças sociais não pressionam seriamente para a sua mudança. As harmonizações são possíveis e um equilíbrio é criado e mantido, mesmo à custa de distorções da realidade. Exemplos destas forças marginais ao modelo reinante na esfera internacional e, mais particularmente, no Direito Internacional, foram, sem dúvida, entre outras, no século XX, as ideias de direitos humanos do indivíduo, de autodeterminação dos povos e de património comum da Humanidade.

Passemos, então, ao Direito Internacional Público e ao modo como ele viveu, no século passado, um crescente desafio ao modelo vestefaliano consolidado no século XIX, como tentou harmonizar a realidade com o dito modelo e, finalmente, a como o já não consegue fazer nos dias de hoje.

O Direito Internacional que Temos

O mundo inaugurado por Vestefália ofereceu-nos um modelo que garantiu o desenvolvimento humano durante alguns séculos através do estabelecimento de um mundo dividido em entidades políticas, chamadas Estados, definidas por populações habitando um território delimitado por fronteiras que todos teriam que respeitar, por um poder soberano dentro das mesmas, protegido de interferências externas, e pela ideia de igualdade nas relações entre os ditos soberanos.

Como salientou Richard Falk, este modelo proporcionou uma clareza grande nas relações de poder, com esferas específicas de exercício do mesmo face a outros soberanos e face a populações dentro de fronteiras. Claro que, como sempre, a realidade não se pode espartilhar em modelos conceptuais ou organizacionais, porque é sempre evolutiva e muito mais rica que eles, tendo começado a surgir vários aspectos, que se desenvolvem no século XIX, que só muito dificilmente são enquadrados neste paradigma: estão, entre eles, a questão das nacionalidades, o aparecimento das primeiras organizações internacionais de carácter técnico e o nascer da ideia de defesa de direitos de certos indivíduos, com os movimentos e convenções contra a escravatura e a protecção de pessoas em situação de guerra, através da prestação de cuidados a feridos e doentes em combate e da regulamentação de métodos e armas a utilizar em conflitos armados. Estes fenómenos vão ser assimilados à estrutura dominante, acabando por ser regulados por tratados internacionais interestatais, mas representam a erosão desse modelo porque fazem surgir novos actores na cena internacional e despertar a consciência dos valores colectivos internacionais, não mais baseados numa visão contratualista e bilateral de interesses entre Estados.

O século XX, como não poderia deixar de ser, viu estas sementes darem frutos e, na maioria das suas instituições e articulação entre conceitos, espelha já a difícil harmonização entre o modelo vestefaliano e os crescentes aspectos que do mesmo se desviam. A nível de organização mundial, o século XX é provavelmente caracterizado por duas grandes tendências: a primeira metade, sobretudo pela inauguração da primeira organização política mundial, a Sociedade das Nações, que se pretende universal e que se dirige primariamente ao controlo da guerra; a segunda metade, fundamentalmente, pela influência, não só da tecnologia, mas também crescentemente pelo aparecimento de novas entidades internacionais, que se multiplicam e passam a contribuir decisivamente para o processo mundial, como sejam o indivíduo, os movimentos de libertação, as empresas multinacionais, as ONGs, e, mais contemporaneamente, a opinião pública mundial, os funcionários internacionais, certos indivíduos com especiais papeis na cena internacional, etc.

Mais especificamente, a nível do Direito Internacional, vão ocorrer, como consequência, mudanças profundas: nos conceitos de sujeitos de relações internacionais, com o reconhecimento de personalidade jurídica a organizações e indivíduos; na extensão dos poderes de soberania dos estados, com a perda de importância das fronteiras territoriais, os limites impostos pelo respeito pelos direitos humanos dos seus cidadãos e a consequente quebra do princípio do domínio reservado nessa área; na capacidade jurídico-internacional de actores não-estatais, como o revelam os crescentes poderes de funcionários internacionais a quem são delegados, já não apenas poderes de mediação ou conciliação, mas verdadeiras administrações de territórios, como foram os casos do Kosovo e de Timor-Leste.

No entanto, é provavelmente a nível das estruturas jusinternacionais que vão sendo criadas pela comunidade internacional que a quebra com o modelo anterior é mais notável. Depois de um período, até princípios dos anos 80 (mas com mais intensidade até finais dos anos 60), em que há um esforço de codificação e desenvolvimento do Direito Internacional notáveis, com a produção riquíssima de numerosas convenções sobre aspectos básicos da vida internacional, como sejam as 4 Convenções de Genebra sobre Direito Humanitário de 1949 e os dois Protocolos Adicionais de 77, a Convenção de Viena sobre Direito dos Tratados de 69, a Convenção de Viena sobre Relações Diplomáticas de 61 e a Convenção de Viena sobre Relações Consulares de 63, os Pactos sobre, respectivamente, Direitos Civis e Políticos e Direitos Económicos, Sociais e Culturais de 66 e as Convenções de 58 e de 82 sobre o Direito do Mar, o momento legislativo, para usar a nomenclatura de David Kennedy, dá lugar a um período em que toma primazia a criação de órgãos de aplicação das referidas normas, por vezes com poderes quasi-judiciais, que em breve se transforma no momento judicial por excelência, com a multiplicação que hoje presenciamos de tribunais internacionais.

Embora este fenómeno de evolução entre momentos legislativo/administrativo/judicial esteja presente em praticamente todas as áreas do Direito Internacional, desde as relativas ao comércio, com o GATT(legislativo), a Organização Mundial do Comércio (administrativo), os painéis arbitrais no âmbito da mesma (judicial), até às referentes ao Direito do Mar, com a monumental Convenção de 82 (legislativo), a criação da Autoridade com todos os seus órgãos (administrativo) até ao momento da instituição do Tribunal de Hamburgo do Direito do Mar (judicial), ele é particularmente claro no âmbito dos Direitos Humanos, pelo que me debruçarei brevemente sobre esta área.

Tendo o movimento para protecção do indivíduo começado, nos tempos modernos, com documentos nacionais ligados a grandes revoluções, designadamente a americana e a francesa, a ideologia, contudo, que os apoiava era definitivamente universalista, já que a sua própria fundamentação reside na natureza humana, tida como comum a todos os seres humanos. É, contudo, apenas em meados do século XX que vai surgir o primeiro documento de produção internacional de protecção dos direitos humanos, sob a forma da Declaração Universal dos Direitos Humanos de 1948, começando o momento legislativo que se irá desenvolver com sucessivos tratados em temas específicos como a tortura, a discriminação racial, a discriminação contra as mulheres, etc.

Esse momento vai ser seguido por um momento administrativo, por uma institucionalização através da criação e trabalho da Comissão dos Direitos Humanos da ONU, da sua Sub-Comissão e de variados comités de fiscalização da aplicação dos sucessivos tratados, como os Comités dos Direitos Humanos, dos Direitos Económicos, Sociais e Culturais, contra a Tortura, contra a Discriminação Racial, Discriminação contra as Mulheres e dos Direitos das Crianças. Estes comités, para além de analisarem os relatórios dos estados partes dos tratados referidos sobre a aplicação destas convenções, podem aceitar queixas de violações dos mesmos, por vezes provenientes de indivíduos.

Este momento quasi-judicial será seguido pela criação de instituições judiciais internacionais para julgamento de indivíduos por violações especialmente graves de direitos humanos que se consideram crimes internacionais. Estão neste caso, evidentemente, os Tribunais Penais para a Ex-Jugoslávia e o Ruanda e o Tribunal Penal Internacional, cujo Estatuto entrou em vigor em 1 de Julho de 2002 e que já tem pendentes, neste momento, mais de 700 queixas. Também surgem grandes inovações, por força da pressão internacional, nas instituições judiciais e nas regras processuais que as regem, como sejam, a nível interno, o alargamento progressivo da jurisdição universal (jurisdição esta que prescinde dos vínculos da territorialidade ou da nacionalidade de presumível autor ou vítimas) e a criação de tribunais penais especiais, de composição mista e sujeição a padrões internacionais, como sejam os da Serra Leoa, do Camboja e, em certa medida, do Kosovo e de Timor (tribunal especial de Dili).

Assim, a evolução entre os momentos legislativo/administrativo/judicial nesta área aparece-nos como das mais completas e o consequente desafio ao modelo vestefaliano dos mais marcados.

Gostava apenas de fazer um pequeno reparo antes de prosseguir: a evolução referida não me parece que deva ser assimilada a quaisquer processos internos de Direito nacional porque, embora a terminologia peque por não ser original, a realidade que lhe é subjacente é-o, já que os processos na vida internacional são específicos e não podem, por falta de experiência pessoal ou por incapacidade imaginativa, ser reduzidos a algo que lhes é estranho. Críticas, felizmente cada vez mais desacreditadas, de que o Direito Internacional não seria um verdadeiro "Direito" porque não teria sanções mas algo mais "suave", como uma espécie de "moral reforçada", ou revelam uma falta de conhecimento das estruturas jusinternacionais existentes (em que são as suas normas, instituições e mecanismos que precisamente repõem a ordem em situações em que o Direito interno falhou visivelmente, como casos de genocídios ou conflitos armados internos, entre tantas outras) ou, o que talvez ainda seja a longo prazo mais grave, uma incapacidade intelectual de libertação dos preconceitos positivistas que tentaram caracterizar o que era "jurídico" ligando-o a um tipo específico de sanções e mecanismos, para sempre e para todas as dimensões.

Claro que todo o século XX é, ao mesmo tempo, uma tentativa de harmonização de forças contrárias, que se começam a sentir cada vez com maior intensidade. Assim, o culminar do momento institucional, a criação das Nações Unidas, reflecte essa tensão na série de princípios com potencial para conflitos (autodeterminação e paz mundial; direitos humanos e soberania estatal e assim sucessivamente) mas, mais fundamentalmente, radica a sua legitimidade em duas entidades distintas (povos e Estados), acabando por predominar aquela que mais de acordo se encontrava com o modelo prevalecente. Assim, como notou Adriano Moreira, a Carta das Nações Unidas "De facto começa por indicar que se trata de uma associação de povos, mas termina por claramente afirmar que é uma associação interestática.".

## O Século XXI

O século XXI começou como que com um grito contra o domínio concepto-intitucional de um modelo baseado na exclusividade da soberania dos Estados, na importância das fronteiras e nos regimes jurídicos mais básicos e estruturantes, como o relativo ao controlo da força armada na cena internacional.

O 11 de Setembro não pode ser analisado com base nos esquemas anteriores sem que distorções intelectuais graves ocorram: um acto de dimensão superior à maioria das guerras, tanto nas consequências imediatas como, sobretudo, nas que se têm vindo a seguir a longo prazo, é praticado por entidades que, segundo o Direito Internacional clássico, não têm qualquer existência internacional, serve-se de métodos nunca antes incluídos em regimes que os controlem ou proíbam e tem apenas ténues ligações a Estados, cujo nexo causal continua a levantar as maiores dúvidas.

Assim, o 11 de Setembro foi qualificado por uns simplesmente como um acto terrorista, por outros como um verdadeiro crime contra a humanidade (caso de Kofi Annan e Mary Robinson, entre outros) e, ainda, por aqueles que vieram a demonstrar, na realidade dos factos, o maior poder de acção, como um verdadeiro ataque armado, que o equipara a uma guerra, com as consequências daí provenientes (caso da Administração Bush). Seguiu-se-lhe uma situação em que, por vezes, foram invocadas as regras relativas à força armada, como a legítima defesa ou a anterior autorização das Nações Unidas, o que justificou a invasão do Afeganistão dos Taliban, uma possível legítima defesa pre-emptiva, o que, aliado a uma interpretação de anteriores resoluções do Conselho de Segurança, foi apresentado pela coligação como justificação da invasão do Iraque, e a aplicação selectiva de algumas normas de Direito Humanitário para a condução de operações e tratamento de certas pessoas protegidas.

Claro que, como toda esta situação não se pode enquadrar no modelo jurídico existente, porque choca com os seus pressupostos mais básicos, cai-se no perigo de construir regimes ad hoc, segundo os conflitos e a vontade da potência dominante, que escolhem normas mais convenientes, que possibilitam campos de acção, excluindo aquelas que impõem obrigações. O caso dos prisioneiros de Guantánamo é provavelmente o exemplo mais marcante do abandono quase que completo das 3a e 4a Convenções de Genebra sobre Protecção, respectivamente, de Prisioneiros de Guerra e de Populações Civis.

O 11 de Setembro (ou, mais provavelmente, as consequências que dele advieram), para além de desafiar todo o regime dos actores internacionais (com os terroristas a desempenharem um papel crucial) e das regras para uso da força armada e no decorrer dessa força armada, é ainda um ribombar clamoroso relativamente aos modos de formação do Direito, aquilo a que costumamos chamar fontes.

Claro que o velho dogma contratualista de que o Direito Internacional era formado pela vontade dos Estados, de modo expresso através de tratados e de modo implícito pela formação do costume, há muito que não retratava áreas imensas de criação normativa, com o papel relevante das organizações internacionais, pelo menos desde a 2a metade do século XX, os numerosos actos unilaterais de Estados e das próprias organizações internacionais e o desenvolvimento sem precedentes da jurisprudência internacional. Ora é precisamente todo este esquema de formação do Direito que vem sendo posto em causa, mais timidamente pela intervenção da NATO no Kosovo e, muito mais afoitamente, pela invasão do Iraque pelas forças da coligação.

A situação continua a ser mista, com tentativa constante de legitimação multilateral através da ONU, sendo que a argumentação jurídica apresentada nas cartas dirigidas pelo Reino Unido e pelos Estados Unidos ao Conselho de Segurança reflecte um esforço quase homérico para encontrar no regime da

Carta da ONU uma base para a dita intervenção no Iraque. Contudo, a harmonização de visões contrárias torna-se, nos nossos dias, praticamente impossível, porque a realidade dos factos corresponde a uma quebra com o modelo existente e à tentativa de sua substituição pelo reconhecimento do alargamento dos actos unilaterais dos estados como fonte criadora do Direito, incluindo a infraestrutura mais básica deste, em que assentou todo o modelo pós-2a Guerra Mundial, as regras sobre o uso da força armada na cena internacional.

É óbvio que, como todos os modelos, o que foi, quanto à força armada, inaugurado com a Carta da ONU, foi repetidas vezes violado, mas o teste é muito mais profundo desta vez: não é tanto devido ao facto de termos um mundo dominado militar e economicamente por uma potência apenas, mas mais, como o sugeriu Antonio Cassese, pela alteração profunda da realidade, com o surgir de um inimigo a combater, o terrorismo, que não é um Estado, que não tem ligações claras ou directas com os Estados, que é praticado por pessoas que agem por si ou em nome de organizações privadas, que, finalmente, confunde os parâmetros espaciais e temporais, já que não se origina num determinado território apenas e não termina pela derrota de uma das partes como os conflitos tradicionais.

É por tudo isto que falei do nosso tempo como sendo um período de escolhas que irão influenciar de modo profundo o porvir: num mundo de tensões profundas, em que vários modelos se degladiam para atingir a supremacia, torna-se particularmente urgente a consciência dessa qualidade única do tempo e, consequentemente, das possibilidades de acção para influenciar o futuro.

## Ligações entre Cada Pessoa e a Cena Internacional

Durante muito tempo a questão da ligação entre cada um de nós e as estruturas internacionais preocupou-me sobremaneira, tendo apresentado uma visão muito crítica da realidade, o que, aliado ao que considerei ser uma incapacidade profunda conceptual para criação de conceitos que promovessem a conexão entre os acontecimentos internacionais e a vida de cada um de nós, constituiram críticas constantes que dirigi às estruturas conceptuo-orgânicas da cena internacional. Embora muito possa ser ainda feito nestes campos, como não podia deixar de ser, as transformações que têm ocorrido nestes últimos tempos e uma experiência mais directa da realidade internacional, ensinaram-me a ser muito mais optimista e a procurar contribuir para a consolidação destas novas tendências.

A vastidão das realidades cobertas, em geral, pelos conceitos jurídico-internacionais como "soberania", "autodeterminação", "integridade territorial", "desenvolvimento sustentado", para citar só uns poucos, e a necessidade de trabalhar com conceitos mais precisos, mais específicos e, consequentemente, que tivessem um nível de generalidade menor, a fim de que pudessem produzir efeitos operativos na prática, foi uma das minhas principais preocupações durante os princípios da minha investigação no Direito Internacional.

A experiência do trabalho internacional, contudo, ensinou-me que, em certa medida, essa vastidão do abarcado era inevitável face à consciência do desacordo substantivo entre os actores da cena internacional quanto aos conteúdos e regimes aos mesmos aplicáveis. Assim, a produção legislativa atinge-se através de um processo de reificação, em que se usam palavras e expressões que possam promover o consenso, já que este não é, muitas vezes, possível através do acordo de substância. Claro que os termos utilizados terão necessariamente que ser gerais, vagos, abrangentes e não determinantes, numa técnica linguística chamada, na gíria da ONU, "ambiguidade construtiva".

Na realidade, a minha crítica anterior contra métodos como este de produção do Direito, que, segundo entendia, gerariam apenas infindáveis contendas porque permitiam argumentações completamente contrárias baseadas nos mesmos conceitos, veio a reformar-se sensivelmente quando me apercebi de que crescentemente existiam indivíduos ou órgãos a quem tinha sido atribuida legitimidade para decidir dos conteúdos desses conceitos e a quem tinha sido reconhecida a possibilidade de aplicar os regimes que lhes correspondiam. Estão entre eles, em primeiro lugar, os tribunais internacionais, judiciais ou arbitrais, cuja procura tem vindo a crescer quase exponencialmente, mas também os numerosos comités com competências de monotorização e aplicação quasi-judicial das normas jurídicas, como os comités no âmbito de tratados de direitos humanos, que há pouco referi, os Secretariados de várias organizações internacionais, cuja prática, designadamente como depositários de tratados, levam a que acabem por controlar a actividade de muitos Estados, e também uma série de indivíduos, mormente o Secretário-Geral e altos funcionários das Nações Unidas, que cada vez mais exercem poderes decisivos por delegações muito genéricas que lhes são feitas, podendo assim governar, na realidade dos factos, territórios inteiros e preparar independências, como sucedeu com Timor.

Estas considerações conduzem-nos ao aspecto institucional do Direito Internacional, a construção de estruturas orgânicas que possam aproximar o indivíduo da cena internacional e influenciar o seu desenvolvimento. Sem dúvida que os movimentos de opinião pública, que têm vindo a revestir a forma institucional de ONGs, muito têm contribuido para esta aproximação entre a vida de cada um de nós (a nossa paz, o nosso ambiente, o nosso bem-estar material, etc) e as instituições internacionais. O papel que têm desempenhado tem vindo cada vez a ganhar mais terreno no âmbito das políticas nacionais e no das organizações interestaduais, com crescentes possibilidades de participação no processo legislativo internacional, pela apresentação de trabalhos, convencimento de representantes internacionais, proposição de estruturas inovadoras, etc.

Contudo, essa ligação da nossa vida com o mundo tem aumentado grandemente mesmo através de esquemas orgânicos clássicos, com o proliferar de comissões e comités (regionais e universais) que aceitam queixas individuais em áreas tão diversas como investimentos ou violações de direitos humanos e que podem proferir decisões que, mesmo quando não obrigatórias imediatamente, levam a uma fragilização do infractor e ao corrente cumprimento a longo prazo. O culminar, nos nossos dias, deste processo, reside na criação de tribunais penais internacionais ou de tribunais ditos especiais, através dos quais uma queixa do indivíduo por crimes particularmente graves, a que se convencionou chamar crimes internacionais, poderá originar a condenação do autor, mesmo que este ocupe os lugares cimeiros do poder estabelecido.

É evidente que todo este sucesso institucional na ligação entre o indivíduo e as instâncias internacionais pode legitimamente originar objecções quanto à democraticidade dos novos decisores internacionais. A crítica já é antiga em relação às ONGs (que ninguém elegeu e que falam em nome de muitos) e começa cada vez mais a surgir em relação à plêiade de juízes, funcionários internacionais, peritos consultores, etc que crescentemente especificam qual o sentido preciso de normas e regimes mais ou menos ambíguos.

## O Papel da Ética

Num famoso artigo de 2002, "The Lady Doth Protest Too Much", Martti Koskeniemmi apresenta as várias fases do processo argumentativo da larga maioria dos jusinternacionalistas que, por serem profissionais competentes, não podiam defender a legalidade da intervenção da NATO no Kosovo mas que, por serem entes morais, não podiam aceitar que nada fosse feito, e previne-nos contra os perigos de as decisões residirem nos ditames da consciência daqueles a quem circunstâncias da vida colocaram nas cadeiras do poder, isto é, o retorno do "Príncipe" que o Iluminismo tinha derrotado.

Sem dúvida que este perigo existe. Em nome de ditames éticos praticaram-se os maiores crimes de que há memória, como, nos tempos modernos, o holocausto ou a revolução cultural chinesa. Estaremos nós a cair em erro semelhante ao deixarmos que certos indivíduos preencham o conteúdo de conceitos e regimes em relação aos quais não houve suficiente consenso, aquando da sua criação, para que o nível de especificação evitasse a introdução dos conceitos morais do aplicador na decisão que vai ser tomada?

Não me parece. De certo modo, é sempre inevitável, em qualquer aplicação de qualquer norma jurídica que não tenha um carácter puramente técnico, que a consciência moral do aplicador seja chamada à colação. A questão, por isso, reside em criar mecanismos que garantam que essa consciência corresponda a um sentir democrático, que reflicta a opinião pública mundial. Isso consegue-se através de eleições dos aplicadores, como sucede com os juízes e certos peritos, por exemplo, com um sistema de divisão e controlo de poderes, como sucede, por exemplo, com delegações feitas pelo Conselho de Segurança a certos funcionários internacionais e por este constantemente vigiadas, pelo acesso que é dado a organizações não governamentais no processo de decisão, e assim sucessivamente.

Isto leva-me directamente ao último ponto que me propus abordar nesta breve conversa: as linhas orientadoras da nossa condução na vida e o modo como elas podem influenciar o mundo que temos.

## Linhas de Acção

Chama-se a esta intervenção "oração de sapiência". Ora penso que as palavras que tenho proferido não passam de meras constatações, mais ou menos explícitas, a que se pode chegar pelo estudo, ainda que superficial, do Direito Internacional que temos nos nossos dias e dos modos como evoluiu até chegar a nós. Na verdade, julgo que a procura da "sapiência" não deve residir no estudo isolado de teorias ou acontecimentos, mas sim nas lições que a vida nos proporciona. De entre estas, talvez as mais profundas tenham sido, na minha existência, as que se consubstanciaram em linhas de acção na cena internacional que acredito pragmaticamente que, neste momento do tempo, podem conduzir a um futuro melhor. Sem querer assumir posição alguma que encerre laivos de paternalismo, gostaria apeans de as partilhar de seguida.

Uma delas tem que ver com a consciência de cada um de nós. Shakespeare, no "Hamlet", coloca na boca de Polónio, que se despede do filho, as seguintes palavras: "Acima de tudo, sê verdadeiro para contigo próprio". É um preceito que origina uma interacção social baseada em princípios ditados pela consciência e não em racionalizações mais ou menos conscientes de interesses próximos de pertença a certo grupo através do qual se possam obter favores. É, por isso, muito difícil de seguir, porque serão sempre muitos os obstáculos que se lhe colocarão, muitas as situações de desmotivação, muitos os sacrifícios materiais, profissionais e pessoais que necessariamente acarraterá. Contudo, parece-me ser a única maneira de poder estar em paz com a nossa consciência e, consequentemente, com o mundo que nos rodeia.

Outra linha de acção completa a anterior e tem que ver com o modo como a nossa consciência é formada. Pode ser-se completamente honesto com esta e, mesmo assim, praticar os crimes mais hediondos, como o demonstraram muitos dirigentes de sistemas que conduziram as maiores atrocidades em nome do bem. Para além da verdade para connosco próprios, que nos obriga a uma linha de acção de acordo com a nossa consciência, esta tem que ser sensível aos outros, à sua realização, à sua felicidade e, sobretudo, ao seu sofrimento. A "aceitação da alteridade dos outros", expressão de que Roberto Unger se serviu para descrever o amor, tem, por isso, que ser parte indispensável desta linha de acção, o que implica, evidentemente, a flexibilidade suficiente para sairmos de nós próprios e vivermos e respeitarmos os sonhos e os desgostos dos outros. Entre as várias situações, aquilo que a vida me ensinou ser mais necessário fazer e para o qual o Direito é o instrumento mais indicado, é o combate a situações de abuso de poder que causam sofrimento.

Na realidade, e sem querer assumir com isto qualquer posição dogmática que me é particularmente repulsiva, penso que estas duas linhas de acção referidas têm um papel fundamental tanto na construção da nossa vida pessoal como da nossa ligação a uma vida internacional. O Direito Internacional é um instrumento maravilhoso que pode ser posto ao serviço destas orientações e que tem um potencial assinalável de restruturação de relações sociais. Em si, nada mais é do que um conjunto de técnicas de lógica dedutiva e indutiva, de modos de argumentação, de possibilidades de construções institucionais do mundo, mas pode adoptar e fazer vingar valores. Em tempos como aquele que vivemos, em que se forma um novo modelo, assume um carácter primordial pois pode estar na origem de estruturas institucionais e intelectuais que promovam um mundo que diminua situações de sofrimento e potencie sonhos colectivos.

Florbela Espanca termina um dos seus mais lindos sonetos, em que glorificou as belezas da Criação, com um grito de revolta contra a mesma, perguntando: "Quem nos deu asas para andar de rastros?/Quem nos deu olhos para ver os astros/– Sem nos dar braços para os alcançar?". Neste terceto resumiu a condição humana. Esta, contudo, não precisa de ser desesperada: felizmente que nunca conseguiremos atingir os astros porque é o estender dos braços que dá sentido e propósito à nossa vida. O momento que vivemos é um daqueles em mais precisamos de tentar alcançar aquilo que sabemos ser inalcançável.

3 de Janeiro de 2004

# Vida académica

# Apreciação do relatório sobre Direito Processual Civil apresentado em provas de agregação pelo Prof. Doutor José Lebre de Freitas

Diogo Freitas do Amaral*

I

Realiza hoje e amanhã as suas provas de agregação o Prof. Doutor José Lebre de Freitas. Depois de apreciado e discutido o seu "curriculum vitae", cabe agora analisar e debater o "relatório de regência" que a lei manda apresentar nestas provas, e que o candidato fez incidir sobre o conjunto das três disciplinas semestrais de Direito Processual Civil, tal como se encontram previstas no plano de estudos da licenciatura em Direito na Faculdade de Direito da Universidade Nova de Lisboa.

Felicito o candidato pela elevada qualidade do relatório em geral e, em particular, pelo tema escolhido.

Com efeito, este relatório – de 86 páginas, e com 80 notas, algumas bastantes extensas – é um documento bem pensado, bem escrito e bem argumentado. Nele se reflectem, com toda a clareza, os 27 anos de experiência docente do Doutor Lebre de Freitas e a sua forte especialização na área do Direito Processual Civil, para além de uma sólida formação jurídica geral. O relatório é – como disse – um texto de elevada qualidade, que a meu ver merece ser publicado para se tornar conhecido de um público mais vasto.

Para além disso, considero que o tema escolhido para objecto deste relatório não podia ser mais oportuno, pois não trata de uma qualquer regência de Direito Processual Civil, mas antes da particular configuração que o ensino dessa disciplina pode ou deve assumir, no quadro específico das condicionantes e características que a envolvem e definem no plano de estudos da licenciatura em Direito na escola em que nos encontramos. Há nesse plano, realmente, pelo menos dois traços peculiares que importa ter em conta – o

---

\* Professor Catedrático da Faculdade de Direito da Universidade Nova de Lisboa.
– Versão escrita da intervenção oral efectuada, em 23 de Setembro de 2002, na Faculdade de Direito da Universidade Nova de Lisboa.

primeiro é a circunstância de DPC I e DPC II serem disciplinas obrigatórias e DPC III ser uma disciplina facultativa; o segundo (este, original no nosso país) é o facto de DPC I, ser uma cadeira tendencialmente frequentada no 3.º ano e DPC II, no 4.º ano.

Justifica-se assim plenamente que o Prof. Lebre de Freitas – o primeiro docente a reger estas três disciplinas nesta casa – dê conta das opções que fez, das modificações que achou por bem introduzir ao transitar do quadro docente da Universidade de Lisboa para o da Universidade Nova de Lisboa, e das intenções que o animam quanto ao futuro imediato, na regência de DPC I, II e III.

O seu trabalho é convincente, na generalidade, e – sem pretender substituir-me ao veredicto do júri – merece o meu elogio e a minha concordância, nos seus aspectos essenciais.

## II

Continuando assim o exame na generalidade do relatório apresentado pelo Prof. Doutor José Lebre de Freitas, há três aspectos que me suscitam algum reparo, e que por isso me cumpre referir aqui.

O primeiro tem a ver com o facto de o plano de estudos da licenciatura em Direito nesta Faculdade só prever dois semestres obrigatórios de Processo Civil, conferindo carácter facultativo ao terceiro semestre. Será esta uma boa solução? O candidato não discute o tema. Mas poderá aceitar-se, no plano dos princípios, que seja facultativo, num curso de Direito, o estudo da "acção executiva» – que é o momento essencial da realização coactiva do Direito? Gostaria de conhecer o ponto de vista do candidato sobre este assunto.

O segundo aspecto tem a ver com a função ou vocação do Direito Processual Civil. O Doutor Lebre de Freitas, pelo menos no presente relatório, trata-o como uma disciplina «self-contained», fechada em si própria. Ora, parece-me que se impunha fazer uma referência explícita à natureza de direito processual comum que o DPC reveste, já que funciona como direito subsidiário em relação à generalidade dos outros direitos processuais, v.g. o Direito Processual Administrativo, O Direito Processual Fiscal, o Direito Processual do Trabalho, etc., com a ressalva óbvia do Processo Penal.

Um terceiro e último aspecto me parece susceptível de comentário, no relatório do Prof. Lebre de Freitas e no Programa que propõe para as disciplinas de DPC I, II e III.

É que se me afigura neles uma referência suficientemente esclarecedora à História e ao Direito Comparado – o que tende a tornar o programa de processo Civil Demasiado positivista. É certo que em DPC I o candidato inclui uma «breve resenha histórica da sucessão das fontes nacionais do direito processual civil, desde as Ordenações (...) até às revisões sofridas pelo diploma de 1961» (p. 49): mas tratar-se-á, como é habitual entre nós, de mera história externas das fontes, ou, pelo contrário, como me parece indispensável, da análise material, ainda que sintética, da evolução histórica do conteúdos?

Quanto ao direito comparado, faz-me bastante impressão que – tanto quanto sei – nenhum dos grandes manuais de processo civil portugueses (ou estrangeiros) do século XX contenha qualquer referência significativa aos principais modelos existentes, v.g. o modelo romano-germânico e o modelo anglo-saxónico, nem tão-pouco aos subtipos de cada um. Acho que a Faculdade de Direito da Universidade Nova de Lisboa está vocacionada, também aí, para ser inovadora. E gostaria de perguntar ao Doutor Lebre de Freitas se ele se sente vocacionado para desempenhar esse papel pioneiro como se afigura desejável.

### III

Passo agora ao exame na especialidade do relatório em apreciação. Na impossibilidade de mencionar aqui todos os aspectos que gostaria de focar, seleccionei os cincos pontos mais importantes.

a) *Repartição de matérias pelas três cadeiras de DPC; o caso especial da teoria do caso julgado*

Depois de algumas considerações introdutórias, breves mas densas, o Doutor Lebre de Freitas preocupa-se – como é natural – com a distribuição de matérias pelas três cadeiras de que dispõe para o efeito. E chega ao seguinte esquema geral:
– Em DPC I, após a Introdução, ensina a marcha do processo declarativo ordinário, terminando com a teoria do caso julgado:
– Em DPC II, inclui noções de teoria do processo, trata dos princípios gerais do processo civil, aborda de seguida o estudos dos pressupostos processuais, refere brevemente as formas sumária e sumaríssima do processo comum, trata dos procedimentos cautelares e, por último, debruça-se sobre a matéria dos recursos;

– Finalmente, em DPC III, o candidato propõe-se ensinar desenvolvidamente a acção executiva singular e o processo de falência.

Pela parte que me toca, saúdo a inovação do tratamento dos pressupostos processuais na 2.ª cadeira, e não na 1.ª cadeira, de processo civil – e concordo inteiramente com as razões que o candidato dá para isso.

Já não posso acompanhar, porém, quando, modificando uma sua orientação anterior (que me parecia mais acertada), relega para DPC II o estudo do processo declarativo nas formas sumárias e sumaríssima, para poder tratar do caso julgado em DPC I. A meu ver, o caso julgado, pela sua grande complexidade e notória dificuldade para os alunos, devia ficar para DPC II, enquanto as formas sumária e sumaríssima completariam bem, e sem problema, a parte final de DPC I.

Discordo também do candidato no ponto em que, ao explicar o programa de DPC II, condiciona o ensino das providências cautelares e dos recursos à «medida em que tempo permita» (P. 43). Se tais matérias são importantes – e são –, e se em consequência disso são incluídas no programa da cadeira – e bem –, então têm de ser mesmo ensinadas e há que arranjar tempo para o fazer. No meu modo de ver, nem as providências cautelares, nem os recursos, são assunto que possam ser ensinados apenas se – e na medida em que – o tempo permitir. Aliás, na calendarização das suas aulas, a págs. 83-84, o Doutor Lebre de Freitas mostra que há de facto tempo suficiente, num semestre lectivo, para ensinar tais matérias, como não pode deixar de ser.

b) *O programa de DPC I*

Olhando agora, em pormenor, para o programa da 1.ª cadeira, noto nele uma lacuna importante: nada se diz sobre as tentativas de conciliação, que o tribunal deve promover antes do despacho saneador (CPC, art. 509.º) e na fase anterior à discussão da matéria de facto (id., art. 652.º).

Por outro lado, o candidato propõe-se dedicar apenas uma aula teórica à prova testemunhal: não se justificaria que, ao menos em aulas práticas, esta matéria tão delicada – e tão apta ao cruzamento da ciência jurídica com a Psicologia Judiciária – recebesse maior desenvolvimento? Não sei mesmo se a matéria da prova, só por si, não justificaria uma cadeira facultativa na licenciatura em Direito, porventura em co-regência de professores de Processo Penal e de Processo Civil. Gostaria de conhecer o pensamento do candidato sobre o tema.

Ainda no programa da DPC I, é feita uma breve referência – porventura demasiado breve – aos tribunais arbitrais. E o Doutor Lebre de Freitas afirma, a propósito dos árbitros, que estes «não têm poderes de autoridade, mas exercem a função jurisdicional» (p. 49, nota 49).

Não posso concordar: então desempenhar a função jurisdicional não é exercer um poder de Estado? E os poderes de Estado que envolvem supremacia sobre os cidadãos não são poderes de autoridade? Proferir uma decisão judicial com força de caso julgado, com executoriedade própria e, em princípio, irrecorrível quanto ao mérito – não é exercer um poder de autoridade? Tenho para mim que os tribunais arbitrais são órgãos do Estado, embora temporários, e constituem um claro exemplo do que a doutrina juspublicista chama «exercício privado de poderes públicos". Poderemos discutir isto, se quiser, no debate que vai seguir-se.

c) *O programa de DPC II*

O programa proposto pelo candidato para a segunda cadeira de Processo Civil é algo heterogéneo, mas não creio que haja grande mal nisso e não vejo que possa ser de outra forma.

Parece-me, no entanto, que 5 aulas teóricas para toda a matéria dos recursos (p.84) é pouco: talvez se pudessem ganhar para ela mais 2 aulas, poupando uma na Teoria do Processo e outra nos Princípios Gerais.

A grande questão que se colocará em DPC II, se para aí se levar – como defendo – a matéria do Caso Julgado, é esta: onde incluí-la? Por certo que terá de ficar depois dos Pressupostos Processuais: mas deverá ser colocada antes ou depois dos Recursos?

Atrevo-me a formular uma sugestão que suponho original: uma vez que antes de esgotados os recursos ordinários não há caso julgado, e dado que os recursos extraordinários impugnam ou destroem o caso julgado já existente, porque não inserir este instituto entre o estudo dos recursos ordinários e dos recursos extraordinários?

De uma coisa estou certo: quer o Caso Julgado seja ensinado em DPC I, quer seja em DPC II, como preconizo, trata-se de uma matéria que nunca deveria constituir a parte final do programa da cadeira que o inclua, a fim de deixar algum tempo disponível para se poder sobre ela, em aulas práticas, resolver hipóteses ou analisar espécies jurisprudenciais.

d) *O programa de DPC III*

E chegamos, enfim, ao programa proposto pelo candidato para a 3.ª cadeira de Processo Civil.

Acho muito feliz a sua ideia de incluir no conteúdo desta disciplina o processo falimentar, contrapondo assim, na mesma cadeira, a execução singular e a execução universal.

Já tenho mais dúvidas sobre a consagração de uma cadeira semestral inteira ao processo executivo. Não será demais?

Recordo aqui com saudade e grande apreço o meu professor de Processo Civil – o Doutor Adelino da Palma Carlos –, de quem tive a honra de ser aluno em Processo Civil I e II, e assistente em Processo Civil II. Nesta última cadeira, semestral, havia tempo para ensinar – com razoável profundidade – quer os Recursos, quer a Acção Executiva. Não seria bom repescar esta orientação? E isso não deixaria bastante mais tempo livre para o ensino das matérias que ficassem em DPC II? Eis um ponto importante sobre o qual, Sr. Prof. Lebre de Freitas, valeria a pena (creio eu) trocarmos impressões no debate que vai seguir-se.

e) *O programa do ensino prático*

Resta-me, para terminar, tecer algumas considerações sobre as pouquíssimas páginas – apenas duas! – dedicadas pelo candidato ao que se chama, um pouco redutoramente, "aulas práticas (p. 85-86). Confesso uma certa decepção em relação a este capítulo, porventura o menos inspirado e o mais tradicionalista (sem ofensa) do relatório apresentado a estas provas pelo Prof. Lebre de Freitas.

Por um lado, o autor limita-se a falar de "aulas práticas", o que é bastante menos do que "ensino prático", como vamos ver. Por outro, o candidato quase não inova ao limitar-se a dizer, em primeiro, que haverá aulas práticas; segundo, que estas se destinarão essencialmente à resolução de casos práticos; e terceiro, que as aulas práticas assumirão forma dialogada e que nelas se cultivará a interdisciplinariedade, nomeadamente entre o Direito Civil e o Direito Processual Civil (p.85-86).

Sinceramente parece-me pouco.

Creio, em primeiro lugar, que sobre as aulas práticas haveria algo mais a dizer. Por exemplo: de acordo com a já longa experiência docente do Doutor Lebre de Freitas, parece-lhe mais útil pôr os alunos a resolver casos hipotéticos ou fornecer-lhes casos reais, nomeadamente através da análise da jurisprudência? Porque não, também aproveitar as aulas práticas para a exposição e debate de trabalhos de alunos (que o candidato menciona, decerto por lapso, deverem ter lugar nas aulas teóricas – p.86)? Porque não organizar debates – entre os alunos, ou com personalidades convidadas – sobre temas específicos de maior relevo? E quanto a testes a meio do semestre: deve havê-los ou não, e porquê?

Em segundo lugar, creio também que o ensino prático não deve esgotar-se nas aulas prática. Nele hão-de caber, por certo, outras actividades, tais como visitas a tribunais, simulação de julgamentos (temos uma sala exclusivamente destinada a esse fim na nossa Faculdade) e trabalhos de grupo a realizar fora das aulas. Porque não colocar os alunos de cada ano, divididos em grupos, e orientados pelo Professor, a organizar compilações selectivas de jurisprudência sobre os principais temas do programa das três cadeiras, em termos de poderem aproveitar aos alunos seguintes e de virem eventualmente a ser publicados?

Estou certo de que várias destas ideias já o Prof. Lebre de Freitas as pensou ou pôs em prática ao longo dos seus quase trinta anos de actividade docente. Foi pena que não tenha desenvolvido um pouco mais o seu relatório neste capítulo do ensino prático, sobre cuja importância fundamental estaremos decerto os dois plenamente de acordo.

## IV

E termino.

Quero repetir agora o que disse no início desta minha arguição – que o relatório do Prof. Lebre de Freitas é de elevada qualidade e mereceria, quanto a mim ser publicado.

Peço ao candidato que não veja nas minhas críticas outra coisa que não seja o cumprimento de um dever de ofício, sem beliscar minimamente a minha elevada consideração por si e pelos seus trabalhos.

Estou certo de que no debate que vai seguir-se o Doutor Lebre de Freitas esclarecerá cabalmente todos os aspectos que foram objecto das minhas dúvidas ou das minhas divergências de opinião.

# Relatório sobre Direito Processual Civil apresentado em provas de agregação pelo Prof. Doutor José Lebre de Freitas

José Lebre de Freitas[*]

1. Dimensão das disciplinas e integração no plano de curso

O plano do curso de Direito da Universidade Nova de Lisboa, inteiramente constituído por disciplinas ministradas ao longo de 10 semestres com 13 semanas cada um, contém três disciplinas de Direito Processual Civil (I, II e III). A primeira localiza-se, tendencialmente[1], no 2.º semestre do 3.º ano e as duas restantes no 4.º ano, respectivamente 1.º e 2.º semestres. As duas primeiras integram o tronco comum das disciplinas obrigatórias e dispõem de 2 aulas teóricas e 2 aulas práticas semanais, enquanto a terceira integra as áreas forense e empresarial, que constituem duas das cinco áreas homogéneas optativas, e dispõe de 2 aulas teóricas e 1 aula prática semanais. O regulamento curricular e pedagógico, em cujos anexos I e III se incluem, não contém qualquer ulterior determinação do respectivo conteúdo.

Aproximando esta situação da que vigora na Faculdade de Direito da Universidade de Lisboa, desde a Portaria n.º 911/83, de 3 de Outubro, vemos que estas três cadeiras semestrais correspondem aí à cadeira anual obrigatória de Direito Processual Civil I (3.º ano) e à cadeira semestral de Direito Processual Civil II das opções de Ciências Jurídicas e de Ciências Histórico-Jurídicas (4.º ano), ambas também de conteúdo aberto e ministradas através, respecti-

---

[*] Professor da Faculdade de Direito da Universidade Nova de Lisboa.
[1] O plano de estudos da licenciatura em Direito, que segue um esquema de unidades de crédito, é composto por um conjunto de disciplinas obrigatórias e de disciplinas optativas, algumas destas de escolha inteiramente livre (em alternativa à escolha de disciplinas sujeitas a diverso regime) e outras integradas em (5) áreas homogéneas de opção global. Para obtenção do diploma, os alunos passam normalmente por 10 semestres lectivos, que, no entanto, podem reduzir até o mínimo de 8 (não podendo ser ultrapassados, em regra, 16 semestres). Tendo cada ano lectivo 2 semestres, são, pois, tendencialmente, 5 os anos da licenciatura, sendo recomendada aos alunos a observância de precedências que se traduzem praticamente no agrupamento das disciplinas por anos lectivos, tanto mais que as incompatibilidades de horário dificultam ordenações diversas da recomendada.

vamente, de 40 a 48 aulas teóricas e 60 a 72 aulas práticas anuais, e de 18 a 26 aulas teóricas e 27 a 39 aulas práticas anuais, com a duração de 50 minutos cada[2]; e, fazendo a aproximação com o plano de estudos da Faculdade de Direito da Universidade de Coimbra, verifica-se que desde a Portaria 914/87, de 17 de Outubro, a cadeira de Direito Processual Civil (do 3.º ano do tronco comum) é aí complementada, no 5.º ano, com parte da cadeira anual de Direito e Processo Civil, que constitui uma das três disciplinas obrigatórias da opção jurídico-forense (uma das três opções abertas no 5.º ano) e na qual um tema de direito civil usa ser combinado com um ou dois temas sucessivos de direito processual civil[3].

É de salientar que os alunos estudam a disciplina de Direito Processual Civil I depois de, se tiverem seguido a tabela de precedências recomendada, terem concluído a frequência das de Teoria Geral do Direito Civil I (1.º semestre do 2.º ano), Teoria Geral do Direito Civil II (2.º semestre do 2.º ano), Direito das Obrigações I (1.º semestre do 3.º ano) e Direitos Reais (1.º semestre do 3.º ano), ao mesmo tempo que frequentam a de Direito das Obrigações

---

[2] A situação do Direito Processual Civil no plano de estudos da Faculdade de Direito da Universidade de Lisboa não variou muito substancialmente desde que o DL 16.044, de 16.10.28, distribuiu o seu estudo entre a cadeira anual de Processo Civil e Comercial e o curso semestral com o mesmo nome (igualmente obrigatório). Entre o DL 34.850, de 21.8.45, e o despacho 237/77, de 19 de Outubro, a cadeira anual e o curso semestral estiveram localizados, respectivamente, no 4.º e no 5.º anos. O retorno ao 3.º e ao 4.º anos, com a criação de quatro menções optativas nos dois últimos anos da licenciatura, foi acompanhado pela inclusão no 5.º ano (menções de Ciências Jurídicas e Ciências Histórico-Jurídicas) da cadeira de Direito Processual Civil III, que a Portaria 911/83 viria a suprimir. Antes de 1928, na vigência da Reforma de 1911, a matéria do direito processual civil havia sido tratada em duas cadeiras anuais posicionadas nos dois últimos do curso (Organização Judiciária e Processo Ordinário, Civil e Comercial e Processos Especiais Civis e Comerciais). Quanto ao número de aulas teóricas e práticas, cuja duração unitária se foi mantendo sem alteração, data do despacho 237/77, que ratificou a situação fáctica observada depois do 25 de Abril.

[3] A fixação da cadeira básica de Direito Processual Civil no 3.º ano deu-se quando, em 1975, foi rompida a unidade do plano de curso com o da Faculdade de Direito da Universidade de Lisboa; mas, no 5.º ano, manteve-se facultativa, como objecto de opção específica da menção de Ciências Jurídicas, a cadeira de Direito Processual, que a Portaria 914/87, de 17 de Outubro, fez substituir, já como disciplina obrigatória da menção, pela de Direito e Processo Civil. Remontando aos regimes anteriores à Reforma de 1911, constata-se que o ensino do direito processual se manteve repartido por duas cadeiras anuais desde 1859, ainda que englobando o processo penal, cujo ensino só viria a ser autonomizado em 1911. Sobre a evolução geral sofrida pelo ensino do Direito Processual Civil nas duas faculdades, desde o Decreto de 5.12.1836, remeto para as breves referências feitas no meu relatório sobre a cadeira de Direito Processual Civil II da Faculdade de Direito da Universidade de Lisboa (*DPC II/Relatório*, RFDUL, 1996, I, I.1).

II e antes de frequentarem as de Direito das Sociedades (1.º semestre do 4.º ano) e Direito da Família I (2.º semestre do 4.º ano), todas elas pertencentes ao tronco comum (obrigatório) da licenciatura. É situação que ligeiramente difere da das faculdades de Direito da Universidade de Lisboa e da Universidade de Coimbra, em que o estudo do direito processual civil se inicia concomitantemente com o de Direito das Obrigações, não necessariamente em simultaneidade com a disciplina de Direitos Reais (situada no 1.º ou no 2.º semestre na Universidade de Lisboa) e antes do direito das sociedades comerciais (dado, no 4.º ano, em sede de Direito Comercial).

## 2. Novos aspectos

A repartição da matéria de direito processual civil entre as disciplinas de Direito Processual Civil I e Direito Processual Civil II tem vindo a ser feita, quer na Universidade de Lisboa, quer em Coimbra, mediante a autonomização do direito processual executivo, como objecto da segunda, e o sacrifício da matéria dos recursos, que não é uso dar em Coimbra e, em Lisboa, exceptuado o período de vigência do despacho 237/77, deixou praticamente de ser dada após o 25 de Abril[4].

Na Universidade Nova de Lisboa, a repartição por três disciplinas da matéria de Direito Processual Civil e a constatação de que é consideravelmente superior o número de horas totais atribuídas à sua explanação teórica – 97h30m (65h nas disciplinas obrigatórias), ressalvados os feriados, contra um mínimo de 48h20m e um máximo de 61h40m (respectivamente 33h20m

---

[4] Nem sempre à cadeira de Direito Processual Civil II foi reservada, na faculdade da Universidade de Lisboa, a matéria do processo executivo (acrescida, até o 25 de Abril, com a dos recursos). Na vigência da Reforma de 1911, após uma primeira fase em que se procurou adequar o conteúdo da cadeira à sua denominação, passou ela a constituir mera continuação da exposição sistemática iniciada no ano anterior, o mesmo tendo continuado a ser feito, com intermitências, na vigência da Reforma de 1928; o processo executivo, inicialmente, e os recursos, mais tarde, constituíram apenas parte das matérias que nela eram ensinadas. Só com PALMA CARLOS, a partir de 1950, é que se firmou o uso, prosseguido por CASTRO MENDES, de reservar a cadeira semestral do 5.º ano para a acção executiva e os recursos, embora a primeira fosse amputada de várias matérias que eram dadas no ano anterior (*infra*, n.º 4). Em Coimbra, quer com ALBERTO DOS REIS (entre 1940 e 1943), quer com ANSELMO DE CASTRO (entre 1959 e 1974), quer com FERRER CORREIA (entre 1949 e 1956), PEREIRA COELHO (1956-1959) e FIGUEIREDO DIAS (1971-1972), a cadeira do 5.º ano foi preenchida com a matéria da acção executiva, que MANUEL DE ANDRADE, diversamente, incluíra, com os recursos, no 2.º lustro dos anos 40, na cadeira do ano anterior; também depois do 25 de Abril, embora sem a constância verificada em Lisboa, a cadeira optativa do 5.º ano tendeu a fixar-se na matéria da acção executiva.

e 40h na disciplina obrigatória) na Universidade de Lisboa – põem, só por si, problemas específicos que obrigam a equacionar com autonomia o programa e o conteúdo das três disciplinas, em articulação com o método geral do ensino na escola (mais dialogante e participado) e com as exigências metodológicas impostas pelos desafios e evoluções recentes do direito processual civil. Por isso, e também porque o ensino do direito processual em Portugal foi, em datas relativamente recentes, objecto de estudo em dois relatórios, um (de TEIXEIRA DE SOUSA) dedicado à acção declarativa e outro (de mim próprio) dedicado à acção executiva[5], o presente relatório incidirá, fundamentalmente, sobre as especialidades, quanto a métodos, programa e conteúdo, que o ensino na Universidade Nova de Lisboa obriga, no momento presente, a observar nas três disciplinas de Direito Processual Civil constantes do programa do curso de Direito.

## 3. Perspectiva de abordagem da disciplina básica na Universidade de Lisboa

Todo o direito processual é instrumental relativamente ao direito material: nele se trata de pautar as actuações das partes e dos tribunais tendentes à concretização jurisdicional das normas substantivas e, no campo específico do direito processual civil, de definir situações jurídicas duvidosas, prevenir a sua violação, aplicar normas secundárias sancionatórias da violação das normas primárias de conduta e proporcionar o exercício dos direitos potestativos de exercício processual, tutelando, em qualquer caso, situações jurídicas e interesses juridicamente protegidos de sujeitos de direito privado[6].

O sistema jurídico-processual, enformado por princípios gerais que lhe são próprios, move-se sobre o pano de fundo dessa sua funcionalidade, que não pode ser nunca perdida de vista no ensino da disciplina, tal como nas tarefas de elaboração legislativa e de interpretação e aplicação da norma de processo civil. Desta primeira exigência resulta, por um lado, que o aluno da disciplina deve ter vasto conhecimento das matérias de direito civil e, por outro, que o professor da disciplina deve resistir à tentação de se refugiar em esquemas jurídico-processuais formais, esquecendo os valores e interesses para os quais existem os instrumentos do processo.

---

[5] TEIXEIRA DE SOUSA, *Aspectos metodológicos e didácticos do direito processual civil*, RFDUL, 1994, ps. 337 e ss; LEBRE DE FREITAS, *Direito Processual Civil II – Relatório*, já citado.

[6] O interesse difuso (a distinguir do interesse colectivo) tutelado pela acção popular é ainda um interesse de sujeitos de direito privado, embora reportado a grupos inorgânicos de composição ocasional e, por isso, não determinável.

A dimensão tradicionalmente tomada pela análise dos pressupostos processuais[7] ou dos elementos da instância processual[8] no ensino da disciplina de Direito Processual Civil I na Faculdade de Direito da Universidade de Lisboa é sintomática dessa tendência para o ensimesmamento da disciplina, que só a perspectiva da função processual permite superar[9]. Por outro lado, a substituição duma dogmática tendencialmente fechada, centrada no pressuposto processual ou na instância processual, pela perspectiva teleológica dum sistema processual aberto torna muito mais vivo e interessante o ensino do direito processual civil. Privilegiada, no ensino universitário, esta visão integrada do processo civil, a análise dogmática dos pressupostos processuais ou dos elementos da instância, continuando evidentemente a ter lugar e a constituir matéria fundamental, perde, porém, a característica de núcleo aglutinador da exposição, reduzindo-se ao papel que lhes cabe desempenhar: a de meros requisitos duma decisão de mérito cujo proferimento constitui a realização da função normal do processo civil.

---

[7] Servem de exemplo as lições de PALMA CARLOS: dados os conceitos de processo, direito processual civil e acção e tratadas as fontes, internas e internacionais, do direito processual civil português, a interpretação e a aplicação das leis de processo e as formas de processo, o autor entra, após estas "Noções fundamentais", na análise dos "Pressupostos processuais" (relativos às partes e relativos ao tribunal), dedicando a última parte do programa à tramitação processual.

[8] Assim, CASTRO MENDES (*Direito Processual Civil*, Lisboa, AAFDL, edição póstuma de 1986-1989), dada a noção de processo civil e tratadas seguidamente as suas fontes, princípios e classificações, entra, após esta "Introdução" de 318 páginas, a analisar, sucessivamente, o "Tribunal" (311 páginas) incluindo os aspectos relativos à sua competência, as "Partes" (356 páginas), incluindo os pressupostos a elas respeitantes, e o "Pedido" (74 páginas), dedicando a última parte do programa à tramitação processual. Também TEIXEIRA DE SOUSA, depois de desenvolver as noções de processo civil e de direito processual civil e de tratar dos actos processuais, com o que integra a parte dedicada à "Introdução e noções gerais", analisa, sucessivamente, "O tribunal e a competência", "As partes processuais" e "O objecto do processo e da prova", concluindo o programa da cadeira com "A decisão do processo", título em que inclui a tramitação processual.

[9] Introduzido por BÜLOW em meados do século XIX, o conceito de pressuposto processual constituiu um dos instrumentos fundadores da autonomia da ciência processualística, outrora reduzida a um conjunto acientífico de normas procedimentais. Mas, quando constituído em ponto de partida da análise do sistema jurídico-processual, facilmente acaba por obnubilar a sua indispensável abertura para o direito material, assim como para os princípios constitucionais que devem pautar a actuação dos tribunais. O vício consistente em fazer prevalecer a decisão processual sobre a decisão de mérito, ainda hoje (apesar da revisão de 1995-1996 do Código de Processo Civil) largamente espalhado na prática forense, é uma resultante desse tipo de percepção redutor, que, longe de garantir, compromete a autonomia do direito processual. Remeto para o que escrevi, no ponto I.3.1 do meu citado relatório sobre *Direito Processual Civil II*.

Acontece, aliás, que os ensinamentos da moderna doutrina processualística, desenvolvida ao longo dos últimos 50 anos, vieram acentuar que os pressupostos processuais não constituem os únicos requisitos da sentença de mérito, a qual carece igualmente de ser tirada com respeito pelos princípios fundamentais do processo civil, entre os quais os que constituem derivação do princípio da equidade. A violação, por exemplo, do princípio do contraditório, podendo dar lugar à arguição de nulidade processual, é susceptível de impedir a pronúncia da decisão de mérito enquanto não for reparada. O mesmo se diga da violação do direito de defesa, ainda que com observância de normas da lei ordinária como as dos arts. 236-A e 238 do Código de Processo Civil, tal como emergiram, em termos susceptíveis de desencadear declaração de inconstitucionalidade, do DL 183/2000, de 10 de Agosto. A nulidade do acto processual, fora os casos em que directamente afecta a petição inicial (ineptidão nos termos do art. 193 CPC; irregularidade não sanada, nos termos do art. 508-2 CPC; simulação do litígio, mediante fraude ou simulação processual, nos termos do art. 665 CPC), não acarreta a falta dum pressuposto processual e, no entanto, uma vez feita valer e enquanto não tiver lugar a *restitutio in integrum*, a decisão de mérito não é proferida ou, sendo-o, é abrangida pela anulação decretada.

A crescente importância dos princípios fundamentais do processo civil e a afirmação da prevalência da decisão de mérito sobre a decisão de forma, em realização da função processual (cf. os arts. 265-2 CPC e 288-3 CPC), levam a reduzir a dimensão prevalecente tradicionalmente ocupada pela matéria dos pressupostos processuais na leccionação do direito processual civil. Tal não corresponde ao enfeudamento do direito processual civil a uma redutora visão sociológica[10]: a perspectiva constitucional de qualquer ramo de direito, bem como a consideração das necessidades sociais que com ele se procura satisfazer, é sempre enriquecedora, não só no plano do aperfeiçoamento do direito constituído e no da interpretação e da aplicação das normas vigentes da lei ordinária, mas também no plano da compreensão global da matéria duma disciplina científica. Uma Faculdade de Direito não pode, pois, deixar de lhe dar, designadamente no domínio do processo civil, relevo determinante, sem menosprezo pelos instrumentos técnico-jurídicos, gerais e específicos, também indispensáveis ao entendimento da disciplina em causa.

No ensino da cadeira de Direito Processual Civil I na Universidade de Lisboa, comecei por seguir as lições de CASTRO MENDES, embora desde logo tenha

---

[10] Neste sentido: TEIXEIRA DE SOUSA, *Aspectos metodológicos e didácticos* cit., p. 389, em tomada de distância perante a orientação seguida por NICOLÒ TROCKER na sua obra fundamental *Processo civile e costituzione*, Milão, 1974.

sentido a necessidade de abreviar a análise dos pressupostos, *maxime* da competência, e de alargar o estudo dos conceitos processuais, como o de pedido, de excepção, de prova ou de caso julgado, que, sendo centrais no direito processual civil, constituem também elementos fundamentais de ligação com o direito civil. Depois, a partir da constatação de que a lei processual portuguesa carecia duma revisão orientada por princípios que nela estavam ainda insuficientemente consagrados e que tivessem em conta os *apports* da processualística contemporânea, fui desenvolvendo, de ano para ano, uma perspectiva de análise do direito processual civil neles fortemente estruturada, fazendo assim ganhar progressivamente maior relevo uma introdução centrada nos princípios gerais, com dignidade constitucional ou mera base de sustentação da lei ordinária, próprios deste ramo de direito. Em resultado deste labor, publiquei, em fins de 1996, já com base no direito constituído em resultado da revisão da legislação processual civil, uma **Introdução ao processo civil**[11] que passou a constituir a primeira parte da cadeira, à qual fazia seguir o estudo dos pressupostos processuais e a tramitação processual, terminando no caso julgado. Muitos dos principais conceitos e regimes do direito processual civil, designadamente os que mais frequentemente se encontram na base dos institutos legais, foram dados na perspectiva globalizante da primeira parte da disciplina. Apercebi-me logo, porém, de que os alunos, não obstante os muitos exemplos práticos fornecidos[12], faziam uma ideia demasiado abstracta das noções que lhes eram comunicadas, tendo dificuldade em integrá-las no desenvolvimento do processo, o que só conseguiam quando, mais tarde, era dada a terceira parte do programa. Tive, por isso, necessidade de, logo nas primeira aulas, dar um esboço das fases do processo ordinário, em antecipação do ensino ministrado nessa terceira parte.

Em 1998-1999, inverti a ordem das matérias: primeiro, após a situação do direito processual civil perante o direito civil e a classificação das acções, o estudo das formas de processo comum, com relevo, evidentemente, para a forma ordinária; seguidamente, a análise do conceito de processo civil e os princípios gerais, já não com carácter introdutório, mas em plano de reflexão e síntese; em terceiro lugar, a análise dos pressupostos processuais, sem prejuízo de, logo na primeira parte, os ter enunciado e de ter apontado as linhas gerais do seu regime; por fim, finalizando a construção, o caso julgado.

---

[11] *Introdução ao processo civil / Conceitos e princípios gerais*, Coimbra, Coimbra Editora, 1996.

[12] A explanação teórica da matéria deve, em meu entender, ser acompanhada da apresentação de exemplos práticos, que simultaneamente ajudem a melhor discernir o sentido dos conceitos e normas e contribuam, pelo apelo à realidade, para fixar a atenção dos alunos.

A publicação, no princípio de 2000, de **A acção declarativa comum**[13] veio sintetizar a matéria da primeira parte do programa. Para esta transitaram muitas das principais noções anteriormente dadas sob o ângulo do conceito geral e dos princípios, reduzindo, em extensão, a parte dedicada a este segundo tema e permitindo duas perspectivas sucessivas sobre algumas realidades comuns. Constatei que os alunos encontraram logo de início, mercê deste novo esquema, um quadro de referências práticas que lhes permitiam um melhor enquadramento das noções teóricas.

A perspectivação duma parte substancial do ensino do direito processual civil sob o ângulo da marcha do processo, em inversão do esquema há muito seguido na Universidade de Lisboa[14], não é nova entre nós: na Faculdade de Direito de Coimbra, quer MANUEL DE ANDRADE[15], quer ANTUNES VARELA[16], ensinaram o direito processual civil na perspectiva prevalecente da marcha do processo. Desde que não se caia numa visão meramente prática da disciplina e não deixe de se analisar, como ambos os autores citados fizeram, os conceitos fundamentais do processo à medida que a exposição da matéria leva a abordá-los, o método é defensável; mas, em meu entender, essa exposição carece de ser complementada com uma visão de conjunto que impeça a fragmentação. A perspectiva globalizante dos princípios fundamentais evita, simultaneamente, o risco do excesso de abstracção, resultante da prevalência da dissecação teórica dos pressupostos (para que tem tendido a escola de Lisboa), e o risco de perda da visão global, resultante da excessiva fixação na visão dinâmica da acção em curso[17].

---

[13] *A acção declarativa comum*, Coimbra, Coimbra Editora, 2000.

[14] Tinham-no seguido também, em certa medida, antes dos citados nas notas 7 e 8, MANUEL RODRIGUES e PAULO CUNHA (cf. TEIXEIRA DE SOUSA, *Aspectos metodológicos e didácticos* cit., p. 402), bem como, em Coimbra, ALBERTO DOS REIS (cf. LEBRE DE FREITAS, *DPC II / Relatório* cit., p. 223 (11)).

[15] Nas *Noções elementares de processo civil*, Coimbra, Coimbra Editora, 1956, após um título inicial dedicado ao "Direito Processual Civil" (36 páginas), com 4 capítulos (conceito, natureza e importância do direito processual civil; fontes do direito processual civil português; interpretação e integração das leis processuais; domínio temporal e espacial de aplicação das leis processuais), e um segundo título sobre as "Formas ou tipos de processo" (20 páginas), são, num terceiro título ("Estudo institucional das principais matérias do processo civil"), sucessivamente tratadas as "Condições da acção e pressupostos processuais" (30 páginas) e a marcha do processo ("Formalismo processual"), ao longo de 256 páginas. Em apêndice, de 17 páginas, é dito ainda algo sobre os princípios processuais.

[16] O *Manual de processo civil*, Coimbra, Coimbra Editora, 1985, consta de 4 capítulos: "Noções Gerais" (66 páginas); "Formas do processo" (37 páginas); "Pressupostos processuais" (134 páginas); "Formalismo do processo declaratório ordinário" (498 páginas); "Formalismo do processo declaratório sumário" (10 páginas); "Formalismo do processo declaratório sumaríssimo" (9 páginas).

[17] MANUEL DE ANDRADE ainda enuncia os vários princípios no apêndice da sua obra (*supra*,

## 4. Perspectiva de abordagem da acção executiva na Universidade de Lisboa

A matéria da acção executiva constitui bom exemplo da condição de instrumentalidade do direito adjectivo. Trata-se, na verdade, dum complemento do direito das obrigações e do direito familiar patrimonial, que permite enriquecer a perspectiva global da articulação entre o direito material e o direito processual, forçando à distinção entre regras substantivas e regras processuais, ainda quando umas e outras se deixam reconduzir a uma fonte comum. Tendo as providências executivas fundamentais (a penhora, a venda executiva, o pagamento ao exequente e aos credores reclamantes) efeitos de direito substantivo e efeitos de direito processual, em que medida podemos dizê-las actos processuais? A fronteira põe interessantes questões de qualificação que jogam com importantes noções adquiridas nas principais cadeiras do direito civil, bem como na de Direito Processual Civil I.

Também aqui, no ensino que ministrei na Universidade de Lisboa, fui abordando muitos dos conceitos e das questões mais relevantes da disciplina na perspectiva da tramitação processual, mas só depois da análise dos pressupostos da acção executiva e da instância que nela se constitui. Após algumas noções gerais que situam e delimitam a acção executiva no campo da adjectivação do direito das obrigações e das pretensões reais e lhe enunciam os princípios gerais, em confronto com os vigentes na acção declarativa, dediquei-me, sucessivamente, à análise estática da instância executiva e dos pressupostos da execução e à análise dinâmica do processo executivo. A equacionação e a solução dos problemas de direito processual executivo foram tendo lugar no decorrer desta análise, evidenciando a íntima ligação entre a teoria e a prática do processo. Questões como as relativas à penhorabilidade dos bens, aos efeitos da venda executiva e à formação de caso julgado no processo executivo e nos seus enxertos e incidentes declarativos foram assim enquadrados na parte dedicada à análise da dinâmica processual, não obstante extravasarem o momento processual em que se põem e constituírem imprescindível complemento do estudo do direito das obrigações, do direito familiar patrimonial e dos princípios gerais estruturantes do processo civil. Por outro lado, ao invés do que faziam PALMA CARLOS e CASTRO MENDES, que usavam dar na cadeira de Direito Processual Civil I as matérias do título executivo, das especialidades dos pressupostos processuais gerais (legitimidade, patrocínio e competência), das formas do processo executivo, do litisconsórcio e da coli-

---

nota 15); mas ANTUNES VARELA, tal como havia feito ALBERTO DOS REIS, apenas os refere, sem preocupação sistemática, ao sabor da exposição de outras matérias.

gação[18], mas em conformidade com a orientação seguida por ANSELMO DE CASTRO[19], sempre inseri a matéria dos pressupostos, específicos e gerais, da acção executiva na disciplina de DPC II.

Não tenho seguido, pois, no ensino da acção executiva, ordem de exposição paralela à que adoptei nos últimos anos de ensino da cadeira de DPC I ou semelhante à seguida por PESSOA JORGE, que, em inversão do esquema tradicional, quando da sua breve passagem pelo processo civil executivo[20], tratou primeiro da marcha do processo, reduzida à pura tramitação, seguidamente dos pressupostos, muito sucintamente analisados e sem inclusão do título executivo (estudado na cadeira do ano anterior), e só depois da teoria do processo executivo, sede em que analisou todas as questões que assumiam particular relevo na construção teórica do processo executivo, incluindo as respeitantes à natureza e aos efeitos dos actos da tramitação[21]. A opção de PESSOA JORGE, segundo ele próprio, logra evitar as longas paragens no estudo da marcha do processo que a concomitante análise dos seus actos mais relevantes necessariamente implica; mas sobretudo permite, tal como foi minha preocupação na cadeira de Direito Processual Civil I, que, ao iniciar uma reflexão mais global, o aluno conheça já a forma processual em que, na prática, os problemas se vêm a colocar. O postulado do conhecimento, pelo aluno de Direito Processual Civil II, das matérias de Direito das Obrigações e de Direito Processual Civil I[22] levou-me, não obstante reconhecer

---

[18] Cf. o meu *Direito Processual Civil II/Relatório*, ps. 257 e 260. O segundo dava também na cadeira de DPC I a cumulação na acção executiva, dado constituir matéria próxima da da coligação (cf. os arts. 53 CPC e 58 CPC).

[19] Cf. o meu *Direito Processual Civil II/Relatório*, ps. 255-256 (179). Como aí se vê, as acções declarativas enxertadas na acção executiva (verificação e graduação de créditos; oposição à execução; embargos de terceiro) eram estudadas após a análise da tramitação do processo executivo. Aliás, ANSELMO DE CASTRO critica acerbamente a inserção, devida a ALBERTO DOS REIS, da disciplina dos embargos de executado na regulamentação do próprio processo de execução, em rotura do CPC de 1939 com o de 1876, que lhes dera, assim como aos restantes meios declarativos (incidente de liquidação incluído) sobrevindos na pendência do processo executivo, um enquadramento autónomo, posterior a essa regulamentação.

[20] Anos lectivos de 1972-1973 e 1973-1974. Dessa sua incursão no campo do direito processual resultaram as *Lições de direito processual civil*, Lisboa, AAFDL, 1972-1973.

[21] Nesta última parte, integram-se três capítulos: acção executiva e direito substantivo; a instância executiva; a defesa contra a execução injusta. Segue-se a breve descrição do sistema de recursos em processo civil. Para maior detalhe, veja-se o meu *Direito Processual Civil II/Relatório*, ps. 262-263 (239).

[22] Este postulado não é confirmado, quanto à disciplina do Direito das Obrigações, pela sua inserção no 3.º ano da Universidade de Lisboa. Mas o conhecimento da respectiva matéria não pode deixar de ser logicamente postulado.

a inteligência e as virtudes da opção de PESSOA JORGE, a partir antes da compreensão material da obrigação, da pretensão real e das regras da responsabilidade patrimonial para a análise, logo após a estática da instância e dos pressupostos, da dinâmica da realização coactiva da prestação, pretexto para nova reflexão mais desenvolvida, sobre os conceitos de direito substantivo adjectivados no processo executivo. Preferi assim entroncar o estudo da acção executiva directamente no Direito das Obrigações, do qual ela em primeira linha emerge, e fazer ulteriormente funcionar a tramitação do processo executivo, aliás em si muito mais simples do que a do processo declarativo, como fio condutor do desenvolvimento dos grandes pontos de reflexão da acção executiva.

A perspectiva do processo oferece, além do mais, uma melhor percepção das deficiências que persistem no nosso esquema processual executivo e dos pontos em que é susceptível de ser aperfeiçoado. A revisão de 1995-1996 fez muito pelo aperfeiçoamento do direito processual da execução, em larga medida em resultado do ensino por mim anteriormente levado a cabo, com opiniões e sugestões que foram perfilhadas pelo legislador: o alargamento da exequibilidade do documento particular, a inclusão no esquema da acção executiva dos actos conducentes a tornar certa e exigível a obrigação exequenda, o estabelecimento do dever judicial de cooperação para a descoberta dos bens do executado, a supressão da moratória nas dívidas de pessoa casada, a limitação do âmbito de aplicação do protesto no acto da penhora, a simplificação da execução mediante a concessão ao credor do direito de nomear bens à penhora, a dispensa da citação de credores em alguns casos, a substituição dos embargos de terceiro do executado pelo novo incidente de oposição à penhora, o alargamento da legitimidade para os embargos de terceiro e muitas outras alterações melhoraram o esquema dos actos executivos e dos procedimentos declarativos conexos e constituem novos motivos de estudo e reflexão; mas persistiram, após a revisão efectuada, vários pontos de estrangulamento, o primeiro dos quais consistente na existência dum esquema único (ou quase) dos actos executivos, que a natureza e a instrumentalidade da acção executiva não postula. Com a reforma projectada para o processo executivo, são alterados substancialmente o esquema dos actos executivos, o papel do tribunal na execução e os meios postos ao alcance do exequente, o que levará a repensar, se entrar em vigor tal como está, a ordenação das matérias do programa, visto que ao aligeirar das formas executivas poderá talvez melhor corresponder, no futuro, o tratamento das grandes questões da acção executiva em lugar destacado da análise da forma do processo.

O esquema de estudo da disciplina, tal como a dei na Universidade de Lisboa, consta da minha obra **A acção executiva**, cuja actual edição é de 2001[23].

## 5. Distribuição entre as disciplinas obrigatórias e a disciplina facultativa

A definição do programa das disciplinas de DPC I, DPC II e DPC III da Faculdade de Direito da Universidade Nova de Lisboa implica a prévia selecção das matérias consideradas essenciais para a formação básica, em processo civil, do estudante de Direito, separadas daquelas que, embora importantes, possam não ser estudadas por quem não opte pela área forense ou pela área empresarial.

Entre essas matérias essenciais estão seguramente as que, segundo a orientação que por mim tem sido seguida, integraram a cadeira de DPC I da Universidade de Lisboa, a saber:

a) Articulação do direito processual com o direito civil (*lato sensu*), espécies de acções e formas de processo; enquadramento do direito processual civil no sistema jurídico estadual e evolução decorrente da integração europeia.

b) Processamento e regime do processo comum ordinário de declaração, tomado como paradigma das formas processuais civis, mediante a análise estrutural e funcional dos principais actos que integram cada uma das suas fases em 1ª instância.

c) Conceito de processo civil: conflito de interesses e objecto; o processo enquanto estrutura; a função processual; as partes e o tribunal.

d) Princípios gerais estruturantes do processo civil, por imposição constitucional ou opção da lei ordinária.

e) Pressupostos processuais.

f) O caso julgado.

As matérias indicadas na primeira parte da alínea a) e nas alíneas b), c) e d) são aquelas de que tratam as minhas citadas obras **Introdução ao processo civil** e **A acção declarativa comum**.

---

[23] A 1ª edição é de 1993. Foi actualizada em 1997, com a integração das transformações sofridas pelo direito constituído em 1995-1996. A 3ª edição teve em conta as alterações legislativas posteriores a 1997. Está por fazer uma actualização que tenha em conta os *apports* doutrinais posteriores a 1993 (alguns, mas não tantos quanto desejável, foram considerados na 2ª edição) e também as reflexões teórico-práticas preconizadas pelas tentativas de harmonização e uniformização europeias em curso.

Questionada pode, em compensação, ser a repartição, entre as cadeiras do tronco comum (I e II) e a cadeira da área de opção, das seguintes matérias:
  g) Processos comuns sumário e sumaríssimo de declaração; processos de injunção e da acção declarativa especial para cumprimento de obrigações pecuniárias emergentes de contratos.
  h) Providências cautelares.
  i) Recursos.
  j) Acção executiva.
  l) Processos especiais de recuperação da empresa e de falência.

O ensino universitário visa "**assegurar** uma sólida preparação científica e cultural" e "**proporcionar** uma formação técnica que habilite para o exercício de actividades profissionais e culturais e fomente o desenvolvimento das capacidades de concepção, de inovação e de análise crítica" (art. 11-3 da Lei de Bases do Sistema Educativo: Lei 46/86, de 14 de Outubro). A formação profissional não é, assim, uma decorrência **directa** do ensino universitário, ao qual apenas compete, no plano da preparação técnica, proporcionar os quadros que habilitem os licenciados para o futuro exercício de actividades profissionais. No plano do direito, tal significará privilegiar antes os instrumentos que permitam a compreensão das normas jurídicas do que o conhecimento detalhado dessas mesmas normas.

O aluno que haja adquirido as noções fundamentais do processo civil e, com elas, a visão do processamento e do regime do processo ordinário de declaração está, em princípio, apto a fazer, por si, as adaptações necessárias à compreensão das características especiais das outras formas de processo declarativo, tal como, tendo estudado a acção executiva, não terá graves dificuldades em entender o regime legal da fase executiva do processo especial de falência. Estas matérias podem, sem dificuldade, fazer parte do programa da disciplina de DPC III, tal como podem, se necessário para dar lugar a algumas das outras enunciadas, ser eliminadas desse programa sem prejuízo considerável. De qualquer modo, a matéria relativa à fase executiva do processo especial de falência só faz sentido ser dada depois da acção executiva e apenas se esta constituir objecto de ensino: o processo de falência constitui um processo misto em que tem lugar uma execução universal e o breve estudo desta vem complementar o estudo da execução singular[24].

Restam as providências cautelares, os recursos e a acção executiva.

---

[24] Em *Direito Processual Civil II/Relatório*, ps. 270-273 e 283-285, defendi a inserção do estudo da fase executiva do processo de falência na disciplina de DPC II da Faculdade de Direito da Universidade de Lisboa. Ver também *infra*, n.º 7.

Se considerações de tempo não devessem levar a outra opção, seria preferível tratar como obrigatória a matéria da acção executiva, que, melhor do que a das providências cautelares ou a dos recursos, completa a formação científica e técnica do estudante de direito processual civil (e do direito das obrigações). Não é que, como melhor salientarei à frente, procedimentos cautelares e recursos não tenham também essa virtualidade formativa, permitindo melhor compreender os esquemas e a teoria do direito processual civil; mas o conhecimento da acção executiva, como espécie diversa da da acção declarativa, em que, através do *jus imperii*, é feito valer o último grau da garantia da norma jurídica, vem de tal modo rematar a abóboda do edifício do direito processual e do direito em geral que, a não serem as contingências temporais, a escolha estaria feita[25].

Mas as contingências temporais existem e nem a disciplina de DPC I nem a de DPC II suportariam a sobrecarga do estudo, com algum desenvolvimento, da acção executiva. Colocada esta, por conseguinte, no âmbito da disciplina de DPC III[26], as matérias das providências cautelares e dos recursos

---

[25] Constata-se que, na maioria das universidades italianas, na Holanda e na universidade suíça de Freiburg, a acção executiva é dada no âmbito da cadeira geral de processo civil; mas que, na Alemanha, na Bélgica, em França e nas universidades de Milão, Pádova, Parma, Genève e Lausanne, o estudo da acção executiva aparece – ou usa aparecer – autonomizado, no âmbito duma disciplina que não é sempre opcional. Remeto para o meu *Direito Processual Civil II/Relatório*, ps. 232-233 (56), especificando, porém, ainda, a título exemplificativo, que: na Universidade de Barcelona, o ensino do Direito Processual (Civil e Penal), repartido por 3 trimestres (30 semanas de um ano, com 5 horas por semana), abrange actualmente as matérias dos sujeitos (partes e tribunal), processo ordinário, recursos e execução (1.º trimestre), das providências cautelares, falência e arbitragem, além do processo penal (2.º trimestre), e da posição do direito processual no sistema jurídico, organização dos tribunais, garantias constitucionais e estudo dum processo-tipo (3.º trimestre); na Universidade de Rennes, que é de todas as universidades francesas (nas quais, em geral, o peso do direito processual civil tem vindo a aumentar) a que vai mais longe no aprofundamento da *maîtrise* em Carreiras Forenses, há actualmente 3 disciplinas semestrais de *droit judiciaire* (e três de contencioso administrativo) na *licence* e 7 de processo civil (das quais 3 sobre processo executivo e 1 sobre processos colectivos) nessa *maîtrise*; na Universidade de Atenas, há actualmente 3 disciplinas semestrais obrigatórias de Direito Processual Civil, a primeira dedicada ao processo declarativo e ao direito probatório (6 horas semanais, no 4.º semestre), a segunda ao direito dos recursos e da execução (5 horas semanais, no 6.º semestre) e a terceira à teoria geral do direito processual civil (3 horas semanais, no 8.º semestre), e ainda três disciplinas semestrais facultativas, a primeira dedicada a procedimentos especiais, designadamente de tutela cautelar (4 horas semanais, no 6.º semestre), a segunda ao direito processual internacional (4 horas semanais, no 7.º semestre) e a terceira ao trabalho em seminário (3 horas semanais, no 7.º semestre).

[26] A classificação desta disciplina entre as de opção orientada é harmónica com as que lhe têm sido atribuídas nas outras universidades públicas do país. E, no entanto, é questionável se o seu referido carácter de remate do estudo do Direito (que, em campo diverso e numa pers-

devem, se – mais uma vez – o tempo disponível o permitir, ser estudadas no âmbito das cadeiras do tronco comum, não tanto por serem obrigatórias como porque essa é a sua localização natural.

Alguns procedimentos cautelares têm carácter misto de declaração e de execução[27]. No entanto, a sua natureza é fundamentalmente declarativa: a providência não é normalmente decretada sem que seja sumariamente demonstrada a existência do direito e o excesso do *periculum in mora* (art. 387-1 CPC); normalmente, quando uma decisão de procedência, constituindo título executivo, é susceptível de ser executada nos próprios autos do procedimento, a finalidade da execução não é a realização do direito do credor, mas a sua garantia[28]. O estudo das providências cautelares, normalmente pedidas na dependência duma acção declarativa, tem o seu lugar mais adequado junto ao estudo desta; mas, no caso de tal se revelar impossível, não é de excluir inteiramente a sua inserção ao lado do estudo da acção executiva[29].

---

pectiva de certo modo antagónica, é também o da Filosofia do Direito) não aconselharia a pensar na sua integração no tronco comum da licenciatura. É certo que outras disciplinas de direito civil que usam pertencer ao tronco comum (Direito das Sucessões, Direito Comercial e Direito Internacional Privado) constituem também, na Universidade Nova de Lisboa, disciplinas de opção orientada; mas, destas, só a meu ver a de Direito Internacional Privado justificaria idêntica reflexão, pela importância que continua a ter para a boa preparação dum bom civilista. Outra reflexão a fazer é a de que seria preferível que o direito processual executivo fosse dado depois da disciplina de Direito de Família: quer em sede de legitimidade e litisconsórcio, quer em sede de penhora, é pressuposto o conhecimento do direito familiar patrimonial, o qual, se é já útil para a compreensão da legitimidade e do litisconsórcio na acção declarativa, se torna indispensável no âmbito da acção executiva.

[27] É o caso do arresto (art. 406 CPC), do embargo de obra nova (arts. 412 CPC e 418 CPC), do arrolamento (arts. 421 CPC e 424 CPC), da restituição provisória de posse (art. 393 CPC) e daqueles em que seja ordenada a apreensão e o depósito de bens litigiosos (nos termos gerais do art. 381-1 CPC).

[28] Satisfazem, porém, *também* o direito do credor a restituição provisória de posse e o embargo de obra nova. Finalidade de satisfação têm os alimentos provisórios e o arbitramento de reparação provisória, mas a execução das respectivas decisões não tem lugar nos autos (ver arts. 1118 CPC e 404-1 CPC). Quanto às providências que antecipam um acto executivo de apreensão (arresto, arrolamento, apreensão do bem litigioso), não se pode falar de realização antecipada da tutela executiva, que é mais ampla e só terá lugar quando da posterior acção executiva.

[29] Na doutrina alemã, as providências cautelares são usualmente estudadas juntamente com o processo executivo, em conformidade com o enquadramento legal do seu regime no livro da ZPO sobre a execução forçada (assim, por exemplo, em ROSENBERG-GAUL-SCHILKEN, *Zwangsvollstreckungsrecht*, München, Beck, 1987, ps. 769 e ss, e em JAUERNIG, *Zwangsvollstreckungsrecht und Konkursrecht*, München, Beck, 1990, ps. 148-163). O mesmo acontece, no direito francês, com a *saisie conservatoire* e as *sûretés judiciaires* (MARC DONNIER, *Voies d'exécution et procédures de distribution*, Paris, Litec, 1993, ps. 89-92; ROGER PERROT, *Procédures civiles d'exécution*, Paris, Dalloz, 2000, ps. 721 e ss), mas não com o *référé*, tratado antes como medida

Quanto aos recursos, como meio, que são, de impugnação das decisões judiciais, abrem, quando ordinários, uma nova fase do mesmo processo (declarativo ou executivo) em que a decisão foi proferida, continuando a instância iniciada com a propositura da acção, e reabrem ou renovam, quando extraordinários, a instância (declarativa) extinta, com a finalidade de destruição do caso julgado. Por isso, o Código de Processo Civil deles trata em capítulo da marcha do processo ordinário de declaração (aplicável, por via subsidiária, a outras formas de processo declarativo e ao processo executivo: arts. 801 CPC, 463-1 CPC e 464 CPC). O estudo dos recursos é ainda, basicamente, um estudo da acção declarativa, com o qual se encerra a panorâmica global do caso julgado e que ganharia em ser feito ao lado das reclamações e das arguições de nulidade das decisões, que também constituem meios de impugnação[30].

Está, pois, encontrada, desde que o tempo de leccionação disponível o permita, a resposta à questão da distribuição das matérias acima anunciadas sob as alíneas g) a l) entre, por um lado, as disciplinas do tronco comum e, por outro, a das áreas forense e empresarial da licenciatura em Direito da Universidade Nova de Lisboa:

– DPC I/DPC II: matérias das alíneas g), h) e i).
– DPC III: matérias das alíneas j) e l).

Se, no entanto, as contingências temporais não permitirem o estudo das providências cautelares na disciplina de DPC I ou DPC II, não repugna a sua colocação na disciplina de DPC III.

## 6. Distribuição entre as duas disciplinas obrigatórias

Mais complicada é a questão da repartição do conteúdo obrigatório entre as cadeiras de Direito Processual Civil I e Direito Processual Civil II. Como cindir a matéria da parte geral e da acção declarativa, de modo a constituir duas disciplinas que constituam unidades susceptíveis de aprendizagem e avaliação separadas[31]?

---

provisória (VINCENT-GUINCHARD, *Procédure civile*, Paris, Dalloz, 1987, ps. 176-177; LOÏC CADIET, *Droit judiciaire privé*, Paris, Litec, 2000, ps. 553-565).

[30] Por isso defendi, no meu relatório sobre a cadeira (da Universidade de Lisboa) de Direito Processual Civil II, a inclusão dos recursos no âmbito da cadeira básica de direito processual civil (*Direito Processual Civil II/relatório*, I.2).

[31] Separação não implica autonomia. Entre as três disciplinas de direito processual civil é inevitável – e salutar – uma precedência lógica que traduza a progressão na aprendizagem.

A dificuldade deriva sobretudo da íntima ligação entre as matérias. A manter-se a orientação de começar por ensinar o direito processual civil sob a óptica da marcha do processo e só daí se ascender à perspectiva da teoria geral, pensar-se-á imediatamente em integrar aquela análise na disciplina de Direito Processual Civil I e em reservar este trabalho de síntese para a cadeira de Direito Processual Civil II.

Mas, além de que tal distribuição deixa em aberto a questão da colocação, numa ou noutra disciplina, da matéria dos pressupostos processuais, há que determinar quais os conceitos e regimes fundamentais que, independentemente da perspectiva (de análise ou de síntese) utilizada, deverão ser dados numa e noutra disciplina. É que a análise da marcha do processo, tal como eu a entendo, não consiste na simples enunciação de actos formais sucessivos, mas no seu enchimento com conteúdos que implicam a sucessiva utilização de conceitos e o sucessivo estudo de regimes processuais. A determinação dos conceitos e regimes a incluir na disciplina de Direito Processual Civil I deve levar à formação dum conjunto coerente que propicie ao aluno uma primeira compreensão, provisória embora, da sua interligação e do papel que desempenham na função global do processo. Por isso, a ordem pela qual se haja optado no ensino da cadeira anual básica de Direito Processual Civil pode ter de ser alterada, mediante a deslocação de alguns dos seus elementos ou até mediante a inversão da escolha aí globalmente efectuada.

Começo por adiantar o entendimento de que o desdobramento da cadeira obrigatória em duas não leva a uma diferente opção quanto à precedência da análise sob a perspectiva da marcha do processo em face da síntese realizada sob o ângulo do conceito e os princípios gerais do processo civil. Quem entenda que o ensino do direito deve partir da construção dogmática e não da *praxis*, estará naturalmente contra essa ordem de precedência. Quem, ao invés, entenda que bons resultados pedagógicos no ensino do Direito não poderão ser alcançados se o aluno não tiver, desde o primeiro momento, a percepção da utilidade da norma jurídica, sentir-se-á tentado a começar pela análise fraccionada e a acabar só depois o edifício resultante da junção das várias componentes dela resultantes[32]. Este é, talvez por via da minha for-

---

[32] Este método é mais discutível quando se passa do plano da pedagogia no curso geral para o da tese universitária elaborada em momento pós-graduação. Mesmo aqui, no entanto, o tenho utilizado. Quer a minha dissertação de mestrado (*A falsidade no direito probatório*, Coimbra, Almedina, 1984), quer a minha tese de doutoramento (*A confissão no direito probatório*, Coimbra, Coimbra Editora, 1991), não ocultam as *démarches* que me permitiram chegar à síntese, acompanhando assim a investigação desenvolvida a partir dos textos e regimes do direito positivo para alcançar os conceitos e a dogmática do sistema.

mação como advogado (muito anterior ao ingresso no ensino universitário, só verificado após a instauração do regime democrático), o caminho que me parece preferível[33].

Vejamos então como compatibilizar esta opção com a existência de duas disciplinas.

Para o fazer, há que começar por passar em revista os conceitos básicos cujo conhecimento o estudo da marcha do processo vai sucessivamente proporcionando.

Com a petição inicial, é iniciada a instância, são constituídas as partes, é deduzido o pedido e é invocada a causa de pedir. Qualquer destes conceitos é recorrente em processo civil, pelo que não se esperará que os respectivos regimes sejam logo totalmente ensinados a propósito da petição inicial.

Da **instância** é dada a definição e visto o papel determinante da petição para a sua existência. Ao tratar dos efeitos da citação, ver-se-á como a relação inicialmente estabelecida entre o autor e o tribunal passa a abarcar também o réu. Do seu desenvolvimento falará toda a sequência dos actos do processo. Do modo principal de a extinguir, correspondente à realização da finalidade da acção, falar-se-á ao tratar da sentença. Mas não há inconveniente em deixar a sua teoria para a disciplina de Direito Processual Civil II e, mais precisamente, para quando nela se estudar o princípio dispositivo, tratando dela sob a perspectiva geral da articulação da vontade das partes com o processo: a instância nasce por iniciativa do autor; carece ainda, por vezes, embora excepcionalmente, do seu impulso; pode suspender-se por acordo das partes (embora outras causas de suspensão existam, umas jogando automaticamente e outras só por determinação do juiz); interrompe-se e fica deserta por

---

[33] Não quero significar que o ensino do Direito em geral ou o do Direito Processual Civil em especial deva ser feito na perspectiva de determinada profissão, ou mesmo numa perspectiva prevalentemente profissionalizante (*supra*, n.º 5), mas apenas que a aprendizagem dogmática desapoiada, desde o primeiro momento, da noção da aplicação prática da norma é esterilizante e pouco estimuladora. O local adequado da teoria do processo é após o conhecimento da realidade do processo. Assim o entendeu a reforma Veiga Simão (Decreto-Lei 304/72, de 28 de Setembro): no 3.º ano seriam dadas as disciplinas de Direito Processual Civil I e II e no 5.º ano as de Teoria do Processo I e II. A reforma, interrompida em 1974, não chegou a ser executada senão nos dois primeiros anos do curso, pelo que não chegou a atingir o 3.º ano. A opção belga por uma cadeira do 1.º ano dedicada às instituições judiciárias (cf. o meu *Direito Processual Civil II/Relatório*, p. 229 (43)) não representa inversão desta ordenação de matérias: nessa cadeira não se contém uma teoria do processo, mas o estudo da organização judiciária, das funções, poderes, deveres e responsabilidade dos respectivos órgãos e do enquadramento da função jurisdicional no esquema constitucional dos poderes do Estado; a abordagem, neste conjunto, de princípios processuais fundamentais não compromete uma orientação, no ensino específico do direito processual civil, como a preconizada.

inércia do autor; pode extinguir-se por actuações, unilaterais ou bilaterais, das partes (sem prejuízo de outras causas de extinção).

Já a conformação da instância, nos seus elementos subjectivos e objectivos, ganha em ser integralmente dada na disciplina de Direito Processual Civil I, sem prejuízo de a integração dos actos que a conformam no âmbito do princípio dispositivo ser feita na disciplina de Direito Processual Civil II, na perspectiva de observação global que a ela fica reservada.

A definição do **pedido**, desdobrado no seu elemento material e no seu elemento processual e esclarecido que pode ser genérico, é dada logo com a petição inicial. A ele se voltará ao encontrar, com a contestação, a figura da reconvenção. Alguma referência ainda deve ser feita, no momento da réplica, à sua ampliação e alteração. Estas referências ficariam, porém, incompletas – e prejudicariam a visão global da sequência processual – se os conceitos de alteração e de ampliação e ainda os de cumulação e de subsidiariedade, bem como os respectivos regimes, fossem deixados para quando, na disciplina de Direito Processual Civil II, se tratasse do princípio da economia processual. Essa matéria, que, na obra publicada, se encontra localizada na **Introdução ao processo civil**[34], deve ser destacada para a disciplina de Direito Processual Civil I, não porque careça de ser aprofundada logo na fase dos articulados[35], mas porque a delimitação do objecto do processo – e a consequente delimitação do objecto da sentença – atravessa todas as fases da sequência processual e é essencial à compreensão do caso julgado.

O conceito de **causa de pedir** é extremamente controverso e, em minha opinião, carecido ainda de aprofundamento que a doutrina, não obstante o muito que sobre ele tem sido escrito, não logrou satisfatoriamente realizar até hoje. Mais do que o de pedido, o conceito de causa de pedir entronca no direito material e compreendê-lo é importante para a delimitação entre os conceitos de ampliação e alteração e os de complemento e concretização, utilizados, designadamente, nos arts. 264-3, 272, 273, n.ºs 1 e 6, 506-1, 508-3 e 508-A-1-e do Código de Processo Civil. A identificação entre causa de pedir e facto constitutivo, entendendo por este o conjunto de elementos integradores da previsão duma norma de direito material (hipótese de facto), não é, porém, total, não obstante a definição do art. 498-4 CPC, não por ela arras-

---

[34] Ps. 167-174.

[35] Naqueles que têm, na Universidade de Coimbra, optado pela perspectiva da marcha do processo (*supra*, notas 15 e 16), a matéria da alteração e ampliação do pedido, tal como a da alteração e ampliação da causa de pedir, é normalmente ensinada com a réplica (MANUEL DE ANDRADE, *Noções* cit., ps. 158-159; ANTUNES VARELA, *Manual* cit., ps. 355-359). Prefiro deixá-la para mais tarde, dando-a em capítulo consagrado aos elementos subjectivo e objectivo da instância, imediatamente antes do caso julgado.

tar a qualificação jurídica, que pertence já à fundamentação de direito e não à fundamentação de facto do pedido[36], mas sim por os elementos da causa de pedir poderem integrar mais do que uma previsão normativa, constituindo ou, pelo menos, identificando o núcleo dos factos constitutivos de mais de uma norma do sistema[37], e ainda porque não deixa de haver causa de pedir quando o autor alegue factos dos quais retira um pedido em desconformidade com as normas do sistema jurídico, cujas previsões sejam todas alheias à identificação resultante dos factos alegados[38].

O conceito de causa de pedir é logo dado com a petição inicial e a sua ineptidão, obrigando esta já à distinção entre a identificação e a completude da

---

[36] O recurso à norma de direito material para a definição da causa de pedir implica um juízo de subsunção e, portanto, operações de qualificação jurídica, que em processo cabem ao juiz, não constituindo elementos da causa de pedir (se o fossem, restringiriam o âmbito objectivo do caso julgado). A invocação da causa de pedir mais não importa do que *hipóteses de qualificação*, com as quais se entra, porém, já no campo (consequente, mas também subsequente) da fundamentação de direito. Quando, aliás, se fala da norma material aplicável, não se pode abstrair de que a previsão de cada norma jurídica recorre a elementos já qualificados, em sede de estatuição, por outras normas, que, independentemente de serem, elas próprias, normas primárias de conduta (podem não o ser, como as que se limitam a estabelecer a separação entre o juridicamente relevante e o juridicamente indiferente), funcionam então como normas instrumentais dessas outras cujos elementos de previsão são por elas qualificados, neste sentido se devendo falar duma aplicação cumulativa de normas que não estão no mesmo plano perante o efeito jurídico estatuído pela norma final.

[37] Tenho aderido à ideia (que é, *grosso modo*, a de MANDRIOLI, LIEBMANN, HENCKEL e JAUERNIG) de que a causa de pedir, como acontecimento da vida narrado pelo autor, é susceptível de redução a um núcleo fáctico essencial, previsto por uma *ou mais* normas materiais como causa do efeito pretendido (cf. *A confissão no direito probatório*, ps. 38-41, e *Introdução ao processo civil*, p. 57). A consideração dos casos de inconcludência a seguir referidos demonstra que o núcleo fáctico essencial *invocado* pode não integrar, ainda que incompletamente, qualquer norma do sistema.

[38] Não me refiro à inconcludência por falta de elementos integradores de previsões normativas identificadas (a qual pode dar lugar a actuações de completamento da causa de pedir), mas à que resulta da identificação de causas de pedir de onde o efeito pretendido não decorra. Se, por exemplo, se pedir o reconhecimento do direito de propriedade privada sobre uma parcela do domínio marítimo ou sobre uma parte da Lua, ou se se pedir o reconhecimento dum direito real fora do elenco do *numerus clausus*, a irreparável inconcludência da petição não impede que a causa de pedir seja identificada em face dos factos com base nos quais o autor afirma a existência do seu direito. O completamento e a concretização da causa de pedir, nos termos dos arts. 264-3, 508-3 e 508-A-1-e do Código de Processo Civil, são impensáveis nestes casos de inconcludência, pelo que, ao actuar essas normas processuais, o juiz está já mais perto da qualificação final da sentença – e, portanto, da total identificação da causa de pedir com os factos constitutivos – do que o autor ao propor a acção: o completamento da causa de pedir não pode prescindir da referência a uma ou mais normas materiais, identificadas pelo juiz de acordo com as várias soluções plausíveis do litígio (cf. art. 511-1 CPC).

causa de pedir, de que decorre o mecanismo do seu completamento e concretização. Com a contestação, a distinção entre factos constitutivos, por um lado, e factos impeditivos, modificativos e extintivos, por outro, permite afinar o conceito. Tal como quanto ao pedido, o estudo da réplica importará alguma referência à ampliação e à alteração da causa de pedir, cuja distinção do mero completamento e da mera concretização de novo aflora na fase da condensação (despacho pré-saneador e audiência preliminar) e ainda no articulado superveniente do art. 506. Tal como no caso do pedido, o quadro tem de ser completado, ainda na disciplina de Direito Processual Civil I, embora na sua parte final, com o regime dos arts. 272 e 273.

Com o estudo da contestação, novos e importantes conceitos são introduzidos e estudados, com análise do respectivo regime, *maxime* os de revelia, impugnação e excepção; esta implica, por outro lado, uma primeira noção de pressuposto processual.

O estudo do conceito e do regime da **revelia** pertence indubitavelmente ao momento da contestação[39], sem prejuízo de as implicações de um regime de cominação semi-plena, como o actual, na caracterização do nosso sistema processual poderem ser tiradas mais tarde, em sede de princípios gerais do processo civil e, mais especificamente, ao tratar do direito de defesa[40].

---

[39] A figura da revelia está, no actual direito português, exclusivamente ligada à inactividade do réu e desvinculada dum acto de constituição da parte em juízo (a constituição do réu como parte é efeito da citação e não da sua posterior intervenção no processo). Diversamente, em direito italiano constitui revelia a falta de constituição do autor ou do réu como parte, em acto subsequente à citação do segundo, em direito alemão diz-se revelia a falta de qualquer das partes à primeira audiência ou a uma audiência subsequente que exija a sua presença e a falta total de actividade em audiência e em direito inglês constitui também revelia a falta de apresentação, pelo autor, do seu *statement of claim*, posterior ao *writ of summons* inicial, ou a falta da sua *defence* de resposta a um pedido reconvencional. Também no nosso antigo direito o conceito de revelia era mais amplo, abrangendo a inactividade do autor. Sobre estes pontos, podem ver-se as referências que fiz em *A confissão no direito probatório*, 22 (2) (3). A nossa lei processual não contém outra definição de revelia senão a que se extrai dos arts. 483 e 484, e nem outra se compadece com o esquema das nossas sequências processuais. Por isso, a revelia tem sido invariavelmente estudada no capítulo da marcha do processo, imediatamente antes ou imediatamente após o articulado-contestação.

[40] Pouco compatível com o direito de defesa é o regime de cominação plena, que vigorou até à revisão de 1995-1996 nos processos sumário e sumaríssimo. Dele restam hoje pequenas ilhotas, nem sempre facilmente justificáveis (ver a minha *Introdução ao processo civil*, p. 90). A atribuição de força executiva à petição inicial, no processo especial de acção declarativa para cumprimento de obrigações pecuniárias emergentes de contratos (art. 2 do regime anexo ao DL 269/98, de 1 de Setembro), não ressuscitou o efeito cominatório pleno, visto que essa atribuição só tem lugar, por acto do juiz, quando a petição inicial não for inconcludente ("o pedido seja manifestamente improcedente"). Quanto à aposição da fórmula executiva no requerimento de injunção (art. 14-1 do mesmo regime anexo), não impede, na única inter-

A opção portuguesa pelo regime de cominação semi-plena, no âmbito dum sistema processual de *ficta confessio*[41], estende os seus efeitos à omissão de impugnar em contestação apresentada, também ela produzindo, em regra, o efeito de prova dos factos alegados pelo autor na petição inicial. Esta consequência gravosa, acompanhada da restrição da admissibilidade da réplica ou da resposta à contestação aos casos em que se haja excepcionado[42], implica que a distinção entre **impugnação** e **excepção** seja insistentemente trabalhada no âmbito da primeira cadeira de Direito Processual Civil. Por outro lado, vindo o regime do facto impeditivo, modificativo e extintivo, em que a excepção peremptória se baseia, a opor-se, nomeadamente no campo dos ónus da alegação e da prova, ao do facto constitutivo (arts. 467-1-d CPC, 487-2 CPC, 489 CPC, 516 CPC e 342 CC), não deixando de com ele confluir em outros pontos do regime (como os do articulado superveniente do art. 506-1 CPC, também considerado no art. 663-1, do articulado de aperfeiçoamento dos arts. 508 CPC, n.ºs 3, 4 e 5, e 508-A-1-c CPC, ou do aproveitamento de factos surgidos na instrução da causa, nos termos do art. 264-3 CPC), também à primeira cadeira de Direito Processual Civil cabe deixar bem clara a distinção entre eles e fazer o estudo das suas implicações, no domínio da alegação (o que se fará ao estudar a fase dos articulados), da prova (o que caberá no estudo da fase da instrução) e da decisão (o que respeita preliminarmente à elaboração da base instrutória e subsequentemente ao conteúdo da sentença), ainda que o papel do ónus da prova na decisão deva ser revisitado, já na cadeira de Direito Processual Civil II, no plano da análise da função do processo, designadamente da articulação entre a reconstituição da verdade e a consequente declaração do direito com a realidade objectiva, bem como no da análise do princípio dispositivo e dos ónus por ele postulados[43].

Da **excepção peremptória** há que distinguir, ao dar a matéria da contestação, a **excepção dilatória**, que, constituindo de algum modo o inverso do

---

pretação dos textos conforme com o direito de defesa, a oposição do devedor no processo executivo. O mesmo recurso à consagração constitucional do direito de defesa leva a interpretar o art. 856-3 CPC (reconhecimento do crédito contra o terceiro devedor do executado que, notificado, nada haja declarado) como não precludindo a defesa do devedor na execução que, nos termos do art. 860-3 CPC, contra ele seja subsequentemente movida.

[41] Mais rigorosa do que a *ficta confessio* germânica, não dotada da mesma definitividade que caracteriza a nossa (cf. as minhas *Introdução* cit., II.2.3.4, e *A acção declarativa* cit., 7.2.2).

[42] Ou se tenha reconvindo ou, nas acções de simples apreciação negativa, invocado o direito ou feito valer os factos constitutivos cuja existência o autor havia negado (arts. 502 CPC, n.ºs 1 e 2, e 786 CPC).

[43] Também na perspectiva do princípio da cooperação processual a noção de ónus da prova tem de ser reexaminada, pois a falta de colaboração da parte pode implicar a sua inversão (arts. 519-2 CPC e 344-2 CC).

pressuposto processual, e como tal conduzindo, em regra, à absolvição da instância, com a primeira não se confunde[44]. Mas o momento da contestação não é ainda o do estudo sistemático dos pressupostos processuais.

A inserção do estudo dos **pressupostos processuais** no plano de uma ou outra das duas cadeiras não é opção fácil de tomar. Considerada a marcha do processo em 1ª instância, a matéria dos pressupostos interessa, fundamentalmente, à contestação, aos despachos pré-saneador e saneador e à sentença. Não devendo, pela sua extensão, ser detalhadamente dada quando do estudo de qualquer desses actos processuais, dir-se-ia que a orientação de a dar logo após as noções gerais de processo civil é a mais certa: por um lado, ao encontrar o pressuposto processual na contestação, na fase da condensação e na decisão final, o aluno perceberia já bem do que se trata; por outro lado, como o estudo dos pressupostos implica o prévio conhecimento de muitos conceitos essenciais do processo civil (entre os quais, o de pedido, causa de pedir, objecto do processo, litisconsórcio, forma de processo, coligação, contestação, reconvenção, procedência, prejudicialidade[45]), nunca ele deveria ter lugar antes duma parte geral desenvolvida[46]. A ordenação das matérias que tenho adoptado ficaria assim irremediavelmente comprometida, quer na versão da cadeira básica anual, quer na das duas cadeiras semestrais, e regressar-se-ia à orientação perfilhada por CASTRO MENDES.

A opção pela perspectiva inicial da marcha do processo poderá manter-se desde que, quer ao dar a matéria da defesa, quer ao dar a matéria da condensação, algumas noções sejam avançadas: a propósito da excepção dilatória, deve ser dado o conceito de pressuposto processual e o regime de arguição da sua falta e, além disso, terá de se elencar e classificar os principais pressupostos, dando-se de seguida especial atenção à figura da litispendência (que tem aqui a sua sede adequada); a propósito dos despachos pré-saneador e saneador, deve ser dado o regime geral dos pressupostos processuais (consequências da sua falta; papel do juiz na sanação da excepção dilatória; regime do art. 288-3 CPC) e estabelecida a distinção entre eles (como pressupostos da decisão de mérito) e os pressupostos de actos processuais (incluindo a contestação). Com estas noções, o aluno fica preparado para entender a figura do pressuposto e o seu interesse no processo civil; ficará também, mas só provi-

---

[44] Os alunos hão-de, porém, saber que a excepção dilatória de direito substantivo é uma figura diversa, processualmente classificada entre as excepções peremptórias.

[45] Veja-se, por exemplo, os arts. 7, 26, 30, 31, 31-A, 31-B, 65, 65-A, 73 e ss, 96, 97, 98 e 274 do Código de Processo Civil.

[46] Como a que, não obstante as suas diferentes opções de ensino, encontramos em CASTRO MENDES (*supra*, nota 8) e em ANTUNES VARELA (*supra*, nota 16).

soriamente, com uma ideia dos traços gerais do regime de cada pressuposto. O aprofundamento dos conceitos e regras de cada pressuposto fica para mais tarde. Na disciplina de Direito Processual Civil I ou na de Direito Processual Civil II?

A manter-se o lugar em que este estudo desenvolvido foi por mim feito na cadeira anual, ele caberá na disciplina de Direito Processual Civil II. A entender-se que o aluno deve completar, no âmbito da mesma cadeira, as noções esboçadas ao dar a marcha do processo, caberá na disciplina de Direito Processual Civil I.

Não vejo inconveniente suficientemente forte na primeira solução. Contrariamente aos regimes do pedido, da causa de pedir e da pluralidade de partes, a parte especial dos pressupostos processuais pode ser dada em disciplina diversa, posterior àquela em que é dada a parte geral que lhes respeita (conceito, regime geral e elenco). Isto é, desde logo, nítido no caso da competência: o conhecimento das regras de determinação e dos regimes sancionadores não é necessário nem à abordagem do regime geral da competência nem à análise dos restantes conceitos processuais fundamentais. Mas é também verdade quanto aos restantes pressupostos gerais inominados: por exemplo, a polémica sobre o conceito de legitimidade, que ganha em ser conhecida só depois de precisado o conceito do objecto do processo (na 2ª disciplina), não é essencial ao estudo da contestação, da condensação ou da sentença, e as normas respeitantes à sanção da falta ou irregularidade da representação ou do patrocínio podem bem ser guardadas para depois; quanto à polémica em torno do interesse em agir, embora em grande parte respeitante à acção de simples apreciação, terá o seu lugar adequado no capítulo da função processual. As prioridades a estabelecer levam a integrar o estudo da parte especial dos pressupostos processuais na disciplina de Direito Processual Civil II.

Nesta tem também lugar a configuração teórica da **nulidade** do acto processual em geral. Mas a intersecção entre algumas nulidades principais e a excepção dilatória deve ser vista na primeira disciplina.

Ao estudar a petição e a contestação, o aluno é confrontado com as chamadas nulidades principais do processo: ineptidão da petição inicial (art. 193), em virtude da falta do objecto do processo; falta e nulidade da citação (arts. 194 CPC a 198 CPC); erro na forma do processo (art. 199 CPC). O estudo do despacho pré-saneador obriga a considerar as irregularidades dos articulados (art. 508-2 CPC) e o regime de nulidade decorrente da omissão de resposta ao despacho que convida a suprimi-las. Mais não é preciso, exceptuada uma breve referência à nulidade decorrente da simulação processual (art. 665 CPC), melhor analisada mais tarde (em sede de estudo da função processual), para que se torne claro como é que a nulidade pode desembocar na falta dum pressuposto processual, gerando a absolvição da instância.

Com a fase da condensação, é, além do mais, proporcionada a análise da distinção entre questão de facto e questão de direito, que constitui outro ponto fulcral do processo civil. Tratando-se duma distinção que atravessa todo o processo (da petição inicial à sentença; da alegação e da prova à excepção e à construção da decisão; de novo, no recurso, seu objecto e seus fundamentos), é vantajoso abordá-la em fase recuada do estudo do direito processual civil. Essa fase poderia ser a dos articulados, mas, por razões de enquadramento sistemático, é preferível que seja a da condensação, em que é feita a triagem, não só entre o que é já resolúvel e o que há que resolver mais tarde, mas também entre o facto alegado e o direito que plausivelmente lhe é aplicável. Tal não significa que, na fase dos articulados, ao tratar da fundamentação de facto e da fundamentação de direito, a distinção não seja já abordada e que, na fase da discussão e julgamento, ela não seja precisada, designadamente no plano da apreciação da prova (legal e livre).

O capítulo da instrução do processo não põe questões de maior quanto à bipartição que nos ocupa: os aspectos substantivos e adjectivos da prova são naturalmente dados na disciplina de Direito Processual Civil I, sem prejuízo de os princípios processuais gerais a ela respeitantes (princípio do inquisitório, princípio da livre apreciação, princípio da aquisição processual), bem como as implicações na prova de princípios como os da cooperação e do contraditório, voltarem à baila, sob outra perspectiva, na disciplina de Direito Processual Civil II.

O aluno chega assim à fase de discussão e julgamento com grande parte dos instrumentos conceituais basilares do processo civil apreendidos. A distribuição de papéis entre as partes e o tribunal nesta última fase do processo em 1ª instância vai servir à sua utilização e aperfeiçoamento. Mas o estudo do regime da sentença não consiste apenas no remate da perspectiva dinâmica do processo civil e dos seus conceitos. Com a análise da sua estrutura, em correspondência com os pedidos deduzidos e as excepções invocadas, com o quadro dos seus vícios, que é, por extensão, o de qualquer outra decisão judicial, e com a enunciação dos seus efeitos, *maxime* o da formação de caso julgado, é delimitado o objecto concreto da definição jurisdicional e reafirmada a instrumentalidade do direito adjectivo perante o direito material. A utilização da perspectiva da marcha do processo não pode concluir-se sem este retorno, operado pelo caso julgado, ao mesmo direito substantivo do qual emergiu a pretensão.

Numa cadeira anual, é, porém, possível deixar para o fim a análise do **caso julgado**: a ele feita agora apenas uma referência, a definição dos seus limites objectivos e subjectivos pode, com vantagem didáctica, vir a ser feita depois do estudo dos princípios processuais gerais e até dos pressupostos processuais; o caso julgado é a abóboda do edifício da acção declarativa e encará-lo, com algum pormenor, depois de à perspectiva analítica da marcha do processo se seguir a visão de síntese sobre o direito processual pareceu-me aconselhável. O melhor lugar do caso julgado é, afinal, o da **teoria do processo**. Ao preparar o programa da disciplina de Direito Processual Civil I na Universidade Nova de Lisboa, no primeiro ano em que a leccionei (1999-2000), propus-me continuar a seguir a mesma orientação, razão por que, após o elenco geral dos efeitos da sentença, me propunha tratar do processo sumário e do processo sumaríssimo, reservando o caso julgado para a disciplina de Direito Processual Civil II[47]. Percebi, porém, que a unidade da disciplina de Direito Processual Civil I, considerada sobretudo a projecção prática do tecido dos seus conceitos e regimes, ficaria assim comprometida e, em vez das outras formas de processo comum, vi que tinha de leccionar aí a matéria do caso julgado. Por outro lado, uma vez que tal pressupunha o conhecimento dos vários aspectos do regime dos elementos subjectivo e objectivo da instância, vim a retirar também à disciplina de Direito Processual Civil II, antecipando-a, a matéria respeitante à parte plural e à pluralidade de partes (litisconsórcio, coligação, intervenção de terceiros), bem como à conformação e à alteração do pedido e da causa de pedir, que dei imediatamente antes da do caso julgado. Este programa foi já o anunciado para o ano lectivo de 2000-2001. Com excepção da referente aos pressupostos processuais gerais, as matérias relativas às **partes** e ao **objecto** do processo (e da sentença) são assim dadas na primeira cadeira de processo civil.

À disciplina de Direito Processual Civil II fica reservada a perspectiva da síntese teórica e dos princípios fundamentais, seguida dos pressupostos processuais, dos processos comuns sumário e sumaríssimo de declaração (mais os processos de injunção e da acção declarativa especial para cumprimento de obrigações pecuniárias emergentes de contratos) e, na medida em que o tempo o permita, das providências cautelares e dos recursos.

## 7. Conteúdos

O ter obra publicada dispensar-me-á de analisar em pormenor os conteúdos teóricos das três disciplinas de direito processual civil cuja regência asseguro na Faculdade de Direito da Universidade Nova de Lisboa.

Limito-me, por isso, na parte coberta pelas três obras atrás citadas (**Introdução ao processo civil, A acção declarativa comum** e **A acção executiva**),

---

[47] Veja-se o guia da Faculdade para o ano lectivo de 1999-2000.

a enunciar as matérias leccionadas e a remeter para os locais em que, dentro dessas obras, elas concretamente se encontram postas à disposição dos alunos[48]. Relativamente aos pontos do programa que não são objecto de tratamento nessas obras didácticas, ou que nelas não encontram tratamento tão desenvolvido (*maxime*, o caso julgado, os pressupostos processuais, os recursos, as providências cautelares e o processo de falência), será dado um panorama da abordagem que deles uso fazer.

## DIREITO PROCESSUAL CIVIL I

A. Breve introdução

1. Instrumentalidade (**Introdução**, I.1) e natureza do direito processual civil.
2. Fontes do direito processual civil. O movimento para a harmonização e a uniformização do direito processual civil.
3. Espécies de acções (**Introdução**, I.3.1).
4. O processo, sequência de actos jurídicos (**Introdução**, I.2.1).
5. Formas de processo: processo comum e processo especial; alçada do tribunal; valor da causa; regime subsidiário (**Acção declarativa**, 2).

B. Estudo do processo ordinário

6. Fases do processo ordinário de declaração (**Acção declarativa**, 3).
7. Os articulados (**Acção declarativa**, 4).
8. Petição inicial: conteúdo e forma (pedido; fundamentação do pedido; elementos complementares); vícios (ineptidão; vício de forma; erro na forma de processo); actos subsequentes (distribuição; registo) (**Acção declarativa**, 5, e **Introdução**, I.4.6).
9. Citação: finalidade, conteúdo e formalidades gerais; modalidades (citação por via postal registada; citação por via postal simples; citação por funcionário judicial; citação edital; citação promovida por mandatário judicial; citação no estrangeiro); oficiosidade e intervenção do juiz; espécies; efeitos;

---

[48] Não é que o desenvolvimento dado aos vários pontos tratados deva ser, ano após ano, uniformemente o mesmo. É saudável que, no ensino universitário, se dê, por vezes maior desenvolvimento a um ponto do programa do que a outro. Alguma mutação é desejável, servindo de pretexto para aprofundar mais este ou aquele tema. Mas o presente relatório cuida, em geral, dos estereotipos do ensino ministrado e não dessas pequenas flutuações.

nulidades e falsidade do acto de citação (falta e nulidade; regimes da falta e da nulidade; falsidade) (**Acção declarativa**, 6).

10. Contestação: prazo; ónus da contestação e revelia (noção; regime-regra da revelia; excepções; tramitação subsequente à revelia); conteúdo e forma (sentido material e sentido formal da contestação; modalidades de defesa); impugnação dos factos (conceito; cominação); excepção (noção; excepção dilatória; excepção peremptória; excepção propriamente dita e objecção; função); contestação da acção de simples apreciação negativa; reconvenção (em geral, com remissão para o n.º 25; em especial, a compensação); notificação da contestação (**Acção declarativa**, 7).

11. Articulados eventuais: réplica (funções; prazo; revelia do reconvindo; actos subsequentes); tréplica (função; prazo) (**Acção declarativa**, 8).

12. Articulados supervenientes: espécies; a garantia do direito ao contraditório; o completamento de articulados deficientes (quando tem lugar; regime); os factos supervenientes (quando são admissíveis; regime); outras peças supervenientes (**Acção declarativa**, 9).

13. A condensação (**Acção declarativa**, 10).

14. Despacho pré-saneador: função; sanação da falta de pressupostos processuais; correcção das irregularidades dos articulados (falta de requisitos formais; falta de documento essencial; regime) (**Acção declarativa**, 11).

15. Audiência preliminar: designação; finalidades; objecto complementar (**Acção declarativa**, 12).

16. Despacho saneador e selecção da matéria de facto: despacho saneador (função; conhecimento das excepções dilatórias; conhecimento de nulidades processuais; conhecimento de mérito; valor do despacho saneador); factos assentes e base probatória (objecto e critério da selecção; matéria de facto e matéria de direito; valor da selecção); preparação das fases seguintes (**Acção declarativa**, 13).

17. A instrução: noção de prova (acepções; fonte de prova e factor probatório; a prova como resultado); objecto da prova (factos principais e factos instrumentais – probatórios e acessórios); ónus da prova (articulação com o ónus da alegação; alcance); valor dos meios de prova; direito probatório material e direito probatório formal (natureza material do meio de prova; procedimento probatório; registo da prova; valor extraprocessual da prova); elenco dos meios de prova (**Acção declarativa**, 14, e **Introdução**, II.6.4).

18. Prova documental: conceito e classificação dos documentos; documentos escritos (documentos autênticos; documentos particulares; documentos electrónicos; cópias); documentos não escritos; proposição e admissão da prova documental; legalização do documento passado em país estrangeiro (**Acção declarativa**, 15).

19. Prova por confissão: conceito e modalidades; confissão com força probatória plena (requisitos; irretractabilidade; impugnabilidade; indivisibilidade); confissão com força de prova livre; produção da confissão judicial (**Acção declarativa**, 16).
20. Prova testemunhal: admissibilidade e direito de escusa; valor probatório; procedimento probatório (proposição e admissão; produção) (**Acção declarativa**, 17).
21. Prova pericial: função; o perito; procedimento probatório (proposição e admissão; produção); valor probatório (**Acção declarativa**, 18).
22. Meios de prova de âmbito processual: inspecção; outras provas (**Acção declarativa**, 19).
23. Discussão e julgamento de facto: audiência final (conteúdo; tribunal singular e tribunal colectivo; factos a apurar na audiência; procedimento); discussão da matéria de facto; julgamento da matéria de facto (decisão; reclamação) (**Acção declarativa**, 20).
24. Discussão e julgamento de direito: alegações de direito; sentença (conteúdo; estrutura; notificação); vícios da sentença (elenco; nulidades; anulabilidade; rectificação e aclaração; reforma); efeitos da sentença (esgotamento do poder jurisdicional; exequibilidade; hipoteca judicial; efeitos laterais de direito material), com remissão do efeito de caso julgado; registo da sentença (**Acção declarativa**, 21).

C. Conformação da instância e caso julgado

25. Conformação subjectiva e objectiva da instância: litisconsórcio, *inclusive* entre os cônjuges; cumulação de pedidos e pedido subsidiário; ampliação e alteração do pedido e da causa de pedir; reconvenção; intervenção de terceiros (**Introdução**, II.10.2).
26. Caso julgado: caso julgado formal e material; caso julgado prejudicial e excepção do caso julgado; limites objectivos do caso julgado; limites subjectivos do caso julgado.

Nos pontos A.1 e A.2, trata-se, além da instrumentalidade do processo civil, de, em primeiro lugar, situar o direito processual civil na ordem jurídica estadual (ramo de direito público ou de direito privado?) e, em segundo lugar, dar conhecimento das principais fontes normativas (internas e supranacionais) das normas de direito processual civil. Quanto ao primeiro aspecto, é explicado porque é que, não obstante a relação de instrumentalidade estabelecida com o direito civil, o direito processual civil integra o direito público:

tratando-se de regular actuações jurídicas no ou para o processo civil, a intervenção neste de magistrados com poderes de autoridade, aos quais compete dirigi-lo e, no final, decidir, ordenar e fazer cumprir, em garantia da norma de direito material, manifesta a natureza de direito público da norma processual[49]. Quanto ao segundo aspecto, é útil uma breve resenha histórica da sucessão das fontes nacionais do direito processual civil, desde as Ordenações aos Códigos de Processo Civil de 1876, 1939 e 1961, passando pelas Reformas Judiciárias do século XIX e fazendo referência ao sentido geral das maiores revisões sofridas pelo diploma de 1961; e é importante, para o bom enquadramento do momento actual, a referência aos principais textos de direito convencional e regulamentar europeu e supra-europeu, bem como às tentativas de uniformização e harmonização em curso no interior e para além da Europa[50].

---

[49] Ver, por exemplo, OLIVEIRA ASCENSÃO, *O direito/Introdução e teoria geral*, Coimbra, Almedina, 1995, ps. 325 e 345. Quando, porém, passamos da jurisdição do Estado para a jurisdição arbitral, cuja fonte é negocial, a qualificação torna-se menos nítida: os árbitros não têm poderes de autoridade, mas exercem a função jurisdicional (arts. 209-2 CRP e 25 LAV) e devem aplicar os princípios fundamentais do processo civil (art. 16 LAV); quanto à convenção de arbitragem, constitui uma excepção de direito processual que visa impedir a resolução judicial do litígio e assim tem o efeito de, quando invocada, afastar a competência dos tribunais do Estado (arts. 494-j CPC e 495 CPC; por todos, SCHWAB-WALTER, *Schiedsgerichtsbarkeit*, München, Beck, 1990, p. 63, e CLAUDIO CECCHELLA, *L'arbitrato*, Torino, Utet, 1991, p. 42). As figuras do conciliador e do juiz de paz igualmente se situam aquém do campo nítido do direito público.

[50] No plano do direito europeu, sobressaem a Convenção de Lugano e o Regulamento 44/2001 (JO L 12/1; anterior Convenção de Bruxelas), relativos à competência judiciária, ao reconhecimento e à execução de decisões em matéria civil e comercial, o Regulamento 1346/2000 (JO L 160/1), relativo aos processos de insolvência, o Regulamento 1347/2000 (JO L 160/19), relativo à competência, ao reconhecimento e à execução de decisões em matéria matrimonial, e o Regulamento 1348/2000, relativo à citação e à notificação dos actos judiciais em matéria civil e comercial (JO L 160/37). Surgidas sob a égide da Conferência de Direito Internacional Privado da Haia, avultam a Convenção Relativa à Citação e à Notificação no Estrangeiro dos Actos Judiciais e Extrajudiciais em Matéria Civil e Comercial (de 15.11.65), a Convenção sobre a Obtenção de Provas no Estrangeiro em Matéria Civil ou Comercial (de 18.3.70), a Convenção Relativa à Supressão da Exigência da Legalização dos Actos Públicos Estrangeiros (de 5.10.61) e a Convenção sobre o Reconhecimento e a Execução de Sentença Estrangeira em Matéria Civil e Criminal (de 1.2.71). No campo da arbitragem, avulta a Convenção sobre o Reconhecimento e a Execução de Sentenças Arbitrais Estrangeiras (de 10.6.58). O Projecto de Directiva para a Aproximação do Direito Processual Civil da União Europeia (MARCEL STORME, *Rapprochement du Droit judiciaire de l'Union européenne*, Dordrecht, Kluwer, 1994) e os Principles and Rules of Transnational Civil Procedure, que têm vindo a ser elaborados sob a égide do American Law Institute, de Philadelphia, por uma equipa dirigida por Geoffrey-Hazzard e Michele Taruffo (LEBRE DE FREITAS, *O Anteprojecto Hazard – Taruffo para o processo dos litígios comerciais*, Themis, II, ps. 19 e ss), correspondem, de duas perspectivas diferentes (a harmonização das legislações processuais europeias; a uniformização mundial,

Ao estudar a figura da excepção, o aluno é confrontado com o enquadramento do caso julgado no elenco das excepções dilatórias. É então referido o conceito de repetição da causa, em que se funda tanto a excepção de caso julgado como a de litispendência (art. 497-1 CPC) e que já antes é aflorado quando, entre os efeitos da citação, é referido o do art. 481-c CPC (inibição da propositura, pelo réu contra o autor, de acção destinada à apreciação do mesmo objecto processual). Mas a precisão do alcance das três identidades (de sujeitos, de pedido e de causa de pedir) é reservada para o momento final da disciplina, em que se procede à análise da figura do caso julgado.

Nesse momento, há que começar por estabelecer a distinção entre caso julgado formal e caso julgado material. O primeiro não é um efeito privativo das decisões "que recaiam unicamente sobre a relação processual" (art. 672 CPC), pois também o produz a decisão de mérito (dada a sua "força obrigatória dentro do processo"): transitada a decisão, o tribunal da causa não pode ocupar-se de novo das questões nela decididas. Mas só a decisão de mérito constitui caso julgado material: a conformação das situações jurídicas substantivas nela reconhecidas como constituídas (porque já anteriormente existentes ou porque a própria sentença as constitui) impõe-se, em primeiro lugar, no plano do direito material[51] e, depois, no plano processual, nomeadamente também fora do processo, com o que fica vedada a repetição da acção (excepção de caso julgado) e constituída a decisão em pressuposto indiscutível de outras decisões de mérito (autoridade do caso julgado, valendo como prejudicial). Ao aluno deve ser dado conhecimento da polémica histórica entre a teoria substantiva e a teoria processual do caso julgado; mas, sobretudo, ele deve bem compreender como o caso julgado material se manifesta no duplo plano do direito substantivo e do direito processual, constituindo, no final do

---

sem prejuízo do afastamento da aplicação por vontade das partes, em sede de litígios comerciais transnacionais), a tentativas de superação da formação fundamentalmente nacional dos princípios ou normas do direito processual civil.

[51] Tal explica que a excepção de caso julgado tenha sido classificada pelo nosso legislador, até à revisão de 1995-1996, como excepção peremptória. Com o caso julgado precludem, não só todos os possíveis meios de defesa do réu vencido e todas as possíveis razões do autor que perde a acção (MANUEL DE ANDRADE, *Noções* cit., ps. 302-303), mas também, com maior amplitude, toda a indagação sobre a relação material controvertida (ANGELO FALZEA, *Efficacia giuridica*, Encliclopedia del diritto, XIV, ps. 504-506), delimitada pela pretensão substantivada deduzida em juízo. O principal efeito do caso julgado consiste em impor às partes uma norma de comportamento, baseada no acertamento, com esse efeito preclusivo, das respectivas situações jurídicas, pelo que a sua eficácia se manifesta em primeiro lugar no plano substantivo e só consequentemente, como norma de decisão (ARWED BLOMEYER, *Zivilprozessrecht*, Berlin, Dunckler & Humblot, 1985, ps. 470-472), no plano processual, com as proibições de repetição e de contradição. Foi a ideia que defendi em *A confissão no direito probatório*, 14 (67).

processo, a ponte de retorno ao direito material do qual a pretensão inicialmente arrancou, em manifestação, mais uma vez, da instrumentalidade do direito processual. O estudo, que se segue, dos limites objectivos e dos limites subjectivos do caso julgado[52] é a máxima expressão da delimitação operada pelo processo na realidade substantiva, cuja conformação na sentença quase nunca ultrapassa a eficácia relativa[53].

Quando se afirma que o caso julgado é objectivamente delimitado pelo pedido e pela causa de pedir, há que começar por interpretar a sentença, isto é, por ter em conta, por um lado, a definição que nela é feita da extensão de um e de outra[54] e, por outro, os "precisos limites e termos em que julga" (art. 673 CPC). Seguidamente, há que atender às relações de implicação que se estabelecem a partir do pedido e da causa de pedir. Neste campo, três questões têm especial relevância, de que os alunos devem ficar conscientes: primeiro, a da conciliação entre a norma do art. 96-2 CPC (não extensão do caso julgado aos fundamentos da decisão) e a preclusão das excepções e contra-excepções invocadas e invocáveis no processo; segundo, a de saber, se não obstante essa mesma norma, há tipos de situações cuja natureza implique a extensão do caso julgado aos fundamentos; terceiro, a da abrangência das causas de pedir concorrentes não cumuláveis com a invocada, bem como das integradoras de normas aparentemente concorrentes com a que o tribunal haja aplicado[55].

---

[52] Há quem fale também dos limites temporais do caso julgado para exprimir a ideia de que este se constitui com referência à situação de facto existente no momento do encerramento da discussão (art. 663-1 CPC), princípio do qual decorrem os preceitos dos arts. 671-2 CPC e 673 CPC (e também o do art. 813-g CPC). Trata-se, afinal, duma decorrência da delimitação objectiva do caso julgado e do seu efeito preclusivo em sede de excepções. Ver CASTRO MENDES, *DPC* cit., I, ps. 772-773.

[53] Só na acção de estado condenatória, tido em conta o art. 674 CPC, é que é possível falar de eficácia absoluta.

[54] Ressalvadas as questões cujo conhecimento fique prejudicado pela decisão dada a outras que previamente devam ser conhecidas, o objecto da sentença coincide com o objecto do processo; mas a leitura que o tribunal, na sentença, faça deste último torna-se, com o trânsito em julgado, vinculativa. Assim, designadamente, a violação, em efectivo contraditório, dos limites objectivos definidos pelos arts. 660-2 CPC e 661-1 CPC, sem que seja arguida a nulidade da sentença, nos termos do art. 668-1, al. d) ou e), leva à formação de caso julgado com objecto mais amplo, mais reduzido ou diverso do que era, na realidade, o objecto do processo, precludindo a possibilidade da ulterior verificação desta divergência.

[55] Ver o que, sobre estas e outras relações de implicação, escrevi no meu *Código do Processo civil anotado*, Coimbra, Coimbra Editora, II, 2001, n.ºs 4 e 5 da anotação ao art. 498, e nos locais aí referidos. A obra de referência, em sede de extensão objectiva do caso julgado, continua a ser, entre nós, a de CASTRO MENDES, *Limites objectivos do caso julgado*, Lisboa, Ática, 1968, com alguns ulteriores desenvolvimentos quanto à segunda das três questões referidas no texto.

Em sede de delimitação subjectiva da eficácia do caso julgado, há que começar por bem compreender o conceito de **qualidade jurídica** a que o art. 498-2 CPC apela ao definir a identidade de sujeitos. A sua aplicação não é duvidosa no caso da representação[56], mas já no de transmissão da situação jurídica material, em que está em causa a sucessão de posição idêntica perante um mesmo objecto, parece-me haver que distinguir: de identidade de parte deve falar-se quando a transmissão se dá depois do trânsito em julgado da decisão de mérito[57], mas já não quando a transmissão, ainda que desconhecida, é anterior à propositura da acção[58], nem tão-pouco, em meu entender, quando a transmissão se dá na pendência da acção, caso em que, não se habilitando o adquirente, ocorre a substituição processual deste pelo transmitente, que já não tem, à data da sentença, a posição que anteriormente tinha[59].

Definido o conceito de identidade de parte, segue-se considerar em que medida a eficácia do caso julgado é oponível a terceiros. A excepcionalidade desta oponibilidade não é hoje duvidosa, dado que o direito fundamental à jurisdição impõe que não possam ser negativamente afectadas pelos efeitos da decisão pessoas que não tiveram oportunidade de tomar posição no processo, nomeadamente exercendo direitos ou defendendo-se perante a invocação de direitos alheios[60]. Por isso, a doutrina dos efeitos reflexos do caso julgado, que teve a sua origem na Alemanha e grande difusão nos países latinos[61] e ainda não há muito era defendida na Alemanha[62], está hoje ultrapassada[63]. Sem

---

[56] À figura da representação (processual, diz) recorre (mal) a Lei da Acção Popular, ao considerar representados pelo autor todos os demais titulares dos direitos ou interesses em causa que não se tenham excluído do processo.

[57] A exequibilidade da sentença perante o adquirente (art. 56-2 CPC) é uma consequência da sua sujeição derivada ao caso julgado formado perante o transmitente.

[58] O caso julgado não se produz perante o adquirente. Pressupõe-se que o tribunal não absolveu o réu da instância por ilegitimidade processual do transmitente – não estaríamos então perante uma decisão de mérito –, a qual, tida em conta a definição do art. 26-3 CPC, só deve ser declarada se o autor alegar o acto de transmissão.

[59] É legítima alguma hesitação na qualificação deste caso, em que, tal como no de transmissão posterior à sentença, adquirente e transmitente são, de qualquer modo, abrangidos pelo caso julgado (art. 271-3 CPC). Mas as duas situações diferem em que, na primeira (transmissão na pendência da causa), o caso julgado se forma quando o adquirente é já titular da situação jurídica controvertida.

[60] Ou, quando não esteja em causa um direito, mas outro interesse juridicamente titulado, fazendo valer esse interesse ou defendendo-se da pretensão à sua luz formulada.

[61] Por todos: ENRICO ALLORIO, *La cosa giudicata rispetto ai terzi*, Milano, 1935, ps. 67-69, e, entre nós, ALBERTO DOS REIS, *Eficácia do caso julgado em relação a terceiros*, Boletim da Faculdade de Direito de Coimbra, XVII, ps. 206 e ss. Ver também MANUEL DE ANDRADE, *Noções* cit., ps. 293-294.

[62] Por todos: ROSENBERG-SCHWAB, *Zivilprozessrecht*, München, 1986, ps. 992-993. Fala-se aí da *Drittwirkung der Rechtskraft* e defende-se que, correndo a acção entre os *legítimos contra-*

prejuízo de estarem sujeitos aos efeitos práticos da sentença os terceiros juridicamente indiferentes, ainda que titulares duma relação jurídica cuja consistência prática – e só esta – o caso julgado pode afectar, a oposição do caso julgado desfavorável a terceiros juridicamente interessados que não tenham tido oportunidade de intervir na acção só em duas situações pode ocorrer: a de transmissão do direito litigioso, por razões de realização da função processual, de outro modo susceptível de ser gravemente comprometida; a de sujeição, pelo direito substantivo, da conservação, ou da própria constituição, da situação jurídica do terceiro aos efeitos indirectos de um acto negocial da parte. Neste caso, gera confusão continuar a falar de efeito reflexo, o qual, na teoria acima referida, era entendido como abrangendo também os casos em que a situação jurídica do terceiro não estava sujeita às consequências indirectas das actuações negociais da parte, bastando que geneticamente dependesse da situação jurídica desta[64]. O tipo de dependência acima referido tem sido justamente apontado, pela corrente dominante na doutrina alemã, como justificando uma sujeição que de outro modo seria inconstitucional[65]. É importante comunicar aos alunos a necessidade destas distinções, que estão no cerne da compreensão da articulação entre a função processual, os princípios fundamentais do processo civil e as relações de dependência entre as normas de direito substantivo. Com essa compreensão, torna-se evidente o quadro das soluções, explicitamente consagradas na lei ou dela doutrinariamente retiráveis, aplicáveis aos casos clássicos do terceiro titular de situação jurídica geneticamente independente da que é feita valer na causa e com ela incompatível, de situação jurídica paralela à que se quer fazer valer em juízo ou com

---

*ditores*, os terceiros estão sujeitos às repercussões substantivas da eficácia da sentença. A construção, já outrora defendida por WACH, foi, mais recentemente, retomada por SCHWAB. Vê-se entre nós, *grosso modo* perfilhada por TEIXEIRA DE SOUSA (local referido na nota 64), que estende assim, de certo modo, ao campo patrimonial o âmbito de previsão da norma do art. 674 CPC.

[63] Por todos: CONSTANTIN CALAVRIS, *Urteilswirkungen zu lasten Dritter*, Bielefeld, Ernst und Werner Gieseking, 1978, ps,. 173-175; NICOLÒ TROCKER, *I limiti soggettivi del giudicato tra techniche di tutela sostanziale e garanzie di difesa processuale*, Rivista di diritto processuale, 1988, ps. 71-88; WOLFGANG LÜKE, *Die Beteiligung Dritter im Zivilprozess*, Freiburg, Mohr, 1993, ps. 112-115, e, entre nós, ANTUNES VARELA, *Manual* cit., ps. 724-726).

[64] Utiliza, no entanto, a designação TEIXEIRA DE SOUSA, *Estudos sobre o novo processo civil*, Lisboa, Lex, 1997, ps. 590-594.

[65] Já em PAGENSTECHER, *Zur Lehre von der materiellen Rechtskraft*, Berlin, 1905, ps. 140-143, e em HELLWIG, *Wesen und subjecktive Begrenzung der Rechtskraft*, Leipzig, 1901, ps. 27-29, 51, 62 e 96, se encontra a ideia de que a sentença acerta as situações jurídicas das partes entre si com a mesma eficácia com que elas próprias podiam fazer celebrando um negócio jurídico à data da sentença. De entre os autores mais recentes pode citar-se BLOMEYER, *Zivilprozessrecht*, Berlin, 1985, ps. 505, 508 e 520-522, e TROCKER, *cit.*, ps. 49-55 e 65-70.

ela concorrente e de situação jurídica que lhe é subordinada[66]. Restam os casos, também paradigmáticos, dos terceiros chamados a intervir, que não intervêm, incluindo o substituído em caso de substituição processual (sem prejuízo do regime especial da transmissão do direito litigioso), bem como o caso das acções de estado, casos estes em que os alunos entenderão que se coloca diversamente a questão do respeito pelo imperativo constitucional de acesso aos tribunais.

## DIREITO PROCESSUAL CIVIL II

A. Breve teoria do processo civil

1. Acto processual e sequência processual: conceito de acto processual e sua demarcação do acto de direito material; invalidade do acto da sequência processual (**Introdução**, I.2.2 e I.2.3).
2. Função do processo civil: a tutela do direito material; a justa composição do litígio; posição adoptada; decisão de mérito e decisão de absolvição da instância; simulação do litígio (**Introdução**, I.3).
3. Objecto do processo civil: a pretensão; a relação jurídica material; o litígio; conflito de interesses e pretensão; a jurisdição voluntária (**Introdução**, I.4.1, I.4.2, I.4.3, I.4.4 e I.4.5).
4. Sujeitos do processo civil: as partes; tutela judiciária e auto-tutela; tribunais judiciais; tribunais arbitrais (**Introdução**, I.5).

B. Princípios gerais do processo civil

5. A importância dos princípios gerais; direito fundamental à jurisdição e princípios da lei ordinária (**Introdução**, II.1).
6. Acesso aos tribunais: o artigo 20 da Constituição da República; direito de acção (sua natureza; a acção popular); direito de defesa (suas derivações; o conhecimento do processo; dispensa da audição prévia; a cominação da revelia); entraves económicos (não devem existir; apoio judiciário; falta de pre-

---

[66] Ver, esquematicamente, o quadro dessas soluções no meu *Código de Processo Civil anotado*, II, no n.º 2 da anotação ao art. 674. Ele permitirá, inclusivamente, compreender que o credor com garantia real não tem o mesmo tratamento, porque juridicamente interessado, que o credor comum.

paro; falta de pagamento de impostos); a independência e a imparcialidade do tribunal (**Introdução**, II.2).

7. Princípio da equidade: suas vertentes; princípios do contraditório (o direito de influenciar a decisão; no plano da alegação; no plano da prova; no plano do direito); princípio da igualdade de armas; o direito de comparência pessoal; a licitude da prova; dever de fundamentação; princípio da publicidade (**Introdução**, II.3).

8. O prazo razoável (**Introdução**, II.4).

9. Princípio da legalidade do conteúdo da decisão: *jura novit curia*; a questão jurídica prejudicial (**Introdução**, II.5).

10. Princípio dispositivo: disponibilidade da tutela jurisdicional e responsabilidade pela matéria de facto; a disponibilidade da instância; a conformação da instância; a formação da matéria de facto (alegação das partes e conhecimento oficioso); acordo sobre os factos da causa; a iniciativa da prova (princípio inquisitório; a direcção do processo pelo juiz) (**Introdução**, II.6).

11. Princípios da preclusão e da auto-responsabilidade das partes (**Introdução**, II.7).

12. Princípio da cooperação: o dever de cooperar; cooperação material; cooperação formal; sua importância (**Introdução**, II.8).

13. Princípios da imediação, oralidade e concentração e princípio da livre apreciação da prova: imediação; oralidade e concentração; a livre apreciação da prova; certeza e verosimilhança; plenitude da assistência dos juízes (**Introdução**, II.9).

14. Princípio da economia processual: economia de processos (**remissão**) e economia de actos e formalidades (**Introdução**, II.10.3).

C. Pressupostos processuais

15. Pressuposto processual, excepção dilatória e absolvição da instância; afastamento da solução da absolvição da instância; pressuposto processual geral e pressuposto de actos processuais; não taxatividade do elenco dos arts. 288-1 CPC e 494-1 CPC (**remissão**).

16. Personalidade judiciária: noção; coincidência de princípio com a personalidade jurídica; personalidade judiciária sem personalidade jurídica; sanação da falta de personalidade.

17. Capacidade judiciária: noção; coincidência com a capacidade de exercício; suprimento pelo representante ou curador geral, por curador especial ou provisório ou pelo Ministério Público.

18. Representação judiciária de pessoa juridicamente capaz: o ausente; o incerto; o Estado; outras pessoas colectivas; entidades com mera personalidade judiciária; pessoa incapaz de receber a citação; suprimento da irregularidade da representação.

19. Necessidade de autorização ou deliberação; é pressuposto processual geral quando imposta ao autor.

20. Legitimidade processual: conceito e dificuldades na aplicação do critério legalmente perfilhado, designadamente em caso de litisconsórcio necessário; legitimidade processual e legitimidade substantiva; substituição processual. Constituirá hoje a imposição do litisconsórcio um pressuposto diverso da legitimidade?

21. Patrocínio judiciário: é pressuposto processual geral quando imposto ao autor; processos em que é obrigatória a constituição de advogado; intervenção das partes, advogados estagiários e solicitadores; formas de mandato e seu conteúdo; revogação e renúncia do mandato; nomeação oficiosa de advogado.

22. Regularidade do patrocínio judiciário: falta, insuficiência e irregularidade do mandato; gestão de negócios; é pressuposto processual geral quando é necessário o patrocínio do autor.

23. A competência: competência internacional (direito interno e convencional); competência em razão da matéria, do valor e forma do processo e da hierarquia; critério geral e principais critérios específicos de competência territorial; pactos de jurisdição e de competência; incompetência absoluta e relativa; conflitos de jurisdição e de competência.

24. Existência e não repetição do objecto processual e pressupostos da cumulação de pedidos e da pluralidade de sujeitos (**remissão**).

25. Interesse processual.

D. Formas menores de processo comum e procedimentos cautelares.

26. Processo sumário: fase dos articulados (especialidades; resposta à contestação ou reconvenção; prazos; revelia); fase da condensação (especialidades; audiência preliminar; selecção da matéria de facto); fase da instrução; fase da discussão e julgamento (**Acção declarativa**, 22).

27. Processo sumaríssimo: fase dos articulados (os articulados; o despacho do art. 795); audiência final; os processos especiais do DL 269/98 (disposições gerais; o processo especial da acção declarativa; o processo de injunção) (**Acção declarativa**, 23).

28. Procedimentos cautelares (em geral): fundamento, natureza e extensão da tutela cautelar; conservação e antecipação; direito constituído e direito a constituir; requisitos; dependência do procedimento cautelar e caducidade da providência; adequação oficiosa da providência; repetição da providência; responsabilidade do requerente; garantia penal; substituição por caução.

29. Procedimento cautelar comum: delimitação negativa; regras gerais de processamento; processamento em contraditório; contraditório *a posteriori*; aplicação subsidiária aos procedimentos nominados.

30. Procedimentos cautelares nominados: restituição provisória de posse; suspensão de deliberações sociais e da assembleia de condóminos; alimentos provisórios; arbitramento de reparação provisória; arresto; embargo de obra nova; arrolamento.

E. Recursos

31. Conceito e figuras afins (reclamação, arguição de nulidade, embargos). Recurso ordinário e recurso extraordinário; espécies de recurso ordinário e respectivos âmbitos de aplicação. A garantia dos recursos na Constituição da República Portuguesa. Valor da decisão pendente de recurso. Substituição e cassação no sistema de recursos.

32. Requisitos de admissibilidade do recurso ordinário: recorribilidade da decisão; legitimidade do recorrente; tempestividade; não renúncia ou aceitação da decisão.

33. As partes no recurso ordinário; restrição subjectiva do recurso; adesão ao recurso; extensão subjectiva dos efeitos do recurso.

34. Objecto do recurso ordinário: é a decisão; restrição objectiva do recurso; papel delimitador da fundamentação do recurso e ampliação pelo recorrido. Recurso subordinado.

35. Marcha dos recursos ordinários: interposição; despacho liminar e sua impugnação; alegações e junção de documentos e pareceres; reparação; expedição do recurso; funções do relator e reclamação para a conferência; exame preliminar e decisão liminar do relator; vistos e julgamento; reclamações contra o acórdão.

36. Recurso ordinário de decisões da 1ª instância: âmbito de aplicação da apelação e do agravo em 1ª instância; efeito da interposição sobre a exequibilidade da decisão recorrida; subida imediata e subida diferida; modificabilidade da decisão de facto; conhecimento do mérito da causa no recurso de agravo.

37. Recurso ordinário de decisões da 2ª instância: âmbito de aplicação da revista e do agravo em 2ª instância; o fundamento acessório no recurso de

revista; exclusão da reapreciação da matéria de facto; recurso *per saltum* para o Supremo Tribunal de Justiça; efeito da interposição sobre a exequibilidade da decisão recorrida; julgamento ampliado para uniformização de jurisprudência; subida imediata e subida diferida do agravo; não conhecimento, neste, do objecto do recurso em substituição da 2ª instância.

38. Recursos extraordinários (revisão e oposição de terceiro): fundamentos; prazos; a interposição nunca tem efeito suspensivo; juízo rescindente e, nos casos de revisão não fundada em violação de caso julgado, juízo rescisório.

39. Recurso para o Tribunal Constitucional: pressupostos; a prévia invocação da inconstitucionalidade ou ilegalidade da norma aplicada, na jurisprudência do tribunal constitucional; indicação do fundamento do recurso no requerimento de interposição; aspectos da tramitação.

O capítulo dos pressupostos processuais há-de iniciar-se com a remissão para as noções gerais dadas na disciplina anterior em sede de contestação e de condensação, seguindo-se o estudo particularizado dos principais pressupostos. No seu ensino, há que ter em conta que é mais importante compreender e delimitar os conceitos do que conhecer detalhadamente os regimes, em grande parte perceptíveis, sem dificuldade de maior, a partir da leitura atenta das normas. Assim se justificará que, nomeadamente, a matéria da competência seja muito abreviada, comparativamente ao que é usual fazer-se.

O meu ensino dos pressupostos processuais não contém grandes inovações. As reflexões menos ortodoxas são feitas em sede de legitimidade e de interesse processual.

A análise da **legitimidade processual** deve evidenciar, por um lado, a dificuldade de, por vezes, a distinguir da legitimidade substantiva (entendido o conceito para além do de legitimidade negocial) e, por outro lado, a dificuldade de aplicar a definição legal do art. 26-3 CPC, na versão oriunda do DL 320--A/95, nos casos de parte plural. Através de abundante exemplificação prática, o aluno deve ser estimulado a delimitar o campo da legitimidade processual em face do da legitimidade substantiva e, portanto, o do pressuposto processual em face do apuramento (de mérito) da existência do direito ou do dever. As imprecisões da jurisprudência ilustrarão o risco de alguma sobreposição de conceitos e, em última análise, tida em conta a relatividade subjectiva do caso julgado material e admitida a conveniência de abrir alguma brecha na ideia de que a decisão sobre a relação processual nunca produz caso julgado[67], é de questio-

---

[67] É defensável que a decisão de absolvição da instância projecta fora do processo eficácia impeditiva da repetição da causa com a falta, nos mesmos precisos termos, do pressuposto que

nar se o conceito de legitimidade processual não deveria circunscrever-se aos casos de legitimidade extraordinária (substituição processual; acção popular) e os de ilegitimidade, consequentemente, àqueles em que a parte invoque uma legitimidade extraordinária que não tem[68], bem como se, de qualquer modo, a imposição do litisconsórcio não constituirá algo que nada tem a ver com a legitimidade.

O litisconsórcio voluntário, ainda que sucessivo, não oferece dificuldade de monta, desde que se estenda o conceito de configuração pelo autor à configuração dada à relação controvertida pelo terceiro interveniente principal ou pelo réu que o provoca a intervir; mas com o litisconsórcio necessário já a definição legal é dificilmente compatível quando a existência de terceiros interessados não resulte da alegação do autor, mas sim do apuramento de factos controvertidos introduzidos pelo réu, na medida em que se continue a entender, com o art. 269-1 CPC, que a falta do seu chamamento[69] gera ilegitimidade da parte que com ele devia mostrar-se litisconsorciada. A opção que o art. 26-3 espelha parece ter conduzido à autonomização dessa falta, como pressuposto distinto da legitimidade, ao inverso do que tradicionalmente tem sido entendido.

Sobre o **interesse processual** as divergências doutrinárias são grandes e há que as dilucidar. O interesse processual constitui, entre nós, pressuposto na estrita medida em que constitui desvio da função processual a utilização do processo para fins diversos da composição de conflitos de interesses reais carecidos de definição ou da realização de direitos ou interesses juridicamente tutelados. Normas como as dos arts. 449-2 CPC, als. b) e c), 472-2 CPC e 662-

---

a fundamenta (ROSENBERG-SCHWAB, *Zivilprozessrecht* cit., p. 977), pelo menos quando esteja em causa um pressuposto que envolva interesses materiais, como é o caso da legitimidade (ANSELMO DE CASTRO, *Direito Processual Civil declaratório*, Coimbra, Almedina, 1982, II, p. 16). Com isso, a diferenciação prática entre os efeitos da absolvição do pedido, por o autor não ter o direito ou o réu não ter o dever, e os da absolvição da instância, por ilegitimidade da parte, esbate-se. A configuração da ineficácia da decisão proferida em caso de imposição de litisconsórcio não manifesta (ver a minha *Acção declarativa*, 21.3.1) ilustra igualmente a relatividade da diferenciação prática entre absolvição da instância e absolvição do pedido.

[68] TEIXEIRA DE SOUSA, *Apreciação de alguns aspectos da revisão do processo civil – projecto*, ROA, 1995, II, ps. 375-376. O juízo sobre a titularidade do direito e do dever, nunca deixando de ser de mérito, pode processar-se em planos de aproximação sucessiva, que vão da mera possibilidade de procedência (perante a versão do autor ou perante a versão dele e a do réu) à procedência ou improcedência verificada a final.

[69] Entendo que o terceiro, chamado a intervir como litisconsorte necessário, que não intervenha não deixa, por não intervir, de ser parte, como tal se constituindo, semelhantemente ao réu, com o acto de citação (*Código de Processo Civil anotado*, Coimbra, Coimbra Editora, I, 1999, n.º 3 da anotação ao art. 328).

2 CPC revelam que é exigível o interesse sério em recorrer a juízo, mas independentemente da espécie de acção que se venha a propor[70].

A triste realidade das demoras e atrasos na definição e na realização processuais do direito leva a que seja cada vez mais frequente a solicitação de **providências cautelares** que possam atenuar alguns dos prejuízos decorrentes do tempo que medeia entre a propositura da acção e a sentença ou os actos executivos. Esta consideração de ordem prática aponta já para que deva ser dada ao estudo dos procedimentos cautelares maior atenção do que a que é habitual[71]. Juntam-se-lhe razões atinentes à especialidade da tutela cautelar, cujo entendimento completa o panorama da garantia do direito subjectivo. Nem acções nem incidentes, os procedimentos cautelares, entre nós sempre conducentes à obtenção de providências provisórias no âmbito duma acção principal[72], visam acautelar o direito até ao momento da tutela definitiva e, por isso, constituem interessante campo de estudo da articulação da necessidade de realização da função processual com a imposição da garantia do direito de defesa. A generalização da tutela cautelar, a delimitação da fronteira entre o procedimento secreto e o procedimento em contraditório, a adequação do *non bis in idem* à tutela cautelar, a responsabilização do requerente de providência decretada, mas ulteriormente caducada ou julgada injustificada por sua culpa, a necessidade de impedir que o requerido realize certos actos antes mesmo do decretamento judicial da providência, a garantia penal da providência decretada, a substituibilidade desta por caução, alguma limitação do princípio dispositivo por exigências próprias da tutela cautelar, a articulação entre os efeitos da propositura da acção e da citação do réu para esta e a pendência do procedimento cautelar constituem, entre outras, questões processuais muito interessantes, cuja análise enriquece a preparação teórica do estudante de processo civil e o prepara melhor para a utilização concreta dos conceitos e instrumentos próprios do direito processual civil.

Por outro lado, o estudo da tutela cautelar, *maxime* dos procedimentos nominados, oferece a possibilidade de, através da sua adjectivação, melhor compreender alguns institutos de direito civil. Assim, o alcance da conser-

---

[70] É a posição que por mim se vê tomada na *Introdução ao processo civil*, 3 (17), bem como no *Código de Processo Civil anotado*, II, n.º 3 da anotação ao art. 449, n.º 2 da anotação ao art. 472 e n.º 3 da anotação ao art. 494.

[71] Veja-se, por exemplo, CASTRO MENDES, que lhes dedica 12 páginas das suas lições (*Direito Processual Civil* cit., I, ps. 251-263), e ANTUNES VARELA, que lhes dedica 5 páginas (*Manual* cit., ps. 22-27). Maior desenvolvimento encontra o seu estudo em TEIXEIRA DE SOUSA (*Estudos* cit., ps. 226-255).

[72] Diversamente acontece na tutela antecipatória do direito brasileiro, bem como no *référé* francês.

vação da garantia patrimonial (arresto), do direito à execução específica (apreensão de coisa certa; arrolamento), do direito a alimentos (alimentos provisórios), da execução da deliberação social (suspensão de deliberações sociais), da tutela possessória (restituição provisória de posse; embargo de obra nova), da do direito real ou pessoal de gozo (embargo de obra nova; apreensão de coisa certa; arrolamento) e da do direito à indemnização (arbitramento de reparação provisória) fica melhor apreendido depois do estudo das providências que permitem acautelar a sua realização. O mesmo estudo permite ainda visionar o alcance de algumas delimitações entre o direito civil e o direito administrativo; assim, acontece com o embargo de obra nova e o embargo administrativo.

Tendo recentemente publicado obra de comentário aos artigos do CPC sobre os procedimentos cautelares[73], dispenso-me de entrar em maior concretização do conteúdo das aulas ministradas sobre esta matéria.

Em sede de **recursos**, ao invés, tenho-me, por enquanto, socorrido inteiramente de obra alheia: **Recursos em processo civil**, de ARMINDO RIBEIRO MENDES, é uma obra actualizada[74], que, de entre as publicadas nos últimos anos com o tema específico dos recursos, é, sem prejuízo da bondade da análise contida nos **Estudos de processo civil**, de TEIXEIRA DE SOUSA[75], a que melhor reúne as características de texto básico sobre a matéria[76]; a ela, fundamental-

---

[73] *Código Processual Civil anotado*, II, ps. 1-173.

[74] A 2ª edição (Lisboa, Lex, 1994) é anterior à revisão de 1995-1995, mas um posterior texto de actualização (*Os recursos no Código de Processo Civil revisto*, Lisboa, Lex, 1998) veio completá-la.

[75] *Estudos* cit., ps. 369 a 565. A razão porque prefiro seguir RIBEIRO MENDES é, fundamentalmente, de sistematização: a ordenação das matérias, próxima da seguida por CASTRO MENDES, parece-me didaticamente mais estimulante. Mas a consulta de TEIXEIRA DE SOUSA é, evidentemente, aconselhada.

[76] De entre as obras publicadas na vigência dos regimes anteriores a 1995-1996, sobressaem, não obstante a sua pequena dimensão, as lições de CASTRO MENDES. *Recursos*, obra publicada pela AAFDL em 1980, foi integrada, após revisão, no 3.º volume da obra póstuma *Direito Processual Civil*, de 1987, editada a cargo de RIBEIRO MENDES, então docente na Faculdade de Direito de Lisboa, e TEIXEIRA DE SOUSA. Os ensinamentos de CASTRO MENDES, incluindo as suas principais classificações, encontraram em RIBEIRO MENDES um seguidor. Mais longinquamente, ALBERTO DOS REIS, *Código de Processo Civil anotado*, V e VI, PALMA CARLOS, *Direito Processual Civil – Dos recursos*, Lisboa, AAFDL, 1970/1971, e PESSOA JORGE, parte final das *Lições de Direito Processual Civil*, Lisboa, 1972-1973, contam-se entre os docentes universitários que escreveram sobre a matéria, que foram enriquecendo com os seus contributos, de outro tipo tendo sido o contributo (mais virado para a prática jurisprudencial) de SANTOS SILVEIRA, ANÍBAL DE CASTRO, RODRIGUES BASTOS e LEAL HENRIQUES. Já na vigência dos textos resultantes da revisão de 1995--1996, há que referir, além das páginas doutrinárias de TEIXEIRA DE SOUSA, o *Manual dos Recursos em Processo Civil* de AMÂNCIO FERREIRA, Coimbra, Almedina, 2000, espelhando a visão prá-

mente, tenho ido buscar os pontos fundamentais que o pouco tempo disponível para o ensino da matéria me permite abordar[77].

Quando a matéria é abordada, o aluno já várias vezes foi confrontado com o recurso de decisões proferidas, designadamente, ao longo do estudo da marcha do processo ordinário de declaração e dos procedimentos cautelares. Por outro lado, a análise da função processual implicou o estudo dos requisitos do recurso extraordinário de oposição de terceiro. O aluno foi também várias vezes confrontado com a questão de distinguir o poder discricionário do poder vinculado. O aluno tem, por fim, já uma noção embrionária da distinção entre as espécies do agravo, da apelação e da revista e do relevo da distinção entre matéria de facto e matéria de direito no esquema dos recursos. Agora, é o momento da sistematização.

Em primeiro lugar, há que delimitar o recurso entre os meios de impugnação das decisões judiciais e em face daqueles outros que, embora não constituam propriamente meios de impugnação de decisões, põem, directa ou indirectamente, em causa a decisão ou a sua execução; com isso, é dada a distinção entre recurso ordinário e recurso extraordinário e aproveita-se para caracterizar as espécies de um e de outro. Seguidamente, em sede de caracterização geral do conceito de recurso, há que abordar as questões do conteúdo da garantia constitucional do direito ao recurso, do valor da decisão pendente de recurso e das opções legais entre o sistema de substituição e o de cassação.

Seguem-se três capítulos (requisitos de admissibilidade; partes; objecto) em que as questões controvertidas mais relevantes em matéria de recursos são abordadas. Refiro-me, antes de mais, à delimitação do objecto do recurso, não tanto no que respeita à possibilidade de o restringir, nos termos dos n.ºs 2 e 3 do art. 684 CPC, como quanto ao papel delimitador da fundamentação (alegação e conclusões), nos termos do art. 690-1 CPC, em articulação com a cognoscibilidade oficiosa das questões de direito (art. 664 CPC) e com o ónus de indicar os pontos de facto e meios de prova a reapreciar (art. 690-A CPC, n.ºs 1 e 2), bem como quanto à ampliação do âmbito do recurso pelo recorrido, nos termos dos arts. 684-A CPC e 690-A CPC, n.ºs 3 e 4, em articulação com os requisitos do recurso subordinado. A jurisprudência portuguesa é confusa e a doutrina ainda não afrontou esta problemática, com a profundidade que ela exige, à luz das alterações introduzidas pela revisão de 1995-1996[78].

---

tica dum juiz conselheiro. Na obra de RIBEIRO MENDES encontra o aluno, ao mesmo tempo, uma visão estruturada do conjunto e a ligação coerente entre os conceitos teóricos fundamentais e as principais questões da prática processual.

[77] Como à frente digo, conto, no máximo, com 5 aulas teóricas e 5 aulas práticas para a matéria dos recursos.

[78] O aprofundamento da matéria dos recursos tem sido, nos anos mais recentes, algo des-

O estudo dos recursos ordinários proporciona a análise de outras importantes questões, designadamente quanto aos limites da modificabilidade da decisão de facto em 2ª instância, à articulação entre a natureza da intervenção do tribunal de revista e a ampliação da matéria de facto, aos poderes das partes na suscitação do recurso ampliado para uniformização de jurisprudência e a aspectos específicos em que vigora o regime da cassação.

Após a abordagem dos recursos extraordinários, deve ser incluído no capítulo dos recursos um breve estudo do recurso para o Tribunal Constitucional: embora não respeite apenas a matéria civil e haja necessariamente sido abordado nas disciplinas de Direito Constitucional (1.º ano), o recurso para o Tribunal Constitucional ganha em ser revisitado na sequência do estudo dos recursos típicos do direito processual civil, que é – não esqueçamos – o repositório das normas processuais gerais, subsidiariamente aplicáveis nos outros ramos do direito processual.

Se tempo houvesse, seria, precisamente por isso, interessante a comparação do sistema de recursos em processo civil com o sistema de recursos nos outros ramos do direito processual. Mas o tempo disponível não o permite. Aliás, muitos outros pontos susceptíveis de análise não podem, pela mesma razão, ser analisados na disciplina de Direito Processual Civil II: as classificações dos recursos pouco mais são do que abordadas; o regime de subida do agravo só ligeiramente é referido; os aspectos específicos da tramitação de cada recurso são, em princípio, omitidos; etc.

## DIREITO PROCESSUAL CIVIL III

A. A ACÇÃO EXECUTIVA EM GERAL

**1.** Conceito e fins da acção executiva: delimitação; tipos; função; normas substantivas e normas processuais; acertamento e execução; a jurisdicionalidade da execução (**Acção executiva**, I.1).

**2.** Pressupostos da acção executiva: pressupostos específicos; pressupostos gerais (**Acção executiva**, I.2).

**3.** Título executivo: noção; espécies; sentença condenatória (conceito; o trânsito em julgado; a sentença proferida por tribunal estrangeiro; despachos

---

curado pela doutrina nacional, para o que tem contribuído o abandono do seu estudo nas universidades públicas. Dir-se-ia que o papel de parente pobre do direito processual civil, que a acção executiva durante muito tempo desempenhou, é hoje assumido pelo recurso.

judiciais e decisões arbitrais; a sentença homologatória); documento exarado ou autenticado por notário (conceito; documento recognitivo; a promessa de contrato real e a previsão de obrigação futura); escrito particular assinado pelo devedor (requisitos; requisito de fundo; requisito de forma; legalização de documentos estrangeiros; a prescrição do direito constante de título de crédito); título executivo por força de disposição especial (títulos judiciais impróprios; títulos administrativos); natureza e função do título executivo (o título é um documento; o título como condição da acção; o título e a causa de pedir); consequências da falta de apresentação do título executivo; uso desnecessário da acção declarativa (**Acção executiva**, I.3).

4. Certeza, exigibilidade e liquidez da obrigação: conceito; regime da certeza e da exigibilidade (obrigações alternativas; obrigações genéricas; obrigações a prazo; obrigações puras; obrigações sob condição suspensiva; obrigações sinalagmáticas; a prova complementar do título; consequências da falta de certeza ou exigibilidade); regime da liquidez (meios de liquidação; liquidação por simples cálculo aritmético; liquidação não dependente de simples cálculo aritmético; consequências da iliquidez da obrigação) (**Acção executiva**, I.4).

5. Competência do tribunal: competência em razão da matéria; competência em razão da hierarquia; competência em razão do valor; competência em razão do território (a sentença do tribunal comum; a sentença do tribunal arbitral; outros títulos); competência internacional (a lei portuguesa; as Convenções de Bruxelas e de Lugano); a competência convencional e o regime da incompetência relativa (doutrina tradicional; a doutrina de Anselmo de Castro; regime actual) (**Acção executiva**, I.5).

6. Legitimidade das partes: quem é parte legítima (critérios de aferição; adaptação do regime-regra; o terceiro proprietário ou possuidor do bem onerado; terceiros abrangidos pelo caso julgado; Ministério Público); consequências da ilegitimidade das partes (**Acção executiva**, I.6).

7. Patrocínio judiciário (**Acção executiva**, I.7).

8. Pluralidade de sujeitos e pluralidade de pedidos: litisconsórcio (litisconsórcio inicial; litisconsórcio sucessivo; coligação; consequências da falta de litisconsórcio, quando necessário, e da coligação ilegal; cumulação simples de pedidos (formas; pressupostos; consequências da cumulação indevida) (**Acção executiva**, I.8).

9. Formas do processo executivo: o tipo e a forma do processo; âmbito das formas processuais (processos especiais; processos comuns; forma de processo nos casos de cumulação de pedidos); direito supletivo (**Acção executiva**, I.9).

## B. Processo de execução comum para pagamento de quantia certa na forma ordinária

**10.** Delimitação (**Acção executiva,** I.10).

**11.** Fase inicial: requerimento inicial e tramitação complementar; despacho liminar (conteúdo; aperfeiçoamento e indeferimento liminar; a rejeição oficiosa da execução; o indeferimento parcial); citação do executado (**Acção executiva,** I.11).

**12.** Oposição à execução: meio; fundamentos (na execução de sentença; na execução de outro título); oposição por requerimento; o processo de embargos de executado (natureza; ónus e preclusões; formação de caso julgado; prazo; efeitos da pendência; tramitação) (**Acção executiva,** I.12).

**13.** Objecto da penhora: noção; princípios gerais; penhora e disponibilidade substantiva (indisponibilidade objectiva; indisponibilidade subjectiva; indisponibilidade convencional); impenhorabilidade directamente resultante da lei (casos; a satisfação do direito a alimentos); penhorabilidade subsidiária (responsabilidade comum e responsabilidade própria dos cônjuges; responsabilidade subsidiária do sócio e do fiador; dívida com garantia real; bens que respondem em último lugar); a penhora em acção contra herdeiros; extensão da penhora (âmbito inicial; sub-rogação; divisão do prédio penhorado) (**Acção executiva,** I.13).

**14.** Fase da penhora: actos preparatórios (nomeação de bens; despacho ordenatório); o acto da penhora (formas; penhora do direito de crédito; penhora do direito a bens indivisos; penhora de direitos ou expectativas de aquisição; penhora de outros direitos); o depositário; registo da penhora (quando tem lugar e para quê; inscrição em nome de terceiro); levantamento da penhora (em geral; desaparecimento do bem penhorado) (**Acção executiva,** I.14).

**15.** Função e efeitos da penhora: função da penhora; perda dos poderes de gozo; ineficácia relativa dos actos dispositivos subsequentes; preferência do exequente (**Acção executiva,** I.15).

**16.** Oposição à penhora: meios de oposição; recurso de agravo; meios privativos do executado (o protesto e a oposição); embargos de terceiro (o terceiro legitimado; a titularidade do direito de fundo; embargos do cônjuge do executado; tramitação; natureza; formação de caso julgado); a acção de reivindicação (sua autonomia; as interferências do registo); oposição por simples requerimento (**Acção executiva,** I.16).

**17.** Convocações e concurso: convocações (em geral; dos credores; do cônjuge do executado); pressupostos específicos da reclamação de créditos (garantia real; título executivo; certeza da obrigação; liquidez da obrigação);

a acção de verificação e graduação de créditos (fases; articulados; verificação; graduação; formação de caso julgado; estado de insolvência ou falência do executado) (**Acção executiva**, I.17).

**18.** Venda executiva: modalidades (quais são; quando têm lugar; dispensa de depósito; a adjudicação de bens); remição e preferências (direito de remição; direito de preferência); efeitos (caducidade dos direitos reais; transferência para o produto da venda; cancelamento de registos); anulação (casos de anulação; a tutela do comprador; a tutela de outros interessados); natureza (**Acção executiva**, I.18).

**19.** Pagamento: meios de atingir o pagamento; consignação de rendimentos; ordem dos pagamentos; pagamento em prestações (**Acção executiva**, I.19).

**20.** Extinção e anulação da execução: extinção da execução (causas; extinção da obrigação exequenda; outras causas; a sentença de extinção); anulação da execução; renovação da acção executiva (causas; a satisfação de prestações vincendas; a satisfação de crédito graduado; circunscrição da renovação feita nos termos do art. 920; entrega dos bens ao adquirente) (**Acção executiva**, I.20).

## C. Outros processos de execução

**1.** Forma sumária de execução comum para pagamento de quantia certa (**Acção executiva**, I.21).

**2.** Processo de execução comum para entrega de coisa certa: delimitação; características; tramitação (requerimento e oposição; convocação do cônjuge do executado; apreensão e entrega); conversão da execução (**Acção executiva**, I.22).

**3.** Processo de execução comum para prestação de facto: delimitação; prestação de facto com prazo certo (direitos do credor perante o incumprimento; posição do devedor face à execução; termos posteriores quando seja pedida a prestação do facto por outrem; conversão da execução); prestação de facto sem prazo certo; violação de obrigação negativa (direitos do credor perante o incumprimento; verificação da violação; posição do executado face à execução; termos posteriores); forma sumária (**Acção executiva**, I.23).

**4.** Processos executivos singulares especiais: execução por alimentos; execução por custas; execução de despejo; investidura em cargo social (**Acção executiva**, I.24).

**5.** Fase executiva do processo de falência: estrutura e função do processo de falência (a situação de insolvência; o processo especial de recuperação da empresa e a falência; normas substantivas e normas processuais de direito falimentar; fase declarativa e fase executiva do processo; execução universal e liquidação do património; os princípios gerais do processo civil na fase executiva do processo); órgãos e partes do processo de falência (o juiz, o liquidatário e a comissão de credores; poderes dos credores e do falido; tutela dos direitos de terceiros); a massa falida (formação do activo; apreensão dos bens; restituição e separação de bens apreendidos; liquidação do activo; inoponibilidade dos negócios posteriores à declaração de falência); verificação do passivo (credores comuns e credores preferenciais; processo de verificação); pagamento.

Do **processo de falência** interessa fundamentalmente estudar, na disciplina de Direito Processual Civil III, os aspectos em que se manifesta a característica de execução universal. Não é que um estudo mais global (incidindo sobre o conjunto dos processos especiais de recuperação da empresa e de falência) não fosse de grande interesse. Mas o tempo disponível dificulta-o e, entre o sacrifício desse estudo global e o sacrifício da exposição pormenorizada do processo de execução singular comum, opto decididamente pelo primeiro. Não haverá, pois, tempo para analisar, não só o regime falimentar geral, mas também a fase declarativa do processo, os embargos à sentença que decreta a falência, o regime de recursos, o acordo extraordinário e a concordata particular. Não é, porém, dispensável o prévio enquadramento dos actos executivos do processo de falência, pelo que a comunicação das noções gerais sobre **execução universal e liquidação do património**, em ligação com a noção de **responsabilidade patrimonial**, já dada em sede de função do processo executivo (cf. n.º 1), bem como a verificação dos **princípios gerais** do processo civil (*maxime*, os princípios da defesa, do contraditório, da igualdade de armas e do dispositivo), devem ser precedidas de algumas notas sobre a situação de **insolvência** e o direito falimentar, a articulação do processo especial de falência com o processo especial de recuperação da empresa e a distinção entre **fases e apensos declarativos** e **fases e apensos executivos** do processo de falência[79], e seguidas de algumas noções sobre os sujeitos e órgãos intervenientes no processo de falência, seus poderes, deveres e direitos.

---

[79] Do processo de falência é possível falar em dois sentidos: em sentido restrito, trata-se da sequência ordenada de actos que se inicia com a apresentação à falência, o pedido de declaração desta ou a decisão judicial que converta em processo de falência o de recuperação e se conclui com o pagamento aos credores e o julgamento definitivo das contas do liquidatário; em sentido amplo, abrange, além desta, as sequências estruturalmente autónomas que têm lugar na dependência funcional da primeira, em consequência da sentença que decreta a falência (embargos à sentença de falência, acções apensadas em que se apreciem questões relativas

O núcleo do estudo a fazer, na perspectiva da execução, consiste em analisar, por um lado, a constituição e a liquidação da massa falida e, por outro, a verificação e a satisfação do passivo.

No primeiro aspecto, dada a noção de massa falida, há que entender a natureza da **apreensão de bens,** cujo carácter definitivo não a permite confundir com as apreensões realizadas em sede de tutela cautelar, mesmo quando o termo "arrolamento" (art. 176 CPEREF) pareceria inculcar a ideia duma apreensão provisória para fins de acautelamento de direitos. Há a

---

a bens do activo, a acção de impugnação pauliana e as derivadas da resolução de actos praticados pelo falido, os procedimentos relativos à apreensão de bens e à liquidação do activo, a acção de impugnação pauliana e as derivadas da resolução de actos praticados pelo falido, os procedimentos relativos à apreensão de bens e à liquidação do activo, as acções destinadas à verificação do passivo, as que visam a separação e a restituição de bens e os embargos ao acordo extraordinário). O processo principal tem a natureza mista de processo declarativo e de processo executivo, não se podendo dele rigorosamente dizer, como por vezes se lê na doutrina, que tem a natureza de execução universal (o que só é verdadeiro quanto aos actos posteriores à sentença de declaração de falência, não quanto aos que a precedem, incluindo a audiência de discussão e julgamento que, tendo havido oposição, tem lugar antes dela); quanto aos processos apensos, a maioria deles tem natureza declarativa, mas alguns têm natureza executiva, como acontece com o apenso de apreensão de bens e com o de liquidação do activo. A fase declarativa do processo de falência não tem o único efeito de abrir a sucessiva fase executiva, proporcionando a satisfação possível – e igualitária – dos direitos dos credores comuns; tem também importantes efeitos de direito substantivo, que vão além dos respeitantes aos direitos sobre os bens (actuais e futuros) do falido e à eficácia dos actos que os tenham por objecto (que têm o paralelismo na perda dos poderes de uso e fruição do bem penhorado e na ineficácia relativa dos actos subsequentes à penhora previstos nos arts. 919 e 920 do Código Civil), pois consistem também na inibição do falido (ou dos administradores da pessoa colectiva falida) para o exercício do comércio e para ocupar qualquer cargo de titular de órgão de sociedade comercial ou civil, associação privada de actividade económica ou empresa pública ou cooperativa. A natureza executiva da apreensão de bens não é duvidosa (não obstante a terminologia – erradamente – utilizada pelo Código, ao introduzir o seu capítulo V com a epígrafe "providências conservatórias") e, embora implique um juízo sobre a penhorabilidade do bem, é feita pelo liquidatário sem precedência duma decisão judicial que o tenha por conteúdo, diversamente do que acontece com a separação e a restituição de bens apreendidos, as quais só têm lugar após um procedimento declarativo destinado a verificar o direito do terceiro (que se pode limitar à *separação* – titular de direito real de gozo, possuidor, titular de quinhão em universalidade em que também quinhoe o falido, promitente adquirente por contrato com eficácia real (ou, porventura, também por contrato-promessa com eficácia obrigacional, que opte pela execução específica ou vendedor comercial que tenha convencionado fornecer a mercadoria antes do pagamento do preço). Quanto à liquidação do activo, através de operações de venda, cuja natureza é claramente executiva, tem por objecto os bens previamente apreendidos, dispensando qualquer juízo autónomo de natureza declarativa. Para maiores precisões, ver o meu estudo sobre *Apreensão, restituição, separação e venda de bens no processo de falência*, RFDUL, 1995, ps. 371 e ss).

seguir que compreender a extensão da apreensão dos bens para a massa falida, comparando o seu objecto com o objecto do processo executivo singular, tidos em conta os regimes de penhorabilidade. Situação a considerar é a do titular de **direito real de garantia constituído sobre bens do falido em benefício de terceiro**: não se tratando dum credor da massa falida, a questão que se põe é a de saber se o apenso de verificação do passivo pode servir ao reconhecimento do seu crédito, designadamente quando não disponha de título executivo, uma vez que desse reconhecimento depende o direito real incidente sobre os bens da massa (problema semelhante se põe no processo de execução singular).

Após a apreensão dos bens, há que tratar da **separação e restituição** daqueles sobre os quais seja feito valer direito de terceiro (direito real de gozo ou de aquisição e, porventura, direito obrigacional de aquisição baseado em contrato-promessa não resolvido nem impugnado; direito à restituição do possuidor em nome do qual o falido possua; direito de resolução do comerciante que tenha entregue a mercadoria vendida antes do pagamento do preço, nos termos do art. 648 CComercial). É interessante comparar a acção de separação e restituição de bens com os embargos de terceiro e com a acção de reivindicação, cuja função é, designadamente enquanto meios de reacção à penhora, paralela à do meio de reacção à apreensão de bens para a falência. Interessa também estabelecer a distinção entre separação e restituição e verificar que nem sempre a primeira é seguida pela segunda.

Algo de muito breve se dirá, finalmente sobre a **liquidação do activo**, que oferece boa ocasião para ver como se articulam entre si os poderes e faculdades dos vários intervenientes no processo de falência.

No segundo aspecto, interessa enunciar os pressupostos da **reclamação de créditos**, distinguir as posições, no processo, dos credores comuns e dos credores preferenciais e conhecer, em linhas gerais, o processo de reclamação e verificação dos créditos. Através da consideração, entre outros, dos casos de contrato bilateral não cumprido, das situações de solidariedade passiva e de responsabilidade subsidiária, do caso em que o falido seja reciprocamente titular de direito de crédito contra o seu credor e daquele em que o credor disponha de direito real de garantia constituído sobre bens de terceiro, o aluno terá a compreensão da complexidade da matéria e, em fim do curso sobre direito processual, a noção, mais uma vez, de como ele está ao serviço do direito civil e de como, consequentemente, no processo se joga todo o direito substantivo.

## 8. TEMPO DISPONÍVEL

Resta demonstrar que os programas delineados para as três disciplinas se encaixam no número de aulas teóricas disponíveis para cada uma. A demonstração far-se-á recorrendo à experiência já obtida na leccionação, por três vezes, da disciplina de Direito Processual Civil I (anos lectivos de 1999-2000, 2000-2001 e 2001-2002) e por duas vezes das disciplinas de Direito Processual Civil II (anos lectivos de 2000-2001 e 2001-2002) e de Direito Processual Civil III (ano lectivo de 2000-2001 e 2001-2002).

Prevendo a eventualidade da coincidência de dia de aula e feriado, é realista contar com 24 (em vez de 26) aulas teóricas por semestre. Eis como as distribuir:

**Direito Processual Civil I:**
– Introdução (n.ºs 1 a 5): 3 aulas
– Enunciação das fases do processo ordinário e fase dos articulados (n.ºs 6 a 12): 6 aulas
– Fase da condensação (n.ºs 13 a 16): 3 aulas
– Fase da instrução (n.ºs 17 a 22): 6 aulas
– Fase da discussão e julgamento (n.ºs 23 e 24): 2 aulas
– Conformação da instância e caso julgado (n.ºs 25 e 26): 4 aulas

**Direito Processual Civil II:**
– Teoria do processo (n.ºs 1 a 4): 5 aulas
– Princípios gerais (n.ºs 5 a 14): 5 aulas
– Pressupostos processuais (n.ºs 15 a 24): 5 aulas
– Formas menores de processo comum e procedimentos cautelares (n.ºs 25 a 29): 4 aulas
– Recursos (n.ºs 30 a 38): 5 aulas

**Direito Processual Civil III:**
– Conceito e fins da acção executiva (n.º 1): 1 aula
– Enunciação dos pressupostos e título executivo (n.ºs 2 e 3): 3 aulas
– Certeza, exigibilidade, liquidez e pressupostos processuais gerais na acção executiva (n.ºs 4 a 7): 2 aulas
– Pluralidade de sujeitos e pedidos e formas do processo (n.ºs 8 e 9): 1 aula
– Delimitação do processo de execução comum para pagamento de quantia certa na forma ordinária, sua fase inicial e oposição (n.ºs 10 a 12): 2 aulas

- Penhora (n.ºs 13 a 16): 5 aulas
- Concurso de credores e venda executiva (n.ºs 17 e 18): 3 aulas
- Pagamento e extinção/anulação da execução (n.ºs 19 e 20): 1 aula
- O caso julgado na acção executiva (n.ºs 21 a 24): 1 aula[80]
- Outros processos de execução singular: 2 aulas
- Processo de falência (n.º 25): 3 aulas

## 9. Aulas práticas

Para finalizar, uma nota sobre as aulas práticas: devendo acompanhar, cerca de 1 semana depois, a matéria que vai sendo dada nas aulas teóricas, consistem, fundamentalmente, na apresentação de casos práticos (hipóteses e casos judiciais) que, em diálogo que se pretende seja o mais participado possível, são apreciados e resolvidos com o objectivo de concretizar e consolidar os conhecimentos teóricos, fomentar o espírito crítico dos alunos e dar uma visão integrada da teoria e da *praxis* do Direito, não só do direito processual, mas também do direito civil *lato sensu* (= direito privado) que no processo é aplicado. Com as aulas práticas, as disciplinas de Direito Processual Civil assumem características de interdisciplinaridade que creio muito úteis para a formação científica e técnica dos estudantes.

Na condenação da discussão e solução dos casos apresentados, o papel do docente é ajudar a formular as perguntas que o caso prático suscita ou as interrogações a que dá lugar a solução jurisprudencial dada ao caso concreto. Preservando a liberdade do aluno em responder, cabe-lhe evitar o espírito de examinador, embora possa habilmente dirigir-se a um ou outro aluno, sem impedir que os demais se manifestem e assim evitando, designadamente, pontos mortos que possam comprometer a fertilidade do diálogo.

Claro que o perfeito cumprimento deste programa passaria pelo funcionamento em seminário, que o ensino na Universidade Nova de Lisboa não pode proporcionar e que, aliás, com o aumento exponencial do número de alunos por subturma, há muito se tornou uma ficção na Universidade de Lisboa. Mas, ainda que com as limitações existentes (e que, com numerosas diferenças de grau, se podem dizer comuns a todo o ensino universitário no país),

---

[80] Tenho vindo a reservar para o final o estudo do caso julgado na acção executiva e nas acções declarativas apensadas, em opção que se propõe a abordagem comum duma questão que, na obra escrita, vai sendo sucessivamente tratada em sede de liquidação da obrigação exequenda, embargos de executado, embargos de terceiro, verificação e graduação de créditos e processo executivo propriamente dito.

as aulas práticas têm um papel muito importante a desempenhar, que não pode ser descurado. A sua relevância no plano do curso de Direito da Universidade Nova é manifesta e há que as aproveitar, além do mais, para completar, com os elementos que o diálogo vai revelando, a posterior avaliação dos alunos, normalmente consistente em mera prova escrita. Diga-se, aliás, que, em cada semestre, uso destinar entre 4 e 6 aulas teóricas a exposições de matéria (que, pela sua natureza, com tal se compadeça) feitas por alunos, que são objecto de diálogo e, onde necessário, de correcção. Trata-se de aulas que podem ser consideradas teórico-práticas e que, ao mesmo tempo que servem de ocasião ao estudante para se sentir participante activo no ensino, servem ao professor de barómetro mais rigoroso do grau de aprendizagem conseguido pelo estudante. Desde que – mais uma vez – isso não seja feito com o espírito de examinar conhecimentos, mas com o de boa cooperação docente/discente, a experiência é frutuosa.

# Recensões

ARNO WEHLING & MARIA JOSÉ WEHLING, *Direito e Justiça no Brasil colonial. O Tribunal da Relação do Rio de Janeiro (1705-1808)*, Rio de Janeiro, Renovar, 2004, 680.

Com o clássico estudo de Stuart Schwartz sobre a Relação da Baía, o livro de Arno e Maria José Wehling integra o parco conjunto de estudos relevantes e metodologicamente actualizados sobre o mundo judiciário brasileiro; e, se lhe somarmos o excelente estudo de José Subtil sobre o Desembargo do Paço e o recente e também notável livro de António Barbas Homem sobre a magistratura setecentista, podemos incluí-lo no pequeno grupo de trabalhos sobre a justiça em todo o "império" português.

Os autores são, como se sabe, académicos destacados, de nome feito e leituras variadas e reflectidas. Isto nota-se imediatamente no livro, que lida eficazmente com uma problemática variada, sobre a qual se reflecte teoricamente e se reúne ilustração empírica.

Daí que o livro seja muito útil, muito para além do círculo daqueles que se interessam pelo funcionamento institucional dos tribunais de recurso.

O primeiro problema a ser abordado é o da existência e natureza de um creolismo ou localismo jurídico brasileiro. Muito acertadamente, a meu ver, os autores defendem a tese de que, com igual legitimidade com que o fazem os historiadores do direito castelhano, se pode falar de um direito português "de Índias" (aqui para nós, se nós alguma vez nos tivéssemos enganado nesse detalhe geográfico de trocar a América pela Índia ...). Claro que o localismo dificilmente virá de mestiçagens índias – como queria algum nativismo brasileiro – ou africanas. Não porque índios ou africanos não tivessem direito; mas simplesmente porque direito oficial ou erudito e direitos nativos constituíam mundos sem comunicação. O seu único ponto de contacto era a "fazenda" ou o "engenho". Mas aí, como salientam os autores, o localismo provinha antes da prevalência absoluta de um direito patriarcal ou doméstico, que, quase contemporaneamente, foi entrevisto por Gilberto Freyre e por Otto Brunner, cada qual para as suas paragens. Factor de localismo era, ainda, a apropriação de imagens, tópicos e regras do direito erudito por uma cultura distante do ambiente culto em que este vivia. De algum modo, o que as fontes cultas setecentistas dizem da prática jurídica brasileira não é nada diferente do que as europeias diziam do "direito dos rústicos". Depois, claro, aquela "prudentia" a que se referia Saint-Hilaire, ao sublinhar a maneira harmónica como, mesmo estes desembargadores enviados para os trópicos para impor a disciplina real, se deixavam enredar nas estruturas e mecanismos do poder social local, como Stuart Scwartz já o mostrara para a Baía e os Wehling o confirmam, mas agora em pleno pombalismo, e para o Rio. Esta viscosidade do meio social local funcionaria melhor no caso de magistrados que, pela natureza não estritamente temporária dos cargos, tendessem a "assentar". Caso porventura diferente seria o dos magistrados providos trienalmente, como eram os juízes de fora, que permaneceriam mais frequentemente como adventícios, mais disciplinadores do que assimilados, embora – tal como o documenta um estudo ainda inédito mas muito interessante de Maria Filomena da Costa Coelho Nascimento – também podiam ser rapidamente arrolados em bandos locais.

O livro segue com uma plurifacetada análise da instituição, abordando aspectos "litúrgicos" (raramente tocados nas clássicas abordagens histórico-jurídicas), organizativos, processuais, prosopográficos (os dados permitem destacar a função da carreira judicial na mobilidade social, nomeadamente para os grupos dos negociantes e dos fazendeiros), de perfis de carreiras e aspectos estritamente jurídicos. A sensibilidade dos autores para questões jurídicas aparentemente técnicas é de realçar, porque isso lhes permite abordar muito satisfatoriamente temas que, frequentemente, são despachados com recursos a *clichés*, ainda por cima anacrónicos. Perceber a morosidade dos processos, por exemplo, exige que se entenda o carácter estrutural da frequente indecidibilidade do direito do Antigo Regime; percorrido por conflitos de competência – do género das que Leonardo Sciascia explorou em *Recitazione della controversia liparitana* – que, longe de serem disfuncionais, permitiam esperas e negociações que tornavam o direito socialmente operacional; organizado de acordo com uma arquitectura casuísta, destacada – para a América latina – por Vitor Tao, que o tornava adaptável.

Também a análise das inovações do quadro das fontes de direito introduzidas pela Lei da Boa razão (1769) merece uma detalhada análise, nomeadamente tendente a avaliar do impacto inovador da substituição da referência ao direito comum pela nova remissão para a Boa razão e para o direito das nações cultas. Aqui, porventura, não é dado suficiente realce à importância que pode ter tido, para o desenvolvimento "local" – nomeadamente, no Brasil e em Goa – de um direito jurisprudencial, a proibição de emissão de assentos por outro tribunal que não a Casa da Suplicação, bem como a restrição à validade dos estilos de julgar (que, como se sabe, se constituíam diferentemente em cada tribunal e se podiam revelar decisivos no resultado dos julgamentos).

Em suma, um livro muito esclarecedor, pela sua base empírica, mas também pelo critério com que foram seleccionadas as perspectivas de análise.

*António Manuel Hespanha*[*]

---

[*] Professor da Faculdade de Direito da Universidade Nova de Lisboa.

*Community – Seeking Safety in an Insecure World* – de ZIGMUNT BAUMAN[1].

O presente ensaio contém, numa primeira parte (I), um sumário do conteúdo essencial do livro *Community* de Z. B., bem como, numa segunda parte (II), um elenco das razões que o tornam uma obra de leitura obrigatória para os juristas contemporâneos.

I – Correndo o risco da simplificação, pode dizer-se que *Community* constitui uma impressiva reconstrução racional do mundo em que nos foi dado viver, bem como uma poderosa desconstrução de uma ideologia – o multicomunitarismo (uma certa versão do multiculturalismo) – que o autor entende ser uma mera racionalização dos piores aspectos da realidade hodierna. Acompanhemos um pouco mais de perto o raciocínio deste pensador fulgurante, concedendo atenção, num primeiro momento, ao modo como capta (o que julga serem) os traços essenciais da contemporaneidade (i), e expondo, num segundo momento, os fundamentos da recusa do multicomunitarismo (ii).

(i) Em *Community*, Z.B. propõe um "modelo explicativo" da realidade contemporânea. Segundo o autor, no mundo de hoje verifica-se um profundo processo de mudança ao nível da organização económica – o antigo capitalismo industrial e fabril modifica-se progressivamente, dando lugar ao aparecimento de um capitalismo transnacional de "mercado solto"[2]. Tal processo de mudança influencia, por sua vez, o nível da organização social, corroendo as comunidades (políticas e culturais) da modernidade e estando na origem do aparecimento de novos "comunitarismos" "superficiais" e de "baixa intensidade" que funcionam como sucedâneos das comunidades perdidas. Nos parágrafos que se seguem, expõe-se com maior detalhe a sugestiva reconstituição racional do nosso mundo que *Community* contém.

Dissemos que para Z.B. o processo de desenvolvimento do capitalismo atingiu, nos dias de hoje, uma nova fase: a fase do capitalismo de "mercado solto", transnacional e globalizado. Nas últimas décadas, em virtude, designadamente, de substanciais mudanças tecnológicas – crescente facilidade de comunicações, aparecimento da Internet ... –, as forças do mercado ter-se-iam desligado de quaisquer ligações a circunstancialismos de espaço e de tempo, adquirindo a capacidade de deambular de território estadual em terri-

---

[1] *Vide* BAUMAN, Z – *Community, Seeking Safety in an Insecure World*, 2001.
[2] Ou "mercado lasso".

tório estadual, sem que freios e contrapesos lhes possam ser opostos[3]. O novo capitalismo "solto" constitui também um novo e diferente modo de dominação: as elites possidentes podem agora fechar-se sobre si (isolando-se numa "bolha", para utilizar a imagem de Z.B.) e desinteressar-se do controlo directo das massas, na medida em que, no novo sistema, estas últimas se autocontrolam (as rotinas das massas já não carecem de ser vigiadas: a ameaça de que o *satus quo* – o próprio emprego, a posição hierárquica alcançada – pode, a qualquer momento, ser posto em causa, numa súbita deslocalização de capitais, não consente rebeliões).

A actual fase de desenvolvimento do capitalismo estaria a "liquefazer" o edifício da ordem social que os construtores da modernidade haviam erigido[4]. As dinâmicas que se fazem sentir ao nível da organização económica corroeriam progressivamente as comunidades (políticas e culturais) da modernidade (os Estados Nacionais). A partir do momento em que o mercado se solta completamente, os Estados estariam condenados ao *downsizing*, tornando-se inevitável o desmantelamento dos tradicionais mecanismos societários de redistribuição de riqueza e de protecção social (diante da globalização o Estado-Nação não teria recursos para ensaiar uma política económica e social própria); e perdida a armadura protectora do Estado, o próprio potencial agregador da Nação se esfumaria cada vez mais.

Ora, enfraquecidas as comunidades da modernidade, o instinto gregário do homem – ou seja, o anseio de uma vida em que a rede de solidariedades comunitárias elimine o lado "negro" da existência, de uma vida em que a Comunidade traga consigo uma segurança existencial definitiva – tinha de se exprimir de forma outra – e de uma forma especialmente intensa: a instabilidade, a incerteza e o risco que o "mercado solto" trouxe consigo não poderiam deixar de provocar no homem um intenso "desejo de Comunidade". Daí o natural surgimento, nos nossos dias, de certas formas de "comunitarismo". Estas novas formas de "comunitarismo" distinguem-se das comunidades da modernidade, pois resultam (geralmente) de efémeras escolhas individuais (no mundo do "mercado solto" a identidade escolhe-se) e são por natureza precárias, não gerando laços éticos entre os seus membros. Tais dissemelhanças estão directamente relacionadas com as mudanças ao nível da organização

---

[3] A nova "infraestrutura" económica sucede a uma economia territorializada, centrada nas fábricas e altamente regulamentada (as rotinas das massas trabalhadoras eram detalhadamente pré-programadas e altamente vigiadas).

[4] A formação do antigo capitalismo industrial havia também implicado uma dinâmica de destruição: de destruição das comunidades rurais pré-modernas (pequenas comunidades sustentadas por um consenso espontâneo, "natural", inconsciente, e profundamente interiorizado – que o *nationbuilding* nunca logrou restaurar inteiramente).

económica: o novo capitalismo de "mercado solto" dispensa e é "estruturalmente" incompatível com um processo de formação de "Grandes Comunidades" de tipo similar ao exigido pelo capitalismo industrial (se o capitalismo industrial não podia funcionar eficazmente sem a existência de uma Grande Comunidade que promovesse o enraizamento das massas trabalhadoras, o novo modo de dominação que o capitalismo solto constitui alimenta-se da instabilidade, da precariedade e do desenraizamento dos homens); apenas requer e só se ajusta a uma organização social composta por uma miríade de "comunitarismos" "superficiais" e de "baixa intensidade".

Atentemos nas idiossincrasias de alguns dos "agrupamentos" humanos característicos do nosso tempo.

As "comunidades" estéticas, pseudo-comunidades "de usar e deitar fora" – não geram obrigações permanentes – estão estreitamente relacionadas com dois traços salientes do mundo actual: *a deriva individualista e a autoridade dos grandes números*. Tornado só na gestão das vicissitudes do seu quotidiano e responsável único pela definição da sua identidade (traço individualista), o homem sente a necessidade de perceber que essa sua solidão existencial é partilhada pela generalidade dos seus concidadãos (autoridade dos grandes números): e daí que não dispense o efeito reconfortante de saber que as suas escolhas de vida coincidem (ainda que episodicamente) com as escolhas de vida de outros homens (a dimensão intersubjectiva da partilha confere a solidez possível a uma opção que, na origem, por ser estritamente individual, não deixa de ser sentida, por quem a toma, como precária) ou de perceber que se encontra irmanado com os seus semelhantes na condução da nau da vida, por entre marés de "instabilidade" e "não permanência", ao bom porto do sucesso. Eis por que se multiplicam aquele tipo de fenómenos sociais (associados ao ambiente mediático dos dias de hoje) que se produzem quando um efémero acontecimento da actualidade e/ou uma personalidade que passageiramente se destaca do vulgo concentram as atenções de uma pluralidade de indivíduos: da breve reunião de uma pluralidade de sujeitos resulta para cada um deles algum conforto existencial.

Da mesma família das "comunidades" estéticas são as "comunidades securitárias" – respondem aos mesmos anseios vitais e "mobilizam" os mesmos sectores da população (os favorecidos pelo mundo globalizador). A génese destas últimas não é difícil de reconstituir:

À impotência perante o mundo do "mercado solto", ou seja, à impossibilidade de controlar a instabilidade e o risco que lhe são inerentes, é de atribuir a responsabilidade pela construção de um ilusório mecanismo apaziguador das incertezas existenciais. Na medida em que os males da existência são transferidos do plano do económico para o plano da segurança física de pessoas e bens e aos "diferentes" (o estrangeiro, "o pilha-galinhas") se concede o estatuto de grandes causadores de perturbação (criminal), o instinto de auto-preservação (ou, dito de outro modo, a necessidade de uma vida livre de agruras existenciais) pode obter alguma satisfação indirecta – perante ameaças difusas à sua segurança física, os homens podem sempre barricar-se em territórios hiper-vigiados e controlados dos quais os diferentes podem ser excluídos. Por outro lado, estes "condomínios privados", que cada vez mais fazem parte da paisagem urbana coeva, não possuem uma qualquer "carta" de deveres éticos fundamentais – aqueles que se auto-excluem e se retiram de um (suposto) mundo perigoso não celebram entre si um contrato fundante de uma autêntica Comunidade, constituem tão-só uma pura adição de indivíduos que, em paralelo, vivem vidas idênticas.

Quanto aos guetos dos excluídos, cabe salientar que o seu processo de formação (ou a razão de ser da sua manutenção, quando estão em causa aqueles guetos cujas origens remontam ao tempo histórico da construção do Estado-Nação) está também ligado, geralmente, ao mecanismo ilusório de controlo dos riscos existenciais que preside à formação das comunidades securitárias: a satisfação do instinto de auto-preservação passa não apenas pela construção de fortalezas em que os (supostos) causadores dos males sociais não podem penetrar mas também pela tentativa de enclausuramento dos (supostos) agressores – assim, a ilusão de que se pode controlar os riscos da existência é como que reforçada. O surgimento dos guetos dos excluídos resulta ainda do funcionamento do "mercado solto", na medida em que no novo estado de coisas aqueles cuja força de trabalho não é mais necessária na nova organização económica, postos à margem do sistema, têm de ser depositados e enclausurados, para melhor serem controlados, num específico lugar físico. Nestes guetos forçados não existem verdadeiros laços éticos entre os seus habitantes (estes, estigmatizados pela sociedade, acabam por ter uns dos outros a mesma visão desumanizadora que a sociedade que os rotula adopta perante eles).

(ii) Em *Communty*, Z.B. sugere que o multiculturalismo – ou melhor: o multicomunitarismo[5] –, ideologia que recolhe os favores da "esquerda cultural" americana, mais não seria do que uma racionalização dos piores aspectos da realidade contemporânea, favorecendo objectivamente os interesses do *establishment* político, económico e cultural. Exponhamos com mais detalhe o pensamento do autor:

---

[5] A crítica de Z.B. tem por alvo aquelas correntes de pensamento que sustentam que as peculiaridades distintivas das várias comunidades culturais – escolhidas ou herdadas – têm valor em si e por si, sendo a sua conservação e manutenção o valor político primeiro.

Segundo Z.B., o multicomunitarismo desviaria, desde logo, as atenções da problemática da injustiça social gerada pelo funcionamento do "mercado solto" (a defesa dos direitos das minorias ocultaria os pobres e a pobreza). Para além disso, traduzir-se-ia mesmo numa espécie de justificação da situação em que vivem aqueles cidadãos que não possuem os meios para prosseguir o projecto de vida que escolhem: é que no lugar da pobreza e da desigualdade de condições materiais vislumbra-se uma diferença a merecer reconhecimento jurídico. Acresce que o multicomunitarismo caucionaria e estimularia a balcanização do espaço público, ao sustentar a ideia de que as especificidades das várias comunidades de cultura hão-de merecer completo reconhecimento legal só pelo facto de constituírem diferenças, devendo poder sobreviver *ad aeternum*.

Como já se adivinha, o multicomunitarismo acabaria, pois, por ser a "ideologia de cobertura" do sistema de dominação que o capitalismo desterritorializado trouxe consigo: o primado da diferença e a correlativa despromoção da questão da igualdade social (nos termos atrás referidos), por um lado, não favorecem o aparecimento de uma adequada rede de protecção social que, forçando os ricos a partilhar os seus recursos, torne os excluídos da economia desregulada verdadeiros cidadãos *de facto*; por outro lado, a guerra entre comunidades, que a apologia do valor intrínseco da diferença cauciona e estimula, reforça a margem de manobra da elite – enquanto os excluídos se distraem a guerrear-se mutuamente, as forças do "mercado solto" podem mais facilmente agir sem serem notadas e sem que qualquer empecilho lhes seja oposto, o que, em última análise, assegura a manutenção do *status quo*.

Ao multicomunitarismo, contrapõe Z.B. uma outra visão do espaço público, sugerindo os contornos de um novo contrato social:

De acordo com a proposta normativa de Bauman, que busca uma harmonia entre a temática da diferença e a temática da igualdade e da justiça social, todos os indivíduos devem poder ter os meios materiais necessários para exprimir livremente (no espaço público) a sua singularidade.

Para além disso, segundo Bauman, as diversas "comunidades de cultura" deveriam encetar, no quadro do Estado Constitucional Democrático, um diálogo construtivo sobre a melhor maneira de organizar a convivência entre os homens – partindo, é certo, de uma base de reconhecimento mútuo das diferenças (no início do diálogo, cada comunidade aceitaria incondicionalmente a outra – não porque todas as diferenças, só pelo facto de serem diferenças, mereçam reconhecimento, mas sim porque todos os modos de vida particulares podem ser aproximações a um modo de vida superior que se busca), mas tendo em vista o estabelecimento de uma síntese cultural consensual que superasse os vários modos de vida das diversas comunidades. Este processo de diálogo entre culturas pressupõe, pois, o abandono da ideia, bloqueadora de qualquer processo de comunicação intercultural, de que a da diferença constitui um valor *a se*, a preservar e a manter.

II – O livro *Community* de Z.B. reveste-se, quanto a nós, de especial interesse para os estudiosos do direito – e isto por várias razões, que de seguida se enunciam.

(i) Pode dizer-se, desde logo, que a leitura de *Community* deve ser aconselhada aos juristas na medida em que é lícito esperar que o confronto com uma poderosa reconstituição racional do mundo dos nossos dias, que sugere um quadro analítico capaz de explicar as razões que subtendem as dinâmicas sociais, incluindo a produção do direito, possa **abanar uma certa forma ilusória de encarar "o jurídico" que a generalidade dos juristas, por (de)formação profissional, ainda hoje espontaneamente adopta**: referimo-nos a uma certa tendência para pensar o direito como realidade *a se*, que não mantém relações com a ordem social, e não como um fenómeno social, cultural e histórico.

Apesar de as últimas décadas terem sido marcadas pela crítica da dogmática e da metodologia jurídicas, ainda hoje, nas Faculdades de direito tradicionais, o peso de uma certa herança normativista e formalista obsta a que o saber jurídico convoque, de uma forma expressiva e sem preconceitos, os contributos que as ciências sociais estão em condições de lhe oferecer: ainda hoje a "ciência do direito" é uma pura "ciência das normas", continuando o jurista a ser tão-só "treinado" para raciocinar dentro do estrito quadro do sistema. De facto, o ensino do direito gira ainda quase exclusivamente em torno do conhecimento dos textos legais, da transmissão da técnica da sua interpretação, da decantação de conceitos jurídicos e da sistematização e organização dos "dados brutos" do ordenamento jurídico.

Ora, importa perceber que tal situação representa um inaceitável empobrecimento intelectual, pois que implica a renúncia à tentativa de entender o surgimento do direito "no seio do sistema político-social", bem como a "sua aplicação e impacto na sociedade e no Estado"[6]. Dito de outro modo: um verdadeiro conhecimento do que seja o direito requer uma compreensão do lugar do "jurídico" nos processos de normação e disciplina sociais – um saber jurídico que se esgote numa mera técnica de resolução de problemas jurídicos concretos à luz do direito posto – jurisprudência – não capta o sentido profundo (social e cultural) dos fenómenos jurídicos e talvez não consiga mesmo

---

[6] *Vide* BULLESBACH, A. – "Saber Jurídico e ciências sociais", in A. KAUFMAN e W. HASSEMER (org.), *Introdução à Filosofia do Direito e à Teoria do Direito contemporâneas*, 2002, p. 482.

fornecer um adequado método de resolução das controvérsias jurídicas[7]. E daí que o abano do entendimento formalista e normativista do direito seja algo inegavelmente positivo: pode pôr em causa um entendimento incompleto do fenómeno jurídico e pode ser susceptível de contribuir para uma tomada de consciência da necessidade de pensar o direito "do exterior do sistema", da perspectiva das ciências sociais (conduzindo, eventualmente, a uma maior valorização, por parte do jurista, de saberes sociais como a sociologia do direito, a antropologia jurídica, a criminologia, a ciência política, a análise económica do direito – em si e por si ou no ensino das disciplinas jurídicas tradicionais).

(ii) Em segundo lugar, o livro de Z.B., coloca também na "agenda" dos juristas – e esta é uma segunda razão que recomenda *Community* à comunidade jurídica – **a problemática da construção do concreto modelo da relação entre o direito e a vida social**"[8-9].

Como se já se adivinha pelo que atrás se disse, a obra de Bauman parece traduzir a ideia de que o conteúdo do direito é determinado primacialmente pelo estádio de evolução do capitalismo, sendo a ordem jurídica instrumental em relação às formas de dominação social que traduzem o predomínio de uma elite "possidente". Na verdade, da leitura de *Community* resulta, nomeadamente, que para o autor: (i) a construção (do ordenamento jurídico-institucional do) do Estado-Nação foi ditada pelas exigências de *orderbuilding* que o capitalismo trouxe consigo e correspondeu ao emergir de um certo modo de dominação das elites possidentes; (ii) a actual configuração do direito da economia, ou a ausência de mecanismos de protecção social, se devem às novas condições do capitalismo "solto" que, por sua vez, corresponde ao domínio de uma nova elite transnacional; (iii) o direito penal (actual) é uma subtil forma de controlo dos excluídos (perante o horror da privação da liberdade – da vida

---

[7] Para chegar a esta última conclusão não é preciso sequer adoptar certas propostas metodológicas (atente-se, por exemplo, nas proposta metodológicas formuladas por R. Posner), em voga em tempos de pós-positivismo jurídico, que, a propósito de certos *hard cases* de interpretação constitucional, designadamente, preconizam a substituição dos cânones hermenêuticos tradicionais por uma ponderação pragmática, e enformada pelos contributos da sociologia e da economia, das consequências sociais das várias interpretações que uma dada norma jurídica (ou uma dada área normativa) sempre consente; basta atentar na circunstância de que um "jurista que só saiba direito" não maneja, com inteiro à vontade, os elementos histórico e teleológico de interpretação das normas jurídicas, que implicam uma consideração, pelo raciocínio jurídico, do "real".

[8] Vida social entendida aqui num sentido totalizante (abrangendo, pois, a dimensão do económico).

[9] Para utilizarmos a linguagem de A. Büllesbach – cfr. op. cit., p.494.

na cadeia – o gueto e a vida submetida aos ditames do "mercado solto" são sentidos como situações sofríveis e suportáveis)[10].

Dados os inevitáveis condicionalismos de espaço e a natureza deste escrito não me pronuncio aqui directamente sobre a temática da construção do modelo da relação entre o direito e a vida social: remeto, porém, para a obra de Duncan Kennedy que sugere que o conteúdo do direito não resulta em última instância (pelo menos de uma forma linear, automática e evidente) do desenvolvimento do capitalismo (nem serve os interesses materiais de uma classe possidente homogénea), e que concede um papel central aos conflitos e aos consensos ideológicos na criação do direito[11].

(iii) O maior interesse de que o livro de Z. B. se reveste para os cultores do direito tem que ver com o facto de poder ser interpretado como uma importante contribuição a ter em conta nas discussões que contemporaneamente marcam a teoria constitucional (bem como a teoria política e a teoria da democracia) e que giram em torno **da questão de saber qual deve ser a forma da *polis* e/ou qual deve ser a boa leitura dos actuais ordenamentos jurídico--constitucionais** (designadamente quanto estão em causa controvérsias jurídicas relacionadas com os direitos fundamentais). Expliquemo-nos:

---

[10] Ainda a propósito da temática das relações entre o direito e a vida social importa observar que *Community* não esclarece inteiramente se o direito é primacialmente um produto do desenvolvimento espontâneo de um sistema autopoiético – do capitalismo – ou, em última análise, um resultado da vontade dos grupos sociais dominantes – das elites possidentes. É que uma ambiguidade essencial atravessa o livro de Bauman: por vezes parece que o processo de desenvolvimento da organização económica (e da superestrutura jurídica, num segundo momento) é um fenómeno espontâneo que ninguém controla ou dirige, sendo a formação e a manutenção dos modos de dominação um resultado desse processo (quando se sublinha o papel da tecnologia na mudança da organização económica ou quando se aponta o carácter "inorgânico" dos grupos dominantes – sugerindo a não existência de uma verdadeira consciência de classe –, v.g., esta ideia parece estar presente); mas também não se revela de todo impossível vislumbrar na obra passagens que podem ser interpretadas num outro sentido, na medida em que delas parece resultar a ideia de que os grupos dominantes têm (pelo menos a partir da consolidação dos modos de dominação em que cada estádio do capitalismo se concretiza) o domínio do processo de desenvolvimento do capitalismo (e da superestrutura jurídica que este exige). Por outro lado, registe-se ainda que o "modo de produção intelectual" de Z.B. parece oscilar entre categorias marxistas e neo-gramscianas (o nível ideológico parece, por vezes, adquirir uma certa importância e autonomia em relação à base infraestrutural económica – o que tem consequências ao nível da fonte exterior de determinação do conteúdo do direito –: v.g., o individualismo excessivo dos nossos dias parece, não raro, ser o responsável primeiro por certos traços da organização social contemporânea).

[11] Cfr. KENNEDY, D. – *A Critique of Adjudication (fin de siècle)*, 1998, muito em especial capítulo 11 (*Adjudication in Social Theory*).

*Community* constitui, desde logo, um impressionante retrato crítico de alguns traços-chave da Constituição real[12] dos dias de hoje, retrato esse que não pode deixar de ser tido em linha de conta nas discussões acerca da boa forma da *polis*. Quanto a nós, depois da leitura de *Community* a aceitação acrítica e passiva da constituição real das sociedades euro-americanas dificilmente se torna possível. Misto de constituição ordo-liberal e de constituição comunitarista, a constituição real dos nossos dias traz consigo dois grandes males, que *Community* eloquentemente denuncia: o mal da injustiça social e das desigualdades excessivas e o mal da desordem balcanizadora do espaço público. E, de facto, o sistema do "mercado solto" conduz, mostra-o a evidência empírica, ao aumento das desigualdades sociais, sendo cada vez maior o número daqueles cidadãos que o são *de facto* mas não *de jure* (e maior a riqueza dos plutocratas); por outro lado, a absolutização das diferenças promove o enfrentamento ostensivo de comunidades fechadas sobre si com o consequente enfraquecimento "do público".

Não parece, contudo, que a proposta de um novo contrato social que *Community* contém possa constituir uma alternativa viável ao *status quo*. A ideia de que as várias comunidades de cultura (cada vez em maior número, dado que a generalidade dos Estados Ocidentais tem abandonado a tradicional estratégia assimilacionista que presidiu ao *nationbuilding*) podem encetar um entre si um impecável diálogo, no qual cada comunidade aceita/reconhece com a mesma inteireza os membros das outras comunidades e os seus membros (ao arrepio da lógica nós-outros que, em última análise, é responsável pelas distinções entre as comunidades), embarcando num processo que tem como horizonte a diluição das suas peculiaridades (a favor de uma hipotética síntese superior), afigura-se-nos algo ingénua e utópica, sendo susceptível de promover o eternizar das lutas entre as várias comunidades de cultura[13]. Não é provável que a ideia da tolerância e o apelo de um hipotético e incerto futuro mais radioso possam fornecer a motivação suficiente para que as várias comunidades embarquem num processo que poderá conduzir à diluição do seu "ser" específico.

Uma solução possível para os males hodiernos poderá passar, porventura, em minha opinião, pelo revitalizar da identidade ético-comunitária dos Estados-Nação ou, dito de outro modo, pelo revigoramento dos ordenamentos

---

[12] Emprgando a terminologia de Lassalle (*vide* LASSALLE, F. – *Qué es una Constitución*, trad. Espanhola de Wesclau Roces, 1984), referimo-nos à organização efectiva da vida política das várias comunidades estaduais do mundo euro-americano.

[13] Não resolvendo também o problema da justiça social: é muito pouco provável que um qualquer processo de diálogo force os ricos a partilharem recursos.

jurídico-constitucionais nacionais, que positivizam os valores jurídicos das comunidades políticas nacionais[14]: só assim se conseguirá restaurar a ideia de que os fortes devem prestar auxílio aos fracos – nem os fortes resistem ao apelo da "constelação de valores emocionais e míticos"[15] que os ordenamentos constitucionais incorporam; só através da interiorização de um patriotismo constitucional (da ideia de devoção à *polis*) se conseguirá superar os particularismos em guerra entre si (e com a comunidade nacional).

*Pedro Rebelo Botelho Alfaro Velez*[*]

---

[14] A revitalização dos Estados constitucionais nacionais não tem que passar necessariamente por um novo processo de *nationbuilding* que envolva o emprego da força e da violência, na medida em que a utilização de mecanismos de *soft-power* é sempre possível (o ensino público pode ter um importante papel na construção da cidadania). Por outro lado, as manifestações de pluralismo social que não violem o essencial da moral pública (que incorpora, aliás, o valor da tolerância) poderão sempre subsistir. A ideia de revitalização do Estados constitucionais nacionais pressupõe, é claro, que a globalização capitalista dos nossos dias, se corrói o estado soberano, deixa, no entanto, intacta a "quantidade" de estatalidade suficiente (atente-se por exemplo no facto de que a definição da política de educação continua a ser função das cada vez mais limitadas soberanias estaduais) para permitir a preservação e a reconstrução das comunidades nacionais.

[15] Pedimos emprestada esta expressão a Adriano Moreira – Vide MOREIRA, A. – *O Novíssimo Príncipe*, ed. de 2003, p.55.

[*] Doutorando da Faculdade de Direito da Universidade Nova de Lisboa.

RECENSÕES

ARTHUR AUSTIN, *The Empire Strikes Back – Outsiders and the Struggle over Legal Education*, New York University Press, New York and London, 1998([1])

I. O último livro de ARTHUR AUSTIN([2]), apesar de o seu título nos reconduzir para o fabuloso imaginário da "Guerra das Estrelas" de George Lucas, nada tem de semelhante com este, muito embora o seu argumento seja fascinante, mesmo que as suas personagens principais sejam professores de Direito e reitores das respectivas faculdades em vez de *ewoks* ou *droides*.

Em *The Empire Strikes Back*, ARTHUR AUSTIN procura empreender um estudo analítico do modo como a investigação e o ensino do Direito são desenvolvidos nas Faculdades de Direito norte-americanas.

Sustenta AUSTIN que, neste momento, subjaz no sistema educacional norte-americano uma luta pelo controlo da forma como o Direito é ensinado, o que poderá colocar em cheque o seu próprio futuro. Nestes termos, e de um lado da contenda, encontramos o Império, personificado pelos tradicionais autores de doutrina, compostos, na sua maioria, por homens de raça branca, que seguem os já ancestrais métodos de ensino desenvolvidos, ainda no séc. XIX, por CHRISTOPHER COLUMBUS LANGDELL, os quais se ancoram no método cientifico, com a consequente possibilidade de obter interpretações objectivas sobre uma determinada questão jurídica([3]). Em contraponto, surgem os "out-

---

[1] Recensão elaborada no âmbito da disciplina de Teoria do Direito, incluída na 2.ª fase do 5.º Programa de Doutoramento e Mestrado da Faculdade de Direito da Universidade Nova de Lisboa.
O autor agradece reconhecido ao Senhor Professor Doutor António M. Hespanha pelo estímulo, disponibilidade e comentários, que muito enriqueceram esta recensão, bem como à Dra. Rita Calçada Pires e ao Dr. Ravi Afonso Pereira pela leitura e observações das primeiras versões da mesma.

[2] ARTHUR AUSTIN é professor de Teoria do Direito (Edgar A. Hahn Professor of Jurisprudence) na Case Western Reserve University, tendo a sua prolífica obra incidido especialmente sobre matérias como a legislação anti-*trust* e, tal como o livro que ora se aborda, sobre o sistema educativo nas Faculdades de Direito norte-americanas.

[3] Para CHRISTOPHER COLUMBUS LANGDELL, uma vez devidamente organizado, o Direito assemelha-se à Geometria, centrando-se cada ramo jurídico em alguns axiomas fundamentais que resultam, primacialmente, de observações empíricas da forma como os tribunais decidem determinados problemas específicos. Ora, partindo destes axiomas, poderíamos nós, os intérpretes, deduzir um grande número de regras específicas aplicáveis aos casos concretos. Em suma, o estudo do Direito resumir-se-ia ao estudo de um conjunto de casos mais emblemáticos, cada um representando um princípio de Direito, cabendo ao bom advogado saber subsumir o caso concreto ao princípio de Direito aplicável. Sobre este assunto, e para maior desenvolvimento, CHRISTOPHER COLUMBUS LANGDELL, «Adress by C. Langdell to the Harvard Law School Association», in *Sutherland*, The Law at Harvard, 1886, pp. 175 e segs..

siders" (dissidentes) que, centrando-se no carácter necessariamente indeterminado do Direito([4]), pelo menos face às demais ciências naturais, consideram que as tentativas do império de objectivar o Direito mais não são do que instrumentos de um sistema que pretende perpetuar o seu carácter opressivo para um conjunto de comunidades, *maxime* as mulheres e as minorias étnicas, que, desta forma, se vêem arredados dos centros de decisão.

Os "outsiders" constituem, assim, um heterogéneo movimento de contestação composto primariamente por dois grandes grupos: as feministas e os "critical race theorist"([5]). Para estes últimos, tanto as mulheres como as minorias étnicas têm uma "voz" diferente, a qual, naturalmente, determina um discurso totalmente díspar face ao do império, caracterizado pela forma analítica e neutral com que aborda o estudo e o ensino do Direito. A título exemplificativo, sufragam as feministas e os negros que os métodos de ensino do império excluem a "voz" feminina, a qual é mais emocional, bem como a dos negros, os quais têm uma "voz" diferente face aos brancos, profundamente

---

[4] A este propósito, note-se que as críticas ao carácter subjectivo e indeterminado do Direito desenvolvidas pelos "outsiders" constituem um retomar das objecções do movimento realista norte-americano, que teve a sua génese no início da década de 30 do séc. XX. Para os realistas, é pura ingenuidade pensar que será sempre possível extrair regras particulares de princípios gerais ou mesmo retirar sempre uma solução de um caso concreto de uma outra decisão anterior relacionada com a mesma. Com efeito, sustentava JEROME FRANK (JEROME FRANK, *Law and the Modern Mind*, Peter Smith, Gloucester Mass., 1970, pp. 259 a 270), um dos principais autores do movimento realista, que os valores segurança e certeza do Direito não seriam mais do que o efeito do perdurar, nos adultos, da tendência que as crianças têm de procurar segurança na força e sabedoria dos pais. Para este autor, não obstante o passar dos anos, os homens são, às vezes, vítimas do desejo infantil de completa segurança, que procuram satisfazer procurando um equivalente da figura paterna. Ora, o Direito funciona justamente como sucedâneo do pai na relação que este mantém com o filho, pelo que uma definição correcta do mesmo consiste na procura das probabilidades de sucesso que, num determinado caso concreto, terá o queixoso face a um júri ou juiz designado. No fundo, o núcleo fundamental do pensamento realista pode ser resumido nas palavras do lendário juiz OLIVER WENDELL HOLMES: "as profecias do que os tribunais irão fazer de facto, e nada mais do que isso, são o que se deve entender por Direito" (Cfr. OLIVER WENDELL HOLMES, "The Path of Law", in *American Legal Realism*, William W. Fisher, Morton J. Horwitz e Thomas A. Reed (ed.), Oxford University Press, 1993, p. 17).

[5] Um terceiro grupo, o movimento dos *Critical Legal Studies*, muito embora tenha tido um fortíssimo impacto nos anos 70 e 80 do séc. XX, encontra-se actualmente em fase de desintegração. No capítulo V desta obra, ARTHUR AUSTIN analisa as razões da queda de influência deste movimento, que caracteriza como episódico (p. 109), as quais se reconduzem primacialmente ao uso abusivo do desconstrutivismo e do indeterminismo, o que impossibilitou a sua aplicabilidade prática pelos operadores jurídicos (p. 96 e 101). Sobre este movimento, cfr. igualmente JOHN HENRY SCHLEGEL, «Notes Toward an Intimate, and Affectionate History of the Conference on Critical Studies», *in Stan. L. Rev. 391*, 36, 1984 e MARK KELLMAN, *A guide to Critical Legal Studies*, Harvard University Press, Cambridge, 1987.

imbricada em séculos de opressão e escravatura. Em ambos os casos, subjacente aos respectivos discursos dos seus autores, está pressuposta uma estratégia de compensação, a qual se deverá depois projectar no próprio processo de decisão dos operadores jurídicos, que deverão, na criação e na aplicação do Direito, ter em consideração as especificidades próprias destes grupos.

Adoptando uma perspectiva profundamente desconstrutivista face ao modelo do império, os "outsiders" transportam a sua diferente "voz" para a forma como escrevem artigos jurídicos, os quais não mais têm pretensões dogmáticas de neutralidade e objectividade, mas são caracterizados pelo facto de serem um aglomerado de narrativas, alegorias, parábolas, autobiografias e poesia (p. 3 e 21). O "storytelling", o contar de histórias, constitui assim o âmago do discurso jurídico dos "outsiders", o que determina uma clara ruptura metodológica, onde o subjectivismo e as experiências pessoais imperam, afastando o tradicional discurso jurídico de índole racional, analítico e objectivo.

O reconhecimento do "storytelling" nos meios académicos constitui, sem surpresa, o principal foco de conflito entre o império e os "outsiders". Em causa está o controlo do poder na academia, a mudança dos curricula dos cursos de Direito, através da substituição das tradicionais disciplinas jurídicas pelo que o autor designa de "Law and a Banana Courses" de matriz multidisciplinar, e necessariamente o jogo das promoções na carreira dos professores de Direito, o qual está profundamente condicionado pelo facto de a decisão de publicação dos artigos jurídicos pertencer, em última análise, aos estudantes que dirigem as revistas jurídicas das universidades norte-americanas.

Curiosamente, e face a esta querela metodológica, ARTHUR AUSTIN adopta uma posição crítica de certa forma equidistante: por um lado, considera que o abandono dos métodos de ensino e investigação tradicionais poderá determinar o fim do elo da academia com a comunidade jurídica, designadamente com os advogados e juízes, uma vez que os investigadores deixariam de poder influenciar a aplicação do Direito na resolução de casos concretos, preferindo deter-se por incursões subjectivas e personalizadas, as quais não seriam passíveis de verificação crítica (p. 9 e 179); por outro lado, critica a excessiva procedimentalização e burocratização do processo de escolha e acesso à carreira de docente de Direito (pp. 48 a 50), a qual estará menos direccionada para a descoberta de soluções inovadoras e mais para o perpetuar do "império", consubstanciado nos grupos dominantes.

Adoptando um estilo desconcertante e propositadamente pouco ortodoxo[6], onde se incluem constantes interrupções na narrativa com o intuito

---

[6] O autor afirma, logo na nota introdutória (p. xvii), que prescindirá da utilização de qualquer nota de rodapé ao longo do texto subsequente.

de introduzir histórias imaginárias ou autobiográficas por forma a melhor ilustrar os métodos do "storytelling" utilizados pelos "outsiders", o A. procura chamar a atenção para o facto de o paradigma do império não responder com eficácia aos novos desafios levantados pela diferente "voz" sufragada pelos "outsiders". Não obstante, reconhece que estes não apresentam um projecto de paradigma alternativo, limitando-se os seus esforços, quase em exclusivo, a procurar criticar o sistema vigente (p. 188). No fundo, sustenta com acuidade o A., a pedra de toque da investigação no âmbito das ciências jurídicas deve ser a procura da originalidade, a qual deve ser testada através do diálogo científico, algo que o "storytelling" por definição expressamente preclude[7].

II. Apresentadas, em traços muito gerais, as principais linhas orientadoras desenvolvidas no livro em apreço, sempre acrescentaríamos que o discurso propugnado pelos "outsiders" tem encontrado projecções fora do mundo universitário. A este respeito, saliência especial merece a adopção das técnicas do "storytelling" em tribunal, em particular no âmbito de acções penais (p. 180), o que se afigura altamente pernicioso, uma vez que desvia esta instituição da busca incessante de uma hipotética verdade material e objectiva sobre os factos *sub judice*, a qual é substituída pelo impressionismo subjectivo decorrente dos jogos emocionais apresentados em juízo pelos advogados das partes[8].

Por outro lado, e agora retornando ao mundo académico, a emergência e sedimentação, desde o início dos anos 60 do séc. XX[9], do movimento da "Law and Economics" tem demonstrado que os postulados do império são flexíveis e passíveis de modelação. Na verdade, a análise económica do Direito, muito embora adopte uma análise objectiva e racional semelhante à do império, procura explorar cada problema de uma perspectiva económica, redu-

---

[7] Como bem nota ARTHUR AUSTIN, através do "storytelling" o autor exprime o seu próprio eu, que parte de uma perspectiva pessoal, contendo a "verdade" não susceptível de crítica sobre os seus sentimentos (p. 140), pelo que a única possibilidade de crítica deste método pode ser encontrada através da adopção do método da crítica literária (p. 176).

[8] Exemplo paradigmático a este propósito foi, sem dúvida, a estratégia de defesa desenvolvida pelos advogados de O.J. Simpson, a qual teve como escopo motivar nos jurados negros a convicção de que este seria uma vítima da própria sociedade, dominada pela maioria branca. Sobre este julgamento, e também sobre o sistema jurídico-penal norte-americano, cfr. o muito interessante livro de ALAN M. DERSHOWITZ, *Reasonable Doubts: The Criminal Justice System and the O.J. Simpson Case*, Touchstone, New York, 1996.

[9] Podemos identificar como textos primordiais que estiveram na génese da Análise Económica do Direito o artigo de RONALD COASE, "The Problem of Social Costs", in *Journal of Law & Economics*, 3, 1960 e, posteriormente, o de RICHARD POSNER, *Economic Analysis of Law*, Little, Brown, Boston, 1972.

zindo o Direito a uma mera análise custo/benefício([10]). No entanto, esta nova corrente metodológica do Direito vingou e estabeleceu-se no seio dos curricula das Faculdades de Direito norte-americanas, bem como noutros países ocidentais, como Portugal([11]), o que significa que, face à descrição de ARTHUR AUSTIN, os seus seguidores não possam ser considerados como verdadeiros "outsiders", no sentido em que não pretendem destruir o império, mas apenas modificá-lo. Em qualquer caso, sempre sublinharíamos que este apelo à multidisciplinaridade na análise jurídica determina necessariamente uma nova visão do Direito que abre portas a ulteriores desenvolvimentos que o afastarão inexoravelmente das matrizes interpretativas tradicionais.

No nosso país, e um pouco na esteira do discurso dos "outsiders», sufragando o fim das pretensões puramente regulatórias dos juristas, e apelando ao pluralismo jurídico como elemento catalizador de novas soluções, surge BOAVENTURA DE SOUSA SANTOS([12]). Em *A Crítica da Razão Indolente: contra o desperdício da experiência,* o referido autor advoga a emergência de um novo paradigma para as "ciências humanas", para o qual contribuirá, numa fase de transição que agora vivemos, a adopção de uma linguagem "barroca", que se caracteriza pela sua redundância, excessividade e subjectividade([13]). Num estilo marcadamente pós-moderno, BOAVENTURA DE SOUSA SANTOS põe em causa a cientificidade do discurso jurídico, sugerindo como modelo alternativo o já referido discurso barroco, assumidamente metafórico, cujo escopo se consubstancia em emocionar pelo ritmo das palavras e já não convencer racionalmente. No entanto, como bem se compreenderá, este tipo de discurso, à semelhança do propugnado pelos "outsiders", não é susceptível de crítica, uma vez que representará apenas "estados de alma" dos seus intér-

---

[10] Dos estudos desenvolvidos pelos autores da Análise Económica do Direito resultaram uma série de conclusões que muito abalaram o conservador meio universitário norte-americano. A título meramente exemplificativo, destacaríamos as considerações de RICHARD POSNER de que o custo do adultério diminuiu devido ao facto das mulheres trabalharem fora de casa, o que acarretou igualmente uma diminuição do valor da virgindade decorrente da constatação de que as mulheres estão menos dependentes economicamente dos homens, o que determina que estariam igualmente menos predispostas a prescindir da sua liberdade sexual em favor destes (p. 60).

[11] A disciplina de Análise Económica do Direito é ensinada na Faculdade de Direito da Universidade Nova de Lisboa desde 2002.

[12] Para BOAVENTURA DE SOUSA SANTOS, o Direito é um corpo de procedimentos regularizados e de padrões normativos, considerados justificáveis num dado grupo social, que contribui para a criação e prevenção de litígios e para a sua resolução através de um discurso argumentativo, articulado com a ameaça de força. Sobre esta definição, e para maior desenvolvimento, cfr. BOAVENTURA DE SOUSA SANTOS, *A Crítica da Razão Indolente: contra o desperdício da experiência,* Edições Afrontamento, Porto, 2000, p. 269.

[13] Cfr. BOAVENTURA DE SOUSA SANTOS, *op. cit.,* pp. 330 a 340.

pretes, não transponíveis para o tradicional diálogo científico que caracteriza os debates académicos.

Paralelamente, podemos igualmente encontrar alguns afloramentos do "storytelling" na doutrina jurídica portuguesa. A este respeito, e como exemplo mais marcante, destacaríamos a tese de doutoramento de MARIA TERESA COUCEIRO PIZARRO BELEZA: *Mulheres, Direito, Crime ou A Perplexidade de Cassandra*([14]). Nesta obra, a referida autora descreve uma série de acontecimentos pessoais que personificam a sua experiência como "mulher", designadamente uma agressão e uma situação de assédio sexual, que considera serem determinantes para caracterizar a vivência feminina, a qual se caracterizaria, frequentemente, pela sua situação de submissão, vitimização e impotência([15]). Ora, a este propósito, refira-se que, como bem nota ARTHUR AUSTIN (p. 138 a 142), se, por um lado, a utilização de dados autobiográficos prende a atenção do leitor, por outro, determina, por definição, a impossibilidade de este verificar a veracidade dos acontecimento narrados de uma forma objectiva, pelo que tem de tomá-los como factualidade assente, o que, por seu turno, implica que, caso se descubra a inveracidade dos mesmos, toda a análise legal nela sustentados seja colocada em cheque.

III. Finalmente, e uma vez operada a análise crítica da obra em apreço, resta-nos apenas sublinhar a importância da mesma, tendo em consideração as diferentes perspectivas teóricas que elenca, que muito enriquecem a dogmática jurídica mais tradicional, normalmente estranha a estas correntes metodológicas. Na verdade, estamos em crer que, subjacente às enunciadas querelas entre império e "outsiders", está o confronto entre uma visão dogmática mais tradicional, de matriz positivista e unidisciplinar, e uma outra, com tonalidades multidisciplinares e valorativas, cujo resultado permitirá, mais do que uma alteração paradigmática, um transformar da reflexão teórica sobre o Direito, que poderá, porventura, mitigar diferenças e lograr consensos.

Por último, apresenta-se uma súmula final deste livro numa frase: um interessante ensaio que fornece ao leitor uma notável visão panorâmica sobre o intenso e multifacetado debate e confronto metodológico que tem lugar no imenso mundo das Faculdades de Direito norte-americanas, o qual encontra, inclusivamente, projecções e ramificações no nosso país.

*Francisco Pereira Coutinho*[*]

---

[14] Cfr. MARIA TERESA COUCEIRO PIZARRO BELEZA, *Mulheres, Direito, Crime ou a Perplexidade de Cassandra*, Faculdade de Direito da Universidade de Lisboa, Lisboa, 1990.

[15] Cfr. MARIA TERESA COUCEIRO PIZARRO BELEZA, *op. cit.*, pp. 47 e 48, em especial, notas de rodapé (13) e (14).

[*] Doutorando da Faculdade de Direito da Universidade Nova de Lisboa.

## Recensões

Bibliografia Citada

Austin, Arthur
- *The Empire Strikes Back – Outsiders and the Struggle over Legal Education*, New York and London, New York University Press, 1998

Coase, Ronald
- "The Problem of Social Costs", in *Journal of Law & Economics*, 3, 1960

Dershowitz, Alan M.
- *Reasonable Doubts: The Criminal Justice System and the O.J. Simpson Case*, Touchstone, New York, 1996

Frank, Jerome
- *Law and the Modern Mind*, Peter Smith, Gloucester Mass., 1970

Kellman, Mark
- *A guide to Critical Legal Studies*, Harvard University Press, Cambridge, 1987

Langdell, Christopher Columbus
- «Adress by C. Langdell to the Harvard Law School Association», in *Sutherland*, The Law at Harvard, 1886

Pizarro Beleza, Maria Teresa Couceiro
- *Mulheres, Direito, Crime ou a Perplexidade de Cassandra*, Faculdade de Direito da Universidade de Lisboa, Lisboa, 1990

Posner, Richard
- *Economic Analysis of Law*, Little, Brown, Boston, 1972

Schlegel, John Henry
- «Notes Toward an Intimate, and Affectionate History of the Conference on Critical Studies», in *Stan. L. Rev. 391*, 36, 1984

Sousa Santos, Boaventura de
- *A Crítica da Razão Indolente: contra o desperdício da experiência*, Edições Afrontamento, 2000

Wendell Holmes, Oliver
- "The Path of Law", in *American Legal Realism*, William W. Fisher, Morton J. Horwitz e Thomas A. Reed (ed.), Oxford University Press, 1993

# Normas redactoriais

1. Apresentação dos originais

Entrega em disquete. Programa elegível: *Winword*.
A redação aceita propostas de textos enviados pelos autores. Compromete-se a uma resposta quanto à sua aceitação no prazo de 60 dias. Não se responsabiliza pela devolução dos originais não solicitados.
Endereço: Redacção de *Thémis. Revista de Direito*, Faculdade de Direito, Universidade Nova de Lisboa, Trav. Estevão Pinto, 1070-124 Lisboa.

2. Limites dos textos

Ensaios:       100 000 caracteres    (= 55 pp. de 30 lin. de 60 caracteres)
Recensões:     7 500 caracteres      (= 4 pp. de 30 lin. de 60 caracteres)
Comentários:   15 000 caracteres     (= 8 pp. de 30 lin. de 60 caracteres)

3. Citações bibliográficas

É obrigatória a observância da seguinte norma editorial, no caso de citações.

*Primeiras ocorrências. Exemplos:*

Frédéric Mauro, *Études économiques sur l'expansion portugaise (1500--1569)*, Paris, Gulbenkian, 1970, pp. 13 segs.
Raul Proença (ed.), *Guia de Portugal, 1. Generalidades: Lisboa*, Lisboa, Gulbenkian, 1975.
António Monteiro Alves et alli, *Apectos Recentes da Evolução do Mercado do Vinho em Portugal*, Lisboa, Gulbenkian, 1972, pp. 51-60.
Veronica Ions, *Egyptian Mythology*, London, Hamlyn, 1982.
Carlos Fabião, «Para a história da arqueologia em Portugal», in *Penélope. Fazer e Desfazer a História*, 2(1989), pp. 9 segs. (ou 9-25).
José Mattoso, *Portugal medieval. Novas Interpretações*, Lisboa, INCM, 1985, p. 105.
—, *Identificação de um País*, I. *Oposição*, Lisboa, Estampa, 1985, p. 73.
Robert Durand (ed.), *Cartulaire (Le) Baio-Ferrado du Monastêre de Grijó (XI-XIII siècles)*, Lisboa, Gulbenkian, 1971, p. 70
Paul Teyssier, «Introduction», Eça de Queiroz, *Les Maias*, I, Paris, Gulbenkian, 1971, pp. 3-39.

*Ocorrências seguintes. Exemplo:*

F. Mauro, *Études* cit., pp. 117 segs.

4. TABELA DE PREÇOS DE PUBLICIDADE.

A revista aceita publicidade adequada ao tipo de publicação.
Tabela de preços: Página – 1 500 €.

5. NORMAS DE EDIÇÃO

É obrigatória a observância da norma editorial da revista, a que obedece o presente número.
Explicitam-se algumas normas.
Não se fazem parágrafos nas notas.
Apenas se usa **negrito** nos títulos.
O destaque é feito pelo itálico (e não pelo **negrito** ou sublinhado).
Toda a frase deve terminar por pontuação (ponto, reticências, exclamação, interrogação).
Grafias aceites e rejeitadas:

| ACEITE | NÃO ACEITE |
|---|---|
| " " | « » |
| ". | .″ |
| não? | não ? |
| diz[1]. | diz[2]. |
| ″3 | 4″ |
| diz[5]. | diz.[6] |
| "Esta decisão", diz Raposo | "*Esta decisão*", diz Raposo |
| "poder" | " poder " |

6. REVISÃO DE PROVAS

A revisão de provas será feita pela redacção. Só excepcionalmente será pedida a colaboração dos autores, os quais também só excepcionalmente poderão alterar os originais entregues.

7. REDACÇÃO DE THEMIS. REVISTA DE DIREITO:

Faculdade de Direito, Universidade Nova de Lisboa, Trav. Estêvão Pinto, 1099-032 Lisboa.
Tel.: 21 384 74 37
Fax: 21 384 74 71
E-mail: ifalcao@fd.unl.pt

8. PREÇOS E ASSINATURAS:

| | | |
|---|---|---|
| Preço deste número: | | 16,00 € |
| Assinaturas (anuais, 2 números) | Portugal: | 32,00 € (inclui portes) |
| | Europe: | 40 € (including post / surface mail) |
| | Overseas: | 50 € (including post / air mail) |

PEDIDOS PARA:

Livraria Almedina
Arco de Almedina, 15
3004-509 Coimbra
Portugal

vendas@almedina.net

# Índice

ÍNDICE

## Artigos

Maria Lúcia Amaral, *Homenagem a Luís Nunes de Almeida* .............................. 5

António Manuel Hespanha, *Direitos, Constituição e Lei no constitucionalismo monárquico português* ........................................................................... 7

Marian Ahumada Ruiz, *Alternativas a la* Judicial Review *y Variedades de* Judicial Review... 41

Maria Lúcia Amaral, *Problemas da judicial review em Portugal* ........................................ 67

Jorge Reis Novais, *Em Defesa do Recurso de Amparo Constitucional (ou uma avaliação crítica do sistema português de fiscalização concreta da constitucionalidade)* .............. 91

## Comentários

José João Abrantes, *Código do Trabalho e a Constituição* ...................................................... 121

José João Abrantes, *Flexibilidade funcional* ......................................................................... 151

## Estado da questão

Paula Escarameia, *Tempos de estabilidade e tempos de mudança em modelos de organização mundial* ........................................................................................ 165

## Vida Académica

Diogo Freitas do Amaral, *Apreciação do relatório sobre Direito Processual Civil apresentado em provas de agregação pelo Prof. Doutor José Lebre de Freitas* .............................. 179

José Lebre de Freitas, *Relatório sobre Direito Processual Civil apresentado em provas de agregação* ........................................................................................ 187

## Recensões

Recensão: Arno Wehling & Maria José Wehling, *Direito e Justiça no Brasil colonial. O Tribunal da Relação do Rio de Janeiro (1705-1808)*, Rio de Janeiro, Renovar, 2004, 680..... 243

Recensão: *Community – Seeking Safety in an Insecure World –* de Zigmunt Bauman ..... 245

Recensão: Arthur Austin, *The Empire Strikes Back – Outsiders and the Struggle over Legal Education*, New York University Press, New York and London, 1998 .................. 255

# Normas redactoriais ............................................................................. 265

# Índice ..................................................................................................... 271